CHECO

VOCABULÁRIO

PORTUGUÊS BRASILEIRO

PORTUGUÊS CHECO

Para alargar o seu léxico e apurar as suas competências linguísticas

9000 palavras

Vocabulário Português Brasileiro-Checo - 9000 palavras

Por Andrey Taranov

Os vocabulários da T&P Books destinam-se a ajudar a aprender, a memorizar, e a rever palavras estrangeiras. O dicionário é dividido em temas, cobrindo todas as principais esferas de atividades quotidianas, negócios, ciência, cultura, etc.

O processo de aprendizagem, utilizando os dicionários baseados em temáticas da T&P Books dá-lhe as seguintes vantagens:

- Informação de origem corretamente agrupada predetermina o sucesso em fases subsequentes da memorização de palavras
- Disponibilização de palavras derivadas da mesma raiz, o que permite a memorização de unidades de texto (em vez de palavras separadas)
- Pequenas unidades de palavras facilitam o processo de estabelecimento de vínculos associativos necessários para a consolidação do vocabulário
- O nível de conhecimento da língua pode ser estimado pelo número de palavras aprendidas

T&P Books Publishing
www.tpbooks.com

ISBN: 978-1-78767-306-9

Este livro também está disponível em formato E-book.
Por favor visite www.tpbooks.com ou as principais livrarias on-line.

VOCABULÁRIO CHECO
palavras mais úteis

Os vocabulários da T&P Books destinam-se a ajudar a aprender, a memorizar, e a rever palavras estrangeiras. O vocabulário contém mais de 9000 palavras de uso comum organizadas tematicamente.

O vocabulário contém as palavras mais comummente usadas

Recomendado como adicional para qualquer curso de línguas

Satisfaz as necessidades dos iniciados e dos alunos avançados de línguas estrangeiras

Conveniente para o uso diário, sessões de revisão e atividades de auto-teste

Permite avaliar o seu vocabulário

Características especias do vocabulário

- As palavras estão organizadas de acordo com o seu significado, e não por ordem alfabética
- As palavras são apresentadas em três colunas para facilitar os processos de revisão e auto-teste
- As palavras compostas são divididas em pequenos blocos para facilitar o processo de aprendizagem
- O vocabulário oferece uma transcrição simples e adequada de cada palavra estrangeira

O vocabulário contém 256 tópicos incluindo:

Conceitos básicos, Números, Cores, Meses, Estações do ano, Unidades de medida, Roupas & Acessórios, Alimentos & Nutrição, Restaurante, Membros da Família, Parentes, Caráter, Sentimentos, Emoções, Doenças, Cidade, Passeios, Compras, Dinheiro, Casa, Lar, Escritório, Trabalho no Escritório, Importação & Exportação, Marketing, Pesquisa de Emprego, Esportes, Educação, Computador, Internet, Ferramentas, Natureza, Países, Nacionalidades e muito mais ...

TABELA DE CONTEÚDOS

GUIA DE PRONUNCIAÇÃO

Alfabeto fonético T&P	Exemplo Checo	Exemplo Português
[a]	**lavina** [lavɪna]	chamar
[a:]	**banán** [bana:n]	rapaz
[e]	**beseda** [bɛsɛda]	metal
[ɛ:]	**chléb** [xlɛ:p]	plateia
[ɪ]	**Bible** [bɪblɛ]	sinônimo
[i:]	**chudý** [xudi:]	cair
[o]	**epocha** [ɛpoxa]	lobo
[o:]	**diagnóza** [dɪagno:za]	albatroz
[u]	**dokument** [dokumɛnt]	bonita
[u:]	**chůva** [xu:va]	blusa
[b]	**babička** [babɪʧka]	barril
[ʦ]	**celnice** [ʦɛlnɪʦɛ]	tsé-tsé
[ʧ]	**vlčák** [vlʧa:k]	Tchau!
[x]	**archeologie** [arxɛologɪe]	fricativa uvular surda
[d]	**delfín** [dɛlfi:n]	dentista
[dʲ]	**Holanďan** [holandʲan]	adiar
[f]	**atmosféra** [atmosfɛ:ra]	safári
[g]	**galaxie** [galaksɪe]	gosto
[h]	**knihovna** [knɪhovna]	[h] aspirada
[j]	**jídlo** [ji:dlo]	Vietnã
[k]	**zaplakat** [zaplakat]	aquilo
[l]	**chlapec** [xlapɛʦ]	libra
[m]	**modelář** [modɛla:rʃ]	magnólia
[n]	**imunita** [ɪmunɪta]	natureza
[nʲ]	**báseň** [ba:sɛnʲ]	ninhada
[ŋk]	**vstupenka** [vstupɛŋka]	alavanca
[p]	**poločas** [poloʧas]	presente
[r]	**senátor** [sɛna:tor]	riscar
[rʒ], [rʃ]	**bouřka** [bourʃka]	voz
[s]	**svoboda** [svoboda]	sanita
[ʃ]	**šiška** [ʃɪʃka]	mês
[t]	**turista** [turɪsta]	tulipa
[tʲ]	**poušť** [pouʃtʲ]	sitiar
[v]	**veverka** [vɛvɛrka]	fava
[z]	**zapomínat** [zapomi:nat]	sésamo
[ʒ]	**ložisko** [loʒɪsko]	talvez

ABREVIATURAS usadas no vocabulário

Abreviaturas do Português

adj	-	adjetivo
adv	-	advérbio
anim.	-	animado
conj.	-	conjunção
desp.	-	esporte
etc.	-	Etcetera
ex.	-	por exemplo
f	-	nome feminino
f pl	-	feminino plural
fem.	-	feminino
inanim.	-	inanimado
m	-	nome masculino
m pl	-	masculino plural
m, f	-	masculino, feminino
masc.	-	masculino
mat.	-	matemática
mil.	-	militar
pl	-	plural
prep.	-	preposição
pron.	-	pronome
sb.	-	sobre
sing.	-	singular
v aux	-	verbo auxiliar
vi	-	verbo intransitivo
vi, vt	-	verbo intransitivo, transitivo
vr	-	verbo reflexivo
vt	-	verbo transitivo

Abreviaturas do Checo

ž	-	nome feminino
ž mn	-	feminino plural
m	-	nome masculino
m mn	-	masculino plural
m, ž	-	masculino, feminino
mn	-	plural
s	-	neutro
s mn	-	neutro plural

CONCEITOS BÁSICOS

Conceitos básicos. Parte 1

1. Pronomes

eu	**já**	[ja:]
você	**ty**	[tɪ]
ele	**on**	[on]
ela	**ona**	[ona]
nós	**my**	[mɪ]
vocês	**vy**	[vɪ]
eles, elas (inanim.)	**ony**	[onɪ]
eles, elas (anim.)	**oni**	[onɪ]

2. Cumprimentos. Saudações. Despedidas

Oi!	**Dobrý den!**	[dobri: dɛn]
Olá!	**Dobrý den!**	[dobri: dɛn]
Bom dia!	**Dobré jitro!**	[dobrɛ: jɪtro]
Boa tarde!	**Dobrý den!**	[dobri: dɛn]
Boa noite!	**Dobrý večer!**	[dobri: vɛʧɛr]
cumprimentar (vt)	**zdravit**	[zdravɪt]
Oi!	**Ahoj!**	[ahoj]
saudação (f)	**pozdrav** (m)	[pozdraf]
saudar (vt)	**zdravit**	[zdravɪt]
Tudo bem?	**Jak se máte?**	[jak sɛ ma:tɛ]
E aí, novidades?	**Co je nového?**	[ʦo jɛ novɛ:ho]
Tchau! Até logo!	**Na shledanou!**	[na sxlɛdanou]
Até breve!	**Brzy na shledanou!**	[brzɪ na sxlɛdanou]
Adeus!	**Sbohem!**	[zbohɛm]
despedir-se (dizer adeus)	**loučit se**	[louʧɪt sɛ]
Até mais!	**Ahoj!**	[ahoj]
Obrigado! -a!	**Děkuji!**	[dekujɪ]
Muito obrigado! -a!	**Děkuji mnohokrát!**	[dekujɪ mnohokra:t]
De nada	**Prosím**	[prosi:m]
Não tem de quê	**Nemoci se dočkat**	[nɛmoʦɪ sɛ doʧkat]
Não foi nada!	**Není zač**	[nɛni: zaʧ]
Desculpa!	**Promiň!**	[promɪnʲ]
Desculpe!	**Promiňte!**	[promɪnʲtɛ]
desculpar (vt)	**omlouvat**	[omlouvat]

desculpar-se (vr)	**omlouvat se**	[omlouvat sɛ]
Me desculpe	**Má soustrast**	[ma: soustrast]
Desculpe!	**Promiňte!**	[promɪnʲtɛ]
perdoar (vt)	**omlouvat**	[omlouvat]
por favor	**prosím**	[prosi:m]
Não se esqueça!	**Nezapomeňte!**	[nɛzapomɛnʲtɛ]
Com certeza!	**Jistě!**	[jɪste]
Claro que não!	**Rozhodně ne!**	[rozhodne nɛ]
Está bem! De acordo!	**Souhlasím!**	[souhlasi:m]
Chega!	**Dost!**	[dost]

3. Como se dirigir a alguém

senhor	**Pane**	[panɛ]
senhora	**Paní**	[pani:]
senhorita	**Slečno**	[slɛʧno]
jovem	**Mladý muži**	[mladi: muʒɪ]
menino	**Chlapče**	[xlapʧɛ]
menina	**Děvče**	[devʧɛ]

4. Números cardinais. Parte 1

zero	**nula** (ž)	[nula]
um	**jeden**	[jɛdɛn]
dois	**dva**	[dva]
três	**tři**	[trʃɪ]
quatro	**čtyři**	[ʧtɪrʒɪ]
cinco	**pět**	[pet]
seis	**šest**	[ʃɛst]
sete	**sedm**	[sɛdm]
oito	**osm**	[osm]
nove	**devět**	[dɛvet]
dez	**deset**	[dɛsɛt]
onze	**jedenáct**	[jɛdɛna:ʦt]
doze	**dvanáct**	[dvana:ʦt]
treze	**třináct**	[trʃɪna:ʦt]
catorze	**čtrnáct**	[ʧtrna:ʦt]
quinze	**patnáct**	[patna:ʦt]
dezesseis	**šestnáct**	[ʃɛstna:ʦt]
dezessete	**sedmnáct**	[sɛdmna:ʦt]
dezoito	**osmnáct**	[osmna:ʦt]
dezenove	**devatenáct**	[dɛvatɛna:ʦt]
vinte	**dvacet**	[dvaʦɛt]
vinte e um	**dvacet jeden**	[dvaʦɛt jɛdɛn]
vinte e dois	**dvacet dva**	[dvaʦɛt dva]
vinte e três	**dvacet tři**	[dvaʦɛt trʃɪ]
trinta	**třicet**	[trʃɪʦɛt]

trinta e um	**třicet jeden**	[trʃɪtsɛt jɛdɛn]
trinta e dois	**třicet dva**	[trʃɪtsɛt dva]
trinta e três	**třicet tři**	[trʃɪtsɛt trʃɪ]
quarenta	**čtyřicet**	[ʧtɪrʒɪtsɛt]
quarenta e um	**čtyřicet jeden**	[ʧtɪrʒɪtsɛt jɛdɛn]
quarenta e dois	**čtyřicet dva**	[ʧtɪrʒɪtsɛt dva]
quarenta e três	**čtyřicet tři**	[ʧtɪrʒɪtsɛt trʃɪ]
cinquenta	**padesát**	[padesa:t
cinquenta e um	**padesát jeden**	[padesa:t jɛdɛn]
cinquenta e dois	**padesát dva**	[padesa:t dva]
cinquenta e três	**padesát tři**	[padesa:t trʃɪ]
sessenta	**šedesát**	[ʃɛdɛsa:t
sessenta e um	**šedesát jeden**	[ʃɛdɛsa:t jɛdɛn]
sessenta e dois	**šedesát dva**	[ʃɛdɛsa:t dva]
sessenta e três	**šedesát tři**	[ʃɛdɛsa:t trʃɪ]
setenta	**sedmdesát**	[sɛdmdɛsa:t
setenta e um	**sedmdesát jeden**	[sɛdmdɛsa:t jɛdɛn]
setenta e dois	**sedmdesát dva**	[sɛdmdɛsa:t dva]
setenta e três	**sedmdesát tři**	[sɛdmdɛsa:t trʃɪ]
oitenta	**osmdesát**	[osmdɛsa:t
oitenta e um	**osmdesát jeden**	[osmdɛsa:t jɛdɛn]
oitenta e dois	**osmdesát dva**	[osmdɛsa:t dva]
oitenta e três	**osmdesát tři**	[osmdɛsa:t trʃɪ]
noventa	**devadesát**	[dɛvadɛsa:t
noventa e um	**devadesát jeden**	[dɛvadɛsa:t jɛdɛn]
noventa e dois	**devadesát dva**	[dɛvadɛsa:t dva]
noventa e três	**devadesát tři**	[dɛvadɛsa:t trʃɪ]

5. Números cardinais. Parte 2

cem	**sto**	[sto]
duzentos	**dvě stě**	[dve ste]
trezentos	**tři sta**	[trʃɪ sta]
quatrocentos	**čtyři sta**	[ʧtɪrʒɪ sta]
quinhentos	**pět set**	[pet sɛt]
seiscentos	**šest set**	[ʃɛst sɛt]
setecentos	**sedm set**	[sɛdm sɛt]
oitocentos	**osm set**	[osm sɛt]
novecentos	**devět set**	[dɛvet sɛt]
mil	**tisíc** (m)	[tɪsi:ts]
dois mil	**dva tisíce**	[dva tɪsi:tsɛ]
três mil	**tři tisíce**	[trʃɪ tɪsi:tsɛ]
dez mil	**deset tisíc**	[dɛsɛt tɪsi:ts]
cem mil	**sto tisíc**	[sto tɪsi:ts]
um milhão	**milión** (m)	[mɪlɪo:n]
um bilhão	**miliarda** (ž)	[mɪlɪarda]

6. Números ordinais

primeiro (adj)	**první**	[prvni:]
segundo (adj)	**druhý**	[druhi:]
terceiro (adj)	**třetí**	[trʃɛti:]
quarto (adj)	**čtvrtý**	[ʧtvrti:]
quinto (adj)	**pátý**	[pa:ti:]
sexto (adj)	**šestý**	[ʃɛsti:]
sétimo (adj)	**sedmý**	[sɛdmi:]
oitavo (adj)	**osmý**	[osmi:]
nono (adj)	**devátý**	[dɛva:ti:]
décimo (adj)	**desátý**	[dɛsa:ti:]

7. Números. Frações

fração (f)	**zlomek** (m)	[zlomɛk]
um meio	**polovina** (ž)	[polovɪna]
um terço	**třetina** (ž)	[trʃɛtɪna]
um quarto	**čtvrtina** (ž)	[ʧtvrtɪna]
um oitavo	**osmina** (ž)	[osmɪna]
um décimo	**desetina** (ž)	[dɛsɛtɪna]
dois terços	**dvě třetiny** (ž)	[dve trʃɛtɪnɪ]
três quartos	**tři čtvrtiny** (ž)	[trʃɪ ʧtvrtɪnɪ]

8. Números. Operações básicas

subtração (f)	**odčítání** (s)	[odʧi:ta:ni:]
subtrair (vi, vt)	**odčítat**	[odʧi:tat]
divisão (f)	**dělení** (s)	[delɛni:]
dividir (vt)	**dělit**	[delɪt]
adição (f)	**sčítání** (s)	[sʧi:ta:ni:]
somar (vt)	**sečíst**	[sɛʧi:st]
adicionar (vt)	**přidávat**	[prʃɪda:vat]
multiplicação (f)	**násobení** (s)	[na:sobɛni:]
multiplicar (vt)	**násobit**	[na:sobɪt]

9. Números. Diversos

algarismo, dígito (m)	**číslice** (ž)	[ʧi:slɪʦɛ]
número (m)	**číslo** (s)	[ʧi:slo]
numeral (m)	**číslovka** (ž)	[ʧi:slofka]
menos (m)	**minus** (m)	[mi:nus]
mais (m)	**plus** (m)	[plus]
fórmula (f)	**vzorec** (m)	[vzorɛʦ]
cálculo (m)	**vypočítávání** (s)	[vɪpoʧi:ta:va:ni:]
contar (vt)	**počítat**	[poʧi:tat]

calcular (vt)	**vypočítávat**	[vɪpotʃi:ta:vat]
comparar (vt)	**srovnávat**	[srovna:vat]
Quanto, -os, -as?	**Kolik?**	[kolɪk]
soma (f)	**součet** (m)	[soutʃɛt]
resultado (m)	**výsledek** (m)	[vi:slɛdɛk]
resto (m)	**zůstatek** (m)	[zu:statɛk]
alguns, algumas ...	**několik**	[nekolɪk]
pouco (~ tempo)	**málo**	[ma:lo]
resto (m)	**zbytek** (m)	[zbɪtɛk]
um e meio	**půl druhého**	[pu:l druhɛ:ho]
dúzia (f)	**tucet** (m)	[tuʦɛt]
ao meio	**napolovic**	[napolovɪʦ]
em partes iguais	**stejně**	[stɛjne]
metade (f)	**polovina** (ž)	[polovɪna]
vez (f)	**krát**	[kra:t]

10. Os verbos mais importantes. Parte 1

abrir (vt)	**otvírat**	[otvi:rat]
acabar, terminar (vt)	**končit**	[kontʃɪt]
aconselhar (vt)	**radit**	[radɪt]
adivinhar (vt)	**rozluštit**	[rozluʃtɪt]
advertir (vt)	**upozorňovat**	[upozornʲovat]
ajudar (vt)	**pomáhat**	[poma:hat]
almoçar (vi)	**obědvat**	[obedvat]
alugar (~ um apartamento)	**pronajímat si**	[pronaji:mat sɪ]
amar (pessoa)	**milovat**	[mɪlovat]
ameaçar (vt)	**vyhrožovat**	[vɪhroʒovat]
anotar (escrever)	**zapisovat si**	[zapɪsovat sɪ]
apressar-se (vr)	**spěchat**	[spexat]
arrepender-se (vr)	**litovat**	[lɪtovat]
assinar (vt)	**podepisovat**	[podɛpɪsovat]
brincar (vi)	**žertovat**	[ʒertovat]
brincar, jogar (vi, vt)	**hrát**	[hra:t]
buscar (vt)	**hledat**	[hlɛdat]
caçar (vi)	**lovit**	[lovɪt]
cair (vi)	**padat**	[padat]
cavar (vt)	**rýt**	[ri:t]
chamar (~ por socorro)	**volat**	[volat]
chegar (vi)	**přijíždět**	[prʃɪji:ʒdet]
chorar (vi)	**plakat**	[plakat]
começar (vt)	**začínat**	[zatʃi:nat]
comparar (vt)	**porovnávat**	[porovna:vat]
concordar (dizer "sim")	**souhlasit**	[souhlasɪt]
confiar (vt)	**důvěřovat**	[du:verʒovat]
confundir (equivocar-se)	**plést**	[plɛ:st]

conhecer (vt)	**znát**	[zna:t]
contar (fazer contas)	**počítat**	[potʃi:tat]
contar com ...	**spoléhat na ...**	[spolɛ:hat na]
continuar (vt)	**pokračovat**	[pokratʃovat]
controlar (vt)	**kontrolovat**	[kontrolovat]
convidar (vt)	**zvát**	[zva:t]
correr (vi)	**běžet**	[beʒet]
criar (vt)	**vytvořit**	[vɪtvorʒɪt]
custar (vt)	**stát**	[sta:t]

11. Os verbos mais importantes. Parte 2

dar (vt)	**dávat**	[da:vat]
dar uma dica	**narážet**	[nara:ʒet]
decorar (enfeitar)	**zdobit**	[zdobɪt]
defender (vt)	**bránit**	[bra:nɪt]
deixar cair (vt)	**pouštět**	[pouʃtet]
descer (para baixo)	**jít dolů**	[ji:t dolu:]
desculpar-se (vr)	**omlouvat se**	[omlouvat sɛ]
dirigir (~ uma empresa)	**řídit**	[rʒi:dɪt]
discutir (notícias, etc.)	**projednávat**	[projɛdna:vat]
disparar, atirar (vi)	**střílet**	[strʃi:lɛt]
dizer (vt)	**říci**	[rʒi:tsɪ]
duvidar (vt)	**pochybovat**	[poxɪbovat]
encontrar (achar)	**nacházet**	[naxa:zɛt]
enganar (vt)	**podvádět**	[podva:det]
entender (vt)	**rozumět**	[rozumnet]
entrar (na sala, etc.)	**vcházet**	[vxa:zet]
enviar (uma carta)	**odesílat**	[odɛsi:lat]
errar (enganar-se)	**mýlit se**	[mi:lɪt sɛ]
escolher (vt)	**vybírat**	[vɪbi:rat]
esconder (vt)	**schovávat**	[sxova:vat]
escrever (vt)	**psát**	[psa:t]
esperar (aguardar)	**čekat**	[tʃɛkat]
esperar (ter esperança)	**doufat**	[doufat]
esquecer (vt)	**zapomínat**	[zapomi:nat]
estudar (vt)	**studovat**	[studovat]
exigir (vt)	**žádat**	[ʒa:dat]
existir (vi)	**existovat**	[ɛgzɪstovat]
explicar (vt)	**vysvětlovat**	[vɪsvetlovat]
falar (vi)	**mluvit**	[mluvɪt]
faltar (a la escuela, etc.)	**zameškávat**	[zameʃka:vat]
fazer (vt)	**dělat**	[delat]
ficar em silêncio	**mlčet**	[mltʃɛt]
gabar-se (vr)	**vychloubat se**	[vɪxloubat sɛ]
gostar (apreciar)	**líbit se**	[li:bɪt sɛ]
gritar (vi)	**křičet**	[krʃɪtʃɛt]

guardar (fotos, etc.)	**zachovávat**	[zaxova:vat]
informar (vt)	**informovat**	[ɪnformovat]
insistir (vi)	**trvat**	[trvat]
insultar (vt)	**urážet**	[ura:ʒet]
interessar-se (vr)	**zajímat se**	[zaji:mat sɛ]
ir (a pé)	**jít**	[ji:t]
ir nadar	**koupat se**	[koupat sɛ]
jantar (vi)	**večeřet**	[vɛʧɛrʒɛt]

12. Os verbos mais importantes. Parte 3

ler (vt)	**číst**	[ʧi:st]
libertar, liberar (vt)	**osvobozovat**	[osvobozovat]
matar (vt)	**zabíjet**	[zabi:jɛt]
mencionar (vt)	**zmiňovat se**	[zmɪnʲovat sɛ]
mostrar (vt)	**ukazovat**	[ukazovat]
mudar (modificar)	**změnit**	[zmnenɪt]
nadar (vi)	**plavat**	[plavat]
negar-se a … (vr)	**odmítat**	[odmi:tat]
objetar (vt)	**namítat**	[nami:tat]
observar (vt)	**pozorovat**	[pozorovat]
ordenar (mil.)	**rozkazovat**	[roskazovat]
ouvir (vt)	**slyšet**	[slɪʃɛt]
pagar (vt)	**platit**	[platɪt]
parar (vi)	**zastavovat se**	[zastavovat sɛ]
parar, cessar (vt)	**zastavovat**	[zastavovat]
participar (vi)	**zúčastnit se**	[zu:ʧastnɪt sɛ]
pedir (comida, etc.)	**objednávat**	[objɛdna:vat]
pedir (um favor, etc.)	**prosit**	[prosɪt]
pegar (tomar)	**brát**	[bra:t]
pegar (uma bola)	**chytat**	[xɪtat]
pensar (vi, vt)	**myslit**	[mɪslɪt]
perceber (ver)	**všímat si**	[vʃi:mat sɪ]
perdoar (vt)	**odpouštět**	[otpouʃtet]
perguntar (vt)	**ptát se**	[pta:t sɛ]
permitir (vt)	**dovolovat**	[dovolovat]
pertencer a … (vi)	**patřit**	[patrʃɪt]
planejar (vt)	**plánovat**	[pla:novat]
poder (~ fazer algo)	**moci**	[moʦɪ]
possuir (uma casa, etc.)	**vlastnit**	[vlastnɪt]
preferir (vt)	**dávat přednost**	[da:vat prʃɛdnost]
preparar (vt)	**vařit**	[varʒɪt]
prever (vt)	**předvídat**	[prʃɛdvi:dat]
prometer (vt)	**slibovat**	[slɪbovat]
pronunciar (vt)	**vyslovovat**	[vɪslovovat]
propor (vt)	**nabízet**	[nabi:zɛt]
punir (castigar)	**trestat**	[trɛstat]

quebrar (vt)	**lámat**	[la:mat]
queixar-se de ...	**stěžovat si**	[steʒovat sɪ]
querer (desejar)	**chtít**	[xti:t]

13. Os verbos mais importantes. Parte 4

ralhar, repreender (vt)	**nadávat**	[nada:vat]
recomendar (vt)	**doporučovat**	[doporuʧovat]
repetir (dizer outra vez)	**opakovat**	[opakovat]
reservar (~ um quarto)	**rezervovat**	[rɛzɛrvovat]
responder (vt)	**odpovídat**	[otpovi:dat]
rezar, orar (vi)	**modlit se**	[modlɪt sɛ]
rir (vi)	**smát se**	[sma:t sɛ]
roubar (vt)	**krást**	[kra:st]
saber (vt)	**vědět**	[vedet]
sair (~ de casa)	**vycházet**	[vɪxa:zɛt]
salvar (resgatar)	**zachraňovat**	[zaxranʲovat]
seguir (~ alguém)	**následovat**	[na:slɛdovat]
sentar-se (vr)	**sednout si**	[sɛdnout sɪ]
ser necessário	**být potřebný**	[bi:t potrʃɛbni:]
ser, estar	**být**	[bi:t]
significar (vt)	**znamenat**	[znamɛnat]
sorrir (vi)	**usmívat se**	[usmi:vat sɛ]
subestimar (vt)	**podceňovat**	[podʦɛnʲovat]
surpreender-se (vr)	**divit se**	[dɪvɪt sɛ]
tentar (~ fazer)	**zkoušet**	[skouʃɛt]
ter (vt)	**mít**	[mi:t]
ter fome	**mít hlad**	[mi:t hlat]
ter medo	**bát se**	[ba:t sɛ]
ter sede	**mít žízeň**	[mi:t ʒi:zɛnʲ]
tocar (com as mãos)	**dotýkat se**	[doti:kat sɛ]
tomar café da manhã	**snídat**	[sni:dat]
trabalhar (vi)	**pracovat**	[praʦovat]
traduzir (vt)	**překládat**	[prʃɛkla:dat]
unir (vt)	**sjednocovat**	[sjɛdnoʦovat]
vender (vt)	**prodávat**	[proda:vat]
ver (vt)	**vidět**	[vɪdet]
virar (~ para a direita)	**zatáčet**	[zata:ʧɛt]
voar (vi)	**letět**	[lɛtet]

14. Cores

cor (f)	**barva** (ž)	[barva]
tom (m)	**odstín** (m)	[otsti:n]
tonalidade (m)	**tón** (m)	[to:n]
arco-íris (m)	**duha** (ž)	[duha]

branco (adj)	**bílý**	[bi:li:]
preto (adj)	**černý**	[ʧɛrni:]
cinza (adj)	**šedý**	[ʃɛdi:]
verde (adj)	**zelený**	[zɛlɛni:]
amarelo (adj)	**žlutý**	[ʒluti:]
vermelho (adj)	**červený**	[ʧɛrvɛni:]
azul (adj)	**modrý**	[modri:]
azul claro (adj)	**bledě modrý**	[blɛde modri:]
rosa (adj)	**růžový**	[ru:ʒovi:]
laranja (adj)	**oranžový**	[oranʒovi:]
violeta (adj)	**fialový**	[fɪalovi:]
marrom (adj)	**hnědý**	[hnedi:]
dourado (adj)	**zlatý**	[zlati:]
prateado (adj)	**stříbřitý**	[strʃi:brʒɪti:]
bege (adj)	**béžový**	[bɛ:ʒovi:]
creme (adj)	**krémový**	[krɛ:movi:]
turquesa (adj)	**tyrkysový**	[tɪrkɪsovi:]
vermelho cereja (adj)	**višňový**	[vɪʃnʲovi:]
lilás (adj)	**lila**	[lɪla]
carmim (adj)	**malinový**	[malɪnovi:]
claro (adj)	**světlý**	[svetli:]
escuro (adj)	**tmavý**	[tmavi:]
vivo (adj)	**jasný**	[jasni:]
de cor	**barevný**	[barɛvni:]
a cores	**barevný**	[barɛvni:]
preto e branco (adj)	**černobílý**	[ʧɛrnobi:li:]
unicolor (de uma só cor)	**jednobarevný**	[jɛdnobarɛvni:]
multicolor (adj)	**různobarevný**	[ru:znobarɛvni:]

15. Questões

Quem?	**Kdo?**	[gdo]
O que?	**Co?**	[ʦo]
Onde?	**Kde?**	[gdɛ]
Para onde?	**Kam?**	[kam]
De onde?	**Odkud?**	[otkut]
Quando?	**Kdy?**	[gdɪ]
Para quê?	**Proč?**	[proʧ]
Por quê?	**Proč?**	[proʧ]
Para quê?	**Na co?**	[na ʦo]
Como?	**Jak?**	[jak]
Qual (~ é o problema?)	**Jaký?**	[jaki:]
Qual (~ deles?)	**Který?**	[ktɛri:]
A quem?	**Komu?**	[komu]
De quem?	**O kom?**	[o kom]
Do quê?	**O čem?**	[o ʧɛm]

Com quem?	**S kým?**	[s ki:m]
Quanto, -os, -as?	**Kolik?**	[kolɪk]
De quem? (masc.)	**Čí?**	[ʧi:]

16. Preposições

com (prep.)	**s, se**	[s], [sɛ]
sem (prep.)	**bez**	[bɛz]
a, para (exprime lugar)	**do**	[do]
sobre (ex. falar ~)	**o**	[o]
antes de ...	**před**	[prʃɛt]
em frente de ...	**před**	[prʃɛt]
debaixo de ...	**pod**	[pot]
sobre (em cima de)	**nad**	[nat]
em ..., sobre ...	**na**	[na]
de, do (sou ~ Rio de Janeiro)	**z**	[z]
de (feito ~ pedra)	**z**	[z]
em (~ 3 dias)	**za**	[za]
por cima de ...	**přes**	[prʃɛs]

17. Palavras funcionais. Advérbios. Parte 1

Onde?	**Kde?**	[gdɛ]
aqui	**zde**	[zdɛ]
lá, ali	**tam**	[tam]
em algum lugar	**někde**	[negdɛ]
em lugar nenhum	**nikde**	[nɪgdɛ]
perto de ...	**u ...**	[u]
perto da janela	**u okna**	[u okna]
Para onde?	**Kam?**	[kam]
aqui	**sem**	[sɛm]
para lá	**tam**	[tam]
daqui	**odsud**	[otsut]
de lá, dali	**odtamtud**	[odtamtut]
perto	**blízko**	[bli:sko]
longe	**daleko**	[dalɛko]
perto de ...	**kolem**	[kolɛm]
à mão, perto	**poblíž**	[pobli:ʒ]
não fica longe	**nedaleko**	[nɛdalɛko]
esquerdo (adj)	**levý**	[lɛvi:]
à esquerda	**zleva**	[zlɛva]
para a esquerda	**vlevo**	[vlɛvo]
direito (adj)	**pravý**	[pravi:]
à direita	**zprava**	[sprava]

para a direita	**vpravo**	[vpravo]
em frente	**zpředu**	[sprʃɛdu]
da frente	**přední**	[prʃɛdni:]
adiante (para a frente)	**vpřed**	[vprʃɛt]
atrás de ...	**za**	[za]
de trás	**zezadu**	[zɛzadu]
para trás	**zpět**	[spet]
meio (m), metade (f)	**střed** (m)	[strʃɛt]
no meio	**uprostřed**	[uprostrʃɛt]
do lado	**z boku**	[z boku]
em todo lugar	**všude**	[vʃudɛ]
por todos os lados	**kolem**	[kolɛm]
de dentro	**zevnitř**	[zɛvnɪtrʃ]
para algum lugar	**někam**	[nekam]
diretamente	**přímo**	[prʃi:mo]
de volta	**zpět**	[spet]
de algum lugar	**odněkud**	[odnekut]
de algum lugar	**odněkud**	[odnekut]
em primeiro lugar	**za prvé**	[za prvɛ:]
em segundo lugar	**za druhé**	[za druhɛ:]
em terceiro lugar	**za třetí**	[za trʃɛti:]
de repente	**najednou**	[najɛdnou]
no início	**zpočátku**	[spoʧa:tku]
pela primeira vez	**poprvé**	[poprvɛ:]
muito antes de ...	**dávno před ...**	[da:vno prʃɛt]
de novo	**znovu**	[znovu]
para sempre	**navždy**	[navʒdɪ]
nunca	**nikdy**	[nɪgdɪ]
de novo	**opět**	[opet]
agora	**nyní**	[nɪni:]
frequentemente	**často**	[ʧasto]
então	**tehdy**	[tɛhdɪ]
urgentemente	**neodkladně**	[nɛotkladne]
normalmente	**obyčejně**	[obɪʧɛjne]
a propósito, ...	**mimochodem**	[mɪmoxodɛm]
é possível	**možná**	[moʒna:]
provavelmente	**asi**	[asɪ]
talvez	**možná**	[moʒna:]
além disso, ...	**kromě toho ...**	[kromne toho]
por isso ...	**proto ...**	[proto]
apesar de ...	**nehledě na ...**	[nɛhlɛde na]
graças a ...	**díky ...**	[di:kɪ]
que (pron.)	**co**	[ʦo]
que (conj.)	**že**	[ʒe]
algo	**něco**	[neʦo]
alguma coisa	**něco**	[neʦo]

nada	**nic**	[nɪʦ]
quem	**kdo**	[gdo]
alguém (~ que ...)	**někdo**	[negdo]
alguém (com ~)	**někdo**	[negdo]
ninguém	**nikdo**	[nɪgdo]
para lugar nenhum	**nikam**	[nɪkam]
de ninguém	**ničí**	[nɪʧi:]
de alguém	**něčí**	[neʧi:]
tão	**tak**	[tak]
também (gostaria ~ de ...)	**také**	[takɛ:]
também (~ eu)	**také**	[takɛ:]

18. Palavras funcionais. Advérbios. Parte 2

Por quê?	**Proč?**	[proʧ]
por alguma razão	**z nějakých důvodů**	[z nejaki:x du:vodu:]
porque ...	**protože ...**	[protoʒe]
por qualquer razão	**z nějakých důvodů**	[z nejaki:x du:vodu:]
e (tu ~ eu)	**a**	[a]
ou (ser ~ não ser)	**nebo**	[nɛbo]
mas (porém)	**ale**	[alɛ]
para (~ a minha mãe)	**pro**	[pro]
muito, demais	**příliš**	[prʃi:lɪʃ]
só, somente	**jenom**	[jɛnom]
exatamente	**přesně**	[prʃɛsne]
cerca de (~ 10 kg)	**kolem**	[kolɛm]
aproximadamente	**přibližně**	[prʃɪblɪʒne]
aproximado (adj)	**přibližný**	[prʃɪblɪʒni:]
quase	**skoro**	[skoro]
resto (m)	**zbytek** (m)	[zbɪtɛk]
cada (adj)	**každý**	[kaʒdi:]
qualquer (adj)	**každý**	[kaʒdi:]
muito, muitos, muitas	**mnoho**	[mnoho]
muitas pessoas	**mnozí**	[mnozi:]
todos	**všichni**	[vʃɪxnɪ]
em troca de ...	**výměnou za ...**	[vi:mnenou za]
em troca	**místo**	[mi:sto]
à mão	**ručně**	[ruʧne]
pouco provável	**sotva**	[sotva]
provavelmente	**asi**	[asɪ]
de propósito	**schválně**	[sxva:lne]
por acidente	**náhodou**	[na:hodou]
muito	**velmi**	[vɛlmɪ]
por exemplo	**například**	[naprʃi:klat]
entre	**mezi**	[mɛzɪ]

entre (no meio de)	**mezi**	[mɛzɪ]
tanto	**tolik**	[tolɪk]
especialmente	**zejména**	[zɛjmɛ:na]

Conceitos básicos. Parte 2

19. Opostos

rico (adj)	**bohatý**	[bohati:]
pobre (adj)	**chudý**	[xudi:]
doente (adj)	**nemocný**	[nɛmotsni:]
bem (adj)	**zdravý**	[zdravi:]
grande (adj)	**velký**	[vɛlki:]
pequeno (adj)	**malý**	[mali:]
rapidamente	**rychle**	[rɪxlɛ]
lentamente	**pomalu**	[pomalu]
rápido (adj)	**rychlý**	[rɪxli:]
lento (adj)	**pomalý**	[pomali:]
alegre (adj)	**veselý**	[vɛsɛli:]
triste (adj)	**smutný**	[smutni:]
juntos (ir ~)	**spolu**	[spolu]
separadamente	**zvlášť**	[zvla:ʃtʲ]
em voz alta (ler ~)	**nahlas**	[nahlas]
para si (em silêncio)	**pro sebe**	[pro sɛbɛ]
alto (adj)	**vysoký**	[vɪsoki:]
baixo (adj)	**nízký**	[ni:ski:]
profundo (adj)	**hluboký**	[hluboki:]
raso (adj)	**mělký**	[mnelki:]
sim	**ano**	[ano]
não	**ne**	[nɛ]
distante (adj)	**daleký**	[dalɛki:]
próximo (adj)	**blízký**	[bli:ski:]
longe	**daleko**	[dalɛko]
à mão, perto	**vedle**	[vɛdlɛ]
longo (adj)	**dlouhý**	[dlouhi:]
curto (adj)	**krátký**	[kra:tki:]
bom (bondoso)	**dobrý**	[dobri:]
mal (adj)	**zlý**	[zli:]
casado (adj)	**ženatý**	[ʒenati:]

solteiro (adj)	**svobodný**	[svobodni:]
proibir (vt)	**zakázat**	[zaka:zat]
permitir (vt)	**dovolit**	[dovolɪt]
fim (m)	**konec** (m)	[konɛʦ]
início (m)	**začátek** (m)	[zaʧa:tɛk]
esquerdo (adj)	**levý**	[lɛvi:]
direito (adj)	**pravý**	[pravi:]
primeiro (adj)	**první**	[prvni:]
último (adj)	**poslední**	[poslɛdni:]
crime (m)	**zločin** (m)	[zloʧɪn]
castigo (m)	**trest** (m)	[trɛst]
ordenar (vt)	**rozkázat**	[roska:zat]
obedecer (vt)	**podřídit se**	[podrʒi:dɪt sɛ]
reto (adj)	**přímý**	[prʃi:mi:]
curvo (adj)	**křivý**	[krʃɪvi:]
paraíso (m)	**ráj** (m)	[ra:j]
inferno (m)	**peklo** (s)	[pɛklo]
nascer (vi)	**narodit se**	[narodɪt sɛ]
morrer (vi)	**umřít**	[umrʒi:t]
forte (adj)	**silný**	[sɪlni:]
fraco, débil (adj)	**slabý**	[slabi:]
velho, idoso (adj)	**starý**	[stari:]
jovem (adj)	**mladý**	[mladi:]
velho (adj)	**starý**	[stari:]
novo (adj)	**nový**	[novi:]
duro (adj)	**tvrdý**	[tvrdi:]
macio (adj)	**měkký**	[mnɛki:]
quente (adj)	**teplý**	[tɛpli:]
frio (adj)	**studený**	[studɛni:]
gordo (adj)	**tlustý**	[tlusti:]
magro (adj)	**hubený**	[hubɛni:]
estreito (adj)	**úzký**	[u:ski:]
largo (adj)	**široký**	[ʃɪroki:]
bom (adj)	**dobrý**	[dobri:]
mau (adj)	**špatný**	[ʃpatni:]
valente, corajoso (adj)	**chrabrý**	[xrabri:]
covarde (adj)	**bázlivý**	[ba:zlɪvi:]

20. Dias da semana

segunda-feira (f)	**pondělí** (s)	[pondeli:]
terça-feira (f)	**úterý** (s)	[u:tɛri:]
quarta-feira (f)	**středa** (ž)	[strʃɛda]
quinta-feira (f)	**čtvrtek** (m)	[ʧtvrtɛk]
sexta-feira (f)	**pátek** (m)	[pa:tɛk]
sábado (m)	**sobota** (ž)	[sobota]
domingo (m)	**neděle** (ž)	[nɛdelɛ]
hoje	**dnes**	[dnɛs]
amanhã	**zítra**	[zi:tra]
depois de amanhã	**pozítří**	[pozi:trʃi:]
ontem	**včera**	[vʧɛra]
anteontem	**předevčírem**	[prʃɛdɛvʧi:rɛm]
dia (m)	**den** (m)	[dɛn]
dia (m) de trabalho	**pracovní den** (m)	[praʦovni: dɛn]
feriado (m)	**sváteční den** (m)	[sva:tɛʧni: dɛn]
dia (m) de folga	**volno** (s)	[volno]
fim (m) de semana	**víkend** (m)	[vi:kɛnt]
o dia todo	**celý den**	[ʦɛli: dɛn]
no dia seguinte	**příští den**	[prʃi:ʃti: dɛn]
há dois dias	**před dvěma dny**	[prʃɛd dvema dnɪ]
na véspera	**den předtím**	[dɛn prʃɛdti:m]
diário (adj)	**denní**	[dɛnni:]
todos os dias	**denně**	[dɛnne]
semana (f)	**týden** (m)	[ti:dɛn]
na semana passada	**minulý týden**	[mɪnuli: ti:dɛn]
semana que vem	**příští týden**	[prʃi:ʃti: ti:dɛn]
semanal (adj)	**týdenní**	[ti:dɛnni:]
toda semana	**týdně**	[ti:dne]
duas vezes por semana	**dvakrát týdně**	[dvakra:t ti:dne]
toda terça-feira	**každé úterý**	[kaʒdɛ: u:tɛri:]

21. Horas. Dia e noite

manhã (f)	**ráno** (s)	[ra:no]
de manhã	**ráno**	[ra:no]
meio-dia (m)	**poledne** (s)	[polɛdnɛ]
à tarde	**odpoledne**	[otpolɛdnɛ]
tardinha (f)	**večer** (m)	[vɛʧɛr]
à tardinha	**večer**	[vɛʧɛr]
noite (f)	**noc** (ž)	[noʦ]
à noite	**v noci**	[v noʦɪ]
meia-noite (f)	**půlnoc** (ž)	[pu:lnoʦ]
segundo (m)	**sekunda** (ž)	[sɛkunda]
minuto (m)	**minuta** (ž)	[mɪnuta]
hora (f)	**hodina** (ž)	[hodɪna]

meia hora (f)	**půlhodina** (ž)	[pu:lhodɪna]
quarto (m) de hora	**čtvrthodina** (ž)	[ʧtvrthodɪna]
quinze minutos	**patnáct minut**	[patna:ʦt mɪnut]
vinte e quatro horas	**den a noc**	[dɛn a noʦ]
nascer (m) do sol	**východ** (m) **slunce**	[vi:xod sluntsɛ]
amanhecer (m)	**úsvit** (m)	[u:svɪt]
madrugada (f)	**časné ráno** (s)	[ʧasnɛ: ra:no]
pôr-do-sol (m)	**západ** (m) **slunce**	[za:pat sluntsɛ]
de madrugada	**brzy ráno**	[brzɪ ra:no]
esta manhã	**dnes ráno**	[dnɛs ra:no]
amanhã de manhã	**zítra ráno**	[zi:tra ra:no]
esta tarde	**dnes odpoledne**	[dnɛs otpolɛdnɛ]
à tarde	**odpoledne**	[otpolɛdnɛ]
amanhã à tarde	**zítra odpoledne**	[zi:tra otpolɛdnɛ]
esta noite, hoje à noite	**dnes večer**	[dnɛs vɛʧɛr]
amanhã à noite	**zítra večer**	[zi:tra vɛʧɛr]
às três horas em ponto	**přesně ve tři hodiny**	[prʃɛsne vɛ trʃɪ hodɪnɪ]
por volta das quatro	**kolem čtyř hodin**	[kolɛm ʧtɪrʒ hodɪn]
às doze	**do dvanácti hodin**	[do dvana:ʦtɪ hodɪn]
em vinte minutos	**za dvacet minut**	[za dvaʦɛt mɪnut]
em uma hora	**za hodinu**	[za hodɪnu]
a tempo	**včas**	[vʧas]
... um quarto para	**tři čtvrtě**	[trʃɪ ʧtvrte]
dentro de uma hora	**během hodiny**	[behɛm hodɪnɪ]
a cada quinze minutos	**každých patnáct minut**	[kaʒdi:x patna:ʦt mɪnut]
as vinte e quatro horas	**celodenně**	[ʦɛlodɛnne]

22. Meses. Estações

janeiro (m)	**leden** (m)	[lɛdɛn]
fevereiro (m)	**únor** (m)	[u:nor]
março (m)	**březen** (m)	[brʒɛzɛn]
abril (m)	**duben** (m)	[dubɛn]
maio (m)	**květen** (m)	[kvetɛn]
junho (m)	**červen** (m)	[ʧɛrvɛn]
julho (m)	**červenec** (m)	[ʧɛrvɛnɛʦ]
agosto (m)	**srpen** (m)	[srpɛn]
setembro (m)	**září** (s)	[za:rʒi:]
outubro (m)	**říjen** (m)	[rʒi:jɛn]
novembro (m)	**listopad** (m)	[lɪstopat]
dezembro (m)	**prosinec** (m)	[prosɪnɛʦ]
primavera (f)	**jaro** (s)	[jaro]
na primavera	**na jaře**	[na jarʒɛ]
primaveril (adj)	**jarní**	[jarni:]
verão (m)	**léto** (s)	[lɛ:to]

no verão	**v létě**	[v lɛ:te]
de verão	**letní**	[lɛtni:]
outono (m)	**podzim** (m)	[podzɪm]
no outono	**na podzim**	[na podzɪm]
outonal (adj)	**podzimní**	[podzɪmni:]
inverno (m)	**zima** (ž)	[zɪma]
no inverno	**v zimě**	[v zɪmne]
de inverno	**zimní**	[zɪmni:]
mês (m)	**měsíc** (m)	[mnesi:ʦ]
este mês	**tento měsíc**	[tɛnto mnesi:ʦ]
mês que vem	**příští měsíc**	[prʃi:ʃti: mnesi:ʦ]
no mês passado	**minulý měsíc**	[mɪnuli: mnesi:ʦ]
um mês atrás	**před měsícem**	[prʃɛd mnesi:ʦɛm]
em um mês	**za měsíc**	[za mnesi:ʦ]
em dois meses	**za dva měsíce**	[za dva mnesi:ʦɛ]
todo o mês	**celý měsíc**	[ʦɛli: mnesi:ʦ]
um mês inteiro	**celý měsíc**	[ʦɛli: mnesi:ʦ]
mensal (adj)	**měsíční**	[mnesi:ʧni:]
mensalmente	**každý měsíc**	[kaʒdi: mnesi:ʦ]
todo mês	**měsíčně**	[mnesi:ʧne]
duas vezes por mês	**dvakrát měsíčně**	[dvakra:t mnesi:ʧne]
ano (m)	**rok** (m)	[rok]
este ano	**letos**	[lɛtos]
ano que vem	**příští rok**	[prʃi:ʃti: rok]
no ano passado	**vloni**	[vlonɪ]
há um ano	**před rokem**	[prʃɛd rokɛm]
em um ano	**za rok**	[za rok]
dentro de dois anos	**za dva roky**	[za dva rokɪ]
todo o ano	**celý rok**	[ʦɛli: rok]
um ano inteiro	**celý rok**	[ʦɛli: rok]
cada ano	**každý rok**	[kaʒdi: rok]
anual (adj)	**každoroční**	[kaʒdoroʧni:]
anualmente	**každoročně**	[kaʒdoroʧne]
quatro vezes por ano	**čtyřikrát za rok**	[ʧtɪrʒɪkra:t za rok]
data (~ de hoje)	**datum** (s)	[datum]
data (ex. ~ de nascimento)	**datum** (s)	[datum]
calendário (m)	**kalendář** (m)	[kalɛnda:rʃ]
meio ano	**půl roku**	[pu:l roku]
seis meses	**půlrok** (m)	[pu:lrok]
estação (f)	**období** (s)	[obdobi:]
século (m)	**století** (s)	[stolɛti:]

23. Tempo. Diversos

tempo (m)	**čas** (m)	[ʧas]
momento (m)	**okamžik** (m)	[okamʒɪk]

instante (m)	**okamžik** (m)	[okamʒɪk]
instantâneo (adj)	**okamžitý**	[okamʒɪti:]
lapso (m) de tempo	**časový úsek** (m)	[ʧasovi: u:sɛk]
vida (f)	**život** (m)	[ʒɪvot]
eternidade (f)	**věčnost** (ž)	[veʧnost]
época (f)	**epocha** (ž)	[ɛpoxa]
era (f)	**éra** (ž)	[ɛ:ra]
ciclo (m)	**cyklus** (m)	[ʦɪklus]
período (m)	**období** (s)	[obdobi:]
prazo (m)	**doba** (ž)	[doba]
futuro (m)	**budoucnost** (ž)	[budouʦnost]
futuro (adj)	**příští**	[prʃi:ʃti:]
da próxima vez	**příště**	[prʃi:ʃte]
passado (m)	**minulost** (ž)	[mɪnulost]
passado (adj)	**minulý**	[mɪnuli:]
na última vez	**minule**	[mɪnulɛ]
mais tarde	**později**	[pozdejɪ]
depois de ...	**po**	[po]
atualmente	**nyní**	[nɪni:]
agora	**teď**	[tɛtʲ]
imediatamente	**okamžitě**	[okamʒɪte]
em breve	**brzo**	[brzo]
de antemão	**předem**	[prʃɛdɛm]
há muito tempo	**dávno**	[da:vno]
recentemente	**nedávno**	[nɛda:vno]
destino (m)	**osud** (m)	[osut]
recordações (f pl)	**paměť** (ž)	[pamnetʲ]
arquivo (m)	**archív** (m)	[arxi:f]
durante ...	**během ...**	[behɛm]
durante muito tempo	**dlouho**	[dlouho]
pouco tempo	**nedlouho**	[nɛdlouho]
cedo (levantar-se ~)	**brzy**	[brzɪ]
tarde (deitar-se ~)	**pozdě**	[pozde]
para sempre	**navždy**	[navʒdɪ]
começar (vt)	**začínat**	[zaʧi:nat]
adiar (vt)	**posunout**	[posunout]
ao mesmo tempo	**současně**	[souʧasne]
permanentemente	**stále**	[sta:lɛ]
constante (~ ruído, etc.)	**neustálý**	[nɛusta:li:]
temporário (adj)	**dočasný**	[doʧasni:]
às vezes	**někdy**	[negdɪ]
raras vezes, raramente	**málokdy**	[ma:logdɪ]
frequentemente	**často**	[ʧasto]

24. Linhas e formas

quadrado (m)	**čtverec** (m)	[ʧtvɛrɛʦ]
quadrado (adj)	**čtvercový**	[ʧtvɛrʦovi:]

círculo (m)	**kruh** (m)	[krux]
redondo (adj)	**kulatý**	[kulati:]
triângulo (m)	**trojúhelník** (m)	[troju:hɛlni:k]
triangular (adj)	**trojúhelníkový**	[troju:hɛlni:kovi:]
oval (f)	**ovál** (m)	[ova:l]
oval (adj)	**oválný**	[ova:lni:]
retângulo (m)	**obdélník** (m)	[obdɛ:lni:k]
retangular (adj)	**obdélníkový**	[obdɛ:lni:kovi:]
pirâmide (f)	**jehlan** (m)	[jɛhlan]
losango (m)	**kosočtverec** (m)	[kosoʧtvɛrɛʦ]
trapézio (m)	**lichoběžník** (m)	[lɪxobeʒni:k]
cubo (m)	**krychle** (ž)	[krɪxlɛ]
prisma (m)	**hranol** (m)	[hranol]
circunferência (f)	**kružnice** (ž)	[kruʒnɪʦɛ]
esfera (f)	**sféra** (ž)	[sfɛ:ra]
globo (m)	**koule** (ž)	[koulɛ]
diâmetro (m)	**průměr** (m)	[pru:mner]
raio (m)	**poloměr** (m)	[polomner]
perímetro (m)	**obvod** (m)	[obvot]
centro (m)	**střed** (m)	[strʃɛt]
horizontal (adj)	**vodorovný**	[vodorovni:]
vertical (adj)	**svislý**	[svɪsli:]
paralela (f)	**rovnoběžka** (ž)	[rovnobeʃka]
paralelo (adj)	**paralelní**	[paralɛlni:]
linha (f)	**linie** (ž)	[lɪnɪe]
traço (m)	**čára** (ž)	[ʧa:ra]
reta (f)	**přímka** (ž)	[prʃi:mka]
curva (f)	**křivka** (ž)	[krʃɪfka]
fino (linha ~a)	**tenký**	[tɛŋki:]
contorno (m)	**obrys** (m)	[obrɪs]
interseção (f)	**průsečík** (m)	[pru:sɛʧi:k]
ângulo (m) reto	**pravý úhel** (m)	[pravi: u:hɛl]
segmento (m)	**segment** (m)	[sɛgmɛnt]
setor (m)	**sektor** (m)	[sɛktor]
lado (de um triângulo, etc.)	**strana** (ž)	[strana]
ângulo (m)	**úhel** (m)	[u:hɛl]

25. Unidades de medida

peso (m)	**váha** (ž)	[va:ha]
comprimento (m)	**délka** (ž)	[dɛ:lka]
largura (f)	**šířka** (ž)	[ʃi:rʃka]
altura (f)	**výška** (ž)	[vi:ʃka]
profundidade (f)	**hloubka** (ž)	[hloupka]
volume (m)	**objem** (m)	[objɛm]
área (f)	**plocha** (ž)	[ploxa]
grama (m)	**gram** (m)	[gram]
miligrama (m)	**miligram** (m)	[mɪlɪgram]

quilograma (m)	**kilogram** (m)	[kɪlogram]
tonelada (f)	**tuna** (ž)	[tuna]
libra (453,6 gramas)	**libra** (ž)	[lɪbra]
onça (f)	**unce** (ž)	[unt͡sɛ]
metro (m)	**metr** (m)	[mɛtr]
milímetro (m)	**milimetr** (m)	[mɪlɪmɛtr]
centímetro (m)	**centimetr** (m)	[t͡sɛntɪmɛtr]
quilômetro (m)	**kilometr** (m)	[kɪlomɛtr]
milha (f)	**míle** (ž)	[mi:lɛ]
polegada (f)	**coul** (m)	[t͡soul]
pé (304,74 mm)	**stopa** (ž)	[stopa]
jarda (914,383 mm)	**yard** (m)	[jart]
metro (m) quadrado	**čtvereční metr** (m)	[t͡ʃtvɛrɛt͡ʃni: mɛtr]
hectare (m)	**hektar** (m)	[hɛktar]
litro (m)	**litr** (m)	[lɪtr]
grau (m)	**stupeň** (m)	[stupɛnʲ]
volt (m)	**volt** (m)	[volt]
ampère (m)	**ampér** (m)	[ampɛ:r]
cavalo (m) de potência	**koňská síla** (ž)	[konʲska: si:la]
quantidade (f)	**množství** (s)	[mnoʒstvi:]
um pouco de ...	**trochu ...**	[troxu]
metade (f)	**polovina** (ž)	[polovɪna]
dúzia (f)	**tucet** (m)	[tut͡sɛt]
peça (f)	**kus** (m)	[kus]
tamanho (m), dimensão (f)	**rozměr** (m)	[rozmner]
escala (f)	**měřítko** (s)	[mnerʒi:tko]
mínimo (adj)	**minimální**	[mɪnɪma:lni:]
menor, mais pequeno	**nejmenší**	[nɛjmɛnʃi:]
médio (adj)	**střední**	[strʃɛdni:]
máximo (adj)	**maximální**	[maksɪma:lni:]
maior, mais grande	**největší**	[nɛjvetʃi:]

26. Recipientes

pote (m) de vidro	**sklenice** (ž)	[sklɛnɪt͡sɛ]
lata (~ de cerveja)	**plechovka** (ž)	[plɛxofka]
balde (m)	**vědro** (s)	[vedro]
barril (m)	**sud** (m)	[sut]
bacia (~ de plástico)	**mísa** (ž)	[mi:sa]
tanque (m)	**nádrž** (ž)	[na:drʃ]
cantil (m) de bolso	**plochá láhev** (ž)	[ploxa: la:gɛf]
galão (m) de gasolina	**kanystr** (m)	[kanɪstr]
cisterna (f)	**cisterna** (ž)	[t͡sɪstɛrna]
caneca (f)	**hrníček** (m)	[hrni:t͡ʃɛk]
xícara (f)	**šálek** (m)	[ʃa:lɛk]

pires (m)	**talířek** (m)	[tali:rʒɛk]
copo (m)	**sklenice** (ž)	[sklɛnɪʦɛ]
taça (f) de vinho	**sklenka** (ž)	[sklɛŋka]
panela (f)	**hrnec** (m)	[hrnɛʦ]
garrafa (f)	**láhev** (ž)	[la:hɛf]
gargalo (m)	**hrdlo** (s)	[hrdlo]
jarra (f)	**karafa** (ž)	[karafa]
jarro (m)	**džbán** (m)	[ʤba:n]
recipiente (m)	**nádoba** (ž)	[na:doba]
pote (m)	**hrnec** (m)	[hrnɛʦ]
vaso (m)	**váza** (ž)	[va:za]
frasco (~ de perfume)	**flakón** (m)	[flako:n]
frasquinho (m)	**lahvička** (ž)	[lahvɪʧka]
tubo (m)	**tuba** (ž)	[tuba]
saco (ex. ~ de açúcar)	**pytel** (m)	[pɪtɛl]
sacola (~ plastica)	**sáček** (m)	[sa:ʧɛk]
maço (de cigarros, etc.)	**balíček** (m)	[bali:ʧɛk]
caixa (~ de sapatos, etc.)	**krabice** (ž)	[krabɪʦɛ]
caixote (~ de madeira)	**schránka** (ž)	[sxra:ŋka]
cesto (m)	**koš** (m)	[koʃ]

27. Materiais

material (m)	**materiál** (m)	[matɛrɪa:l]
madeira (f)	**dřevo** (s)	[drʒɛvo]
de madeira	**dřevěný**	[drʒɛveni:]
vidro (m)	**sklo** (s)	[sklo]
de vidro	**skleněný**	[sklɛneni:]
pedra (f)	**kámen** (m)	[ka:mɛn]
de pedra	**kamenný**	[kamɛnni:]
plástico (m)	**plast** (m)	[plast]
plástico (adj)	**plastový**	[plastovi:]
borracha (f)	**guma** (ž)	[guma]
de borracha	**gumový**	[gumovi:]
tecido, pano (m)	**látka** (ž)	[la:tka]
de tecido	**z látky**	[z la:tkɪ]
papel (m)	**papír** (m)	[papi:r]
de papel	**papírový**	[papi:rovi:]
papelão (m)	**kartón** (m)	[karto:n]
de papelão	**kartónový**	[karto:novi:]
polietileno (m)	**polyetylén** (m)	[poliɛtɪlɛ:n]
celofane (m)	**celofán** (m)	[ʦɛlofa:n]

madeira (f) compensada	**dýha** (ž)	[di:ha]
porcelana (f)	**porcelán** (m)	[portsɛla:n]
de porcelana	**porcelánový**	[portsɛla:novi:]
argila (f), barro (m)	**hlína** (ž)	[hli:na]
de barro	**hliněný**	[hlɪneni:]
cerâmica (f)	**keramika** (ž)	[kɛramɪka]
de cerâmica	**keramický**	[kɛramɪtski:]

28. Metais

metal (m)	**kov** (m)	[kof]
metálico (adj)	**kovový**	[kovovi:]
liga (f)	**slitina** (ž)	[slɪtɪna]
ouro (m)	**zlato** (s)	[zlato]
de ouro	**zlatý**	[zlati:]
prata (f)	**stříbro** (s)	[strʃi:bro]
de prata	**stříbrný**	[strʃi:brni:]
ferro (m)	**železo** (s)	[ʒelɛzo]
de ferro	**železný**	[ʒelɛzni:]
aço (m)	**ocel** (ž)	[otsɛl]
de aço (adj)	**ocelový**	[otsɛlovi:]
cobre (m)	**měď** (ž)	[mnetʲ]
de cobre	**měděný**	[mnedeni:]
alumínio (m)	**hliník** (m)	[hlɪni:k]
de alumínio	**hliníkový**	[hlɪni:kovi:]
bronze (m)	**bronz** (m)	[bronz]
de bronze	**bronzový**	[bronzovi:]
latão (m)	**mosaz** (ž)	[mosaz]
níquel (m)	**nikl** (m)	[nɪkl]
platina (f)	**platina** (ž)	[platɪna]
mercúrio (m)	**rtuť** (ž)	[rtutʲ]
estanho (m)	**cín** (m)	[tsi:n]
chumbo (m)	**olovo** (s)	[olovo]
zinco (m)	**zinek** (m)	[zɪnɛk]

O SER HUMANO

O ser humano. O corpo

29. Humanos. Conceitos básicos

ser (m) humano	**člověk** (m)	[tʃlovek]
homem (m)	**muž** (m)	[muʃ]
mulher (f)	**žena** (ž)	[ʒena]
criança (f)	**dítě** (s)	[di:te]
menina (f)	**děvče** (s)	[devtʃɛ]
menino (m)	**chlapec** (m)	[xlapɛts]
adolescente (m)	**výrostek** (m)	[vi:rostɛk]
velho (m)	**stařec** (m)	[starʒɛts]
velha (f)	**stařena** (ž)	[starʒɛna]

30. Anatomia humana

organismo (m)	**organismus** (m)	[organɪzmus]
coração (m)	**srdce** (s)	[srdtsɛ]
sangue (m)	**krev** (ž)	[krɛf]
artéria (f)	**tepna** (ž)	[tɛpna]
veia (f)	**žíla** (ž)	[ʒi:la]
cérebro (m)	**mozek** (m)	[mozɛk]
nervo (m)	**nerv** (m)	[nɛrf]
nervos (m pl)	**nervy** (m mn)	[nɛrvɪ]
vértebra (f)	**obratel** (m)	[obratɛl]
coluna (f) vertebral	**páteř** (ž)	[pa:tɛrʃ]
estômago (m)	**žaludek** (m)	[ʒaludɛk]
intestinos (m pl)	**střeva** (s mn)	[strʃɛva]
intestino (m)	**střevo** (s)	[strʃɛvo]
fígado (m)	**játra** (s mn)	[ja:tra]
rim (m)	**ledvina** (ž)	[lɛdvɪna]
osso (m)	**kost** (ž)	[kost]
esqueleto (m)	**kostra** (ž)	[kostra]
costela (f)	**žebro** (s)	[ʒebro]
crânio (m)	**lebka** (ž)	[lɛpka]
músculo (m)	**sval** (m)	[sval]
bíceps (m)	**biceps** (m)	[bɪtsɛps]
tríceps (m)	**triceps** (m)	[trɪtsɛps]
tendão (m)	**šlacha** (ž)	[ʃlaxa]
articulação (f)	**kloub** (m)	[kloup]

pulmões (m pl) **plíce** (ž mn) [pli:ʦɛ]
órgãos (m pl) genitais **pohlavní orgány** (m mn) [pohlavni: orga:nɪ]
pele (f) **pleť** (ž) [plɛtʲ]

31. Cabeça

cabeça (f) **hlava** (ž) [hlava]
rosto, cara (f) **obličej** (ž) [oblɪʧɛj]
nariz (m) **nos** (m) [nos]
boca (f) **ústa** (s mn) [u:sta]

olho (m) **oko** (s) [oko]
olhos (m pl) **oči** (s mn) [oʧɪ]
pupila (f) **zornice** (ž) [zornɪʦɛ]
sobrancelha (f) **obočí** (s) [oboʧi:]
cílio (f) **řasa** (ž) [rʒasa]
pálpebra (f) **víčko** (s) [vi:ʧko]

língua (f) **jazyk** (m) [jazɪk]
dente (m) **zub** (m) [zup]
lábios (m pl) **rty** (m mn) [rtɪ]
maçãs (f pl) do rosto **lícní kosti** (ž mn) [li:ʦni: kostɪ]
gengiva (f) **dáseň** (ž) [da:sɛnʲ]
palato (m) **patro** (s) [patro]

narinas (f pl) **chřípí** (s) [xrʃi:pi:]
queixo (m) **brada** (ž) [brada]
mandíbula (f) **čelist** (ž) [ʧɛlɪst]
bochecha (f) **tvář** (ž) [tva:rʃ]

testa (f) **čelo** (s) [ʧɛlo]
têmpora (f) **spánek** (s) [spa:nɛk]
orelha (f) **ucho** (s) [uxo]
costas (f pl) da cabeça **týl** (m) [ti:l]
pescoço (m) **krk** (m) [krk]
garganta (f) **hrdlo** (s) [hrdlo]

cabelo (m) **vlasy** (m mn) [vlasɪ]
penteado (m) **účes** (m) [u:ʧɛs]
corte (m) de cabelo **střih** (m) [strʃɪx]
peruca (f) **paruka** (ž) [paruka]

bigode (m) **vousy** (m mn) [vousɪ]
barba (f) **plnovous** (m) [plnovous]
ter (~ barba, etc.) **nosit** [nosɪt]
trança (f) **cop** (m) [ʦop]
suíças (f pl) **licousy** (m mn) [lɪʦousɪ]

ruivo (adj) **zrzavý** [zrzavi:]
grisalho (adj) **šedivý** [ʃɛdɪvi:]
careca (adj) **lysý** [lɪsi:]
calva (f) **lysina** (ž) [lɪsɪna]
rabo-de-cavalo (m) **ocas** (m) [oʦas]
franja (f) **ofina** (ž) [ofɪna]

32. Corpo humano

mão (f)	**ruka** (ž)	[ruka]
braço (m)	**ruka** (ž)	[ruka]
dedo (m)	**prst** (m)	[prst]
polegar (m)	**palec** (m)	[palɛʦ]
dedo (m) mindinho	**malíček** (m)	[mali:ʧɛk]
unha (f)	**nehet** (m)	[nɛhɛt]
punho (m)	**pěst** (ž)	[pest]
palma (f)	**dlaň** (ž)	[dlanʲ]
pulso (m)	**zápěstí** (s)	[za:pɛsti:]
antebraço (m)	**předloktí** (s)	[prʃɛdlokti:]
cotovelo (m)	**loket** (m)	[lokɛt]
ombro (m)	**rameno** (s)	[ramɛno]
perna (f)	**noha** (ž)	[noha]
pé (m)	**chodidlo** (s)	[xodɪdlo]
joelho (m)	**koleno** (s)	[kolɛno]
panturrilha (f)	**lýtko** (s)	[li:tko]
quadril (m)	**stehno** (s)	[stɛhno]
calcanhar (m)	**pata** (ž)	[pata]
corpo (m)	**tělo** (s)	[telo]
barriga (f), ventre (m)	**břicho** (s)	[brʒɪxo]
peito (m)	**prsa** (s mn)	[prsa]
seio (m)	**prs** (m)	[prs]
lado (m)	**bok** (m)	[bok]
costas (dorso)	**záda** (s mn)	[za:da]
região (f) lombar	**kříž** (m)	[krʃi:ʃ]
cintura (f)	**pás** (m)	[pa:s]
umbigo (m)	**pupek** (m)	[pupɛk]
nádegas (f pl)	**hýždě** (ž mn)	[hi:ʒde]
traseiro (m)	**zadek** (m)	[zadɛk]
sinal (m), pinta (f)	**mateřské znaménko** (s)	[matɛrʃskɛ: znamɛ:ŋko]
tatuagem (f)	**tetování** (s)	[tɛtova:ni:]
cicatriz (f)	**jizva** (ž)	[jɪzva]

Vestuário & Acessórios

33. Roupa exterior. Casacos

roupa (f)	**oblečení** (s)	[oblɛʧɛni:]
roupa (f) exterior	**svrchní oděv** (m)	[svrxni: odef]
roupa (f) de inverno	**zimní oděv** (m)	[zɪmni: odef]
sobretudo (m)	**kabát** (m)	[kaba:t]
casaco (m) de pele	**kožich** (m)	[koʒɪx]
jaqueta (f) de pele	**krátký kožich** (m)	[kra:tki: koʒɪx]
casaco (m) acolchoado	**peřová bunda** (ž)	[pɛrʒova: bunda]
casaco (m), jaqueta (f)	**bunda** (ž)	[bunda]
impermeável (m)	**plášť** (m)	[pla:ʃtʲ]
a prova d'água	**nepromokavý**	[nɛpromokavi:]

34. Vestuário de homem & mulher

camisa (f)	**košile** (ž)	[koʃɪlɛ]
calça (f)	**kalhoty** (ž mn)	[kalhotɪ]
jeans (m)	**džínsy** (m mn)	[ʤi:nsɪ]
paletó, terno (m)	**sako** (s)	[sako]
terno (m)	**pánský oblek** (m)	[pa:nski: oblɛk]
vestido (ex. ~ de noiva)	**šaty** (m mn)	[ʃatɪ]
saia (f)	**sukně** (ž)	[sukne]
blusa (f)	**blůzka** (ž)	[blu:ska]
casaco (m) de malha	**svetr** (m)	[svɛtr]
casaco, blazer (m)	**žaket** (m)	[ʒakɛt]
camiseta (f)	**tričko** (s)	[trɪʧko]
short (m)	**šortky** (ž mn)	[ʃortkɪ]
training (m)	**tepláková souprava** (ž)	[tɛpla:kova: souprava]
roupão (m) de banho	**župan** (m)	[ʒupan]
pijama (m)	**pyžamo** (s)	[piʒamo]
suéter (m)	**svetr** (m)	[svɛtr]
pulôver (m)	**pulovr** (m)	[pulovr]
colete (m)	**vesta** (ž)	[vɛsta]
fraque (m)	**frak** (m)	[frak]
smoking (m)	**smoking** (m)	[smokɪŋk]
uniforme (m)	**uniforma** (ž)	[unɪforma]
roupa (f) de trabalho	**pracovní oděv** (m)	[praʦovni: odef]
macacão (m)	**kombinéza** (ž)	[kombɪnɛ:za]
jaleco (m), bata (f)	**plášť** (m)	[pla:ʃtʲ]

35. Vestuário. Roupa interior

roupa (f) íntima	**spodní prádlo** (s)	[spodni: pra:dlo]
camiseta (f)	**tílko** (s)	[tilko]
meias (f pl)	**ponožky** (ž mn)	[ponoʃkɪ]
camisola (f)	**noční košile** (ž)	[notʃni: koʃɪlɛ]
sutiã (m)	**podprsenka** (ž)	[potprsɛŋka]
meias longas (f pl)	**podkolenky** (ž mn)	[potkolɛŋkɪ]
meias-calças (f pl)	**punčochové kalhoty** (ž mn)	[puntʃoxovɛ: kalgotɪ]
meias (~ de nylon)	**punčochy** (ž mn)	[puntʃoxɪ]
maiô (m)	**plavky** (ž mn)	[plafkɪ]

36. Adereços de cabeça

chapéu (m), touca (f)	**čepice** (ž)	[tʃɛpɪtsɛ]
chapéu (m) de feltro	**klobouk** (m)	[klobouk]
boné (m) de beisebol	**kšiltovka** (ž)	[kʃɪltofka]
boina (~ italiana)	**čepice** (ž)	[tʃɛpɪtsɛ]
boina (ex. ~ basca)	**baret** (m)	[barɛt]
capuz (m)	**kapuce** (ž)	[kaputsɛ]
chapéu panamá (m)	**panamský klobouk** (m)	[panamski: klobouk]
touca (f)	**pletená čepice** (ž)	[plɛtɛna: tʃɛpɪtsɛ]
lenço (m)	**šátek** (m)	[ʃa:tɛk]
chapéu (m) feminino	**klobouček** (m)	[kloboutʃɛk]
capacete (m) de proteção	**přilba** (ž)	[prʃɪlba]
bibico (m)	**lodička** (ž)	[lodɪtʃka]
capacete (m)	**helma** (ž)	[hɛlma]
chapéu-coco (m)	**tvrďák** (m)	[tvrdʲa:k]
cartola (f)	**válec** (m)	[va:lɛts]

37. Calçado

calçado (m)	**obuv** (ž)	[obuf]
botinas (f pl), sapatos (m pl)	**boty** (ž mn)	[botɪ]
sapatos (de salto alto, etc.)	**střevíce** (m mn)	[strʃɛvi:tsɛ]
botas (f pl)	**holínky** (ž mn)	[holi:ŋkɪ]
pantufas (f pl)	**bačkory** (ž mn)	[batʃkorɪ]
tênis (~ Nike, etc.)	**tenisky** (ž mn)	[tɛnɪskɪ]
tênis (~ Converse)	**kecky** (ž mn)	[kɛtskɪ]
sandálias (f pl)	**sandály** (m mn)	[sanda:lɪ]
sapateiro (m)	**obuvník** (m)	[obuvni:k]
salto (m)	**podpatek** (m)	[potpatɛk]
par (m)	**pár** (m)	[pa:r]
cadarço (m)	**tkanička** (ž)	[tkanɪtʃka]

amarrar os cadarços	**šněrovat**	[ʃnerovat]
calçadeira (f)	**lžíce** (ž) **na boty**	[ʒi:ʦɛ na botɪ]
graxa (f) para calçado	**krém** (m) **na boty**	[krɛ:m na botɪ]

38. Têxtil. Tecidos

algodão (m)	**bavlna** (ž)	[bavlna]
de algodão	**bavlněný**	[bavlneni:]
linho (m)	**len** (m)	[lɛn]
de linho	**lněný**	[lneni:]
seda (f)	**hedvábí** (s)	[hɛdva:bi:]
de seda	**hedvábný**	[hɛdva:bni:]
lã (f)	**vlna** (ž)	[vlna]
de lã	**vlněný**	[vlneni:]
veludo (m)	**samet** (m)	[samɛt]
camurça (f)	**semiš** (m)	[sɛmɪʃ]
veludo (m) cotelê	**manšestr** (m)	[manʃɛstr]
nylon (m)	**nylon** (m)	[nɪlon]
de nylon	**nylonový**	[nɪlonovi:]
poliéster (m)	**polyester** (m)	[poliɛstɛr]
de poliéster	**polyesterový**	[poliɛstɛrovi:]
couro (m)	**kůže** (ž)	[ku:ʒe]
de couro	**z kůže, kožený**	[z ku:ʒe], [koʒeni:]
pele (f)	**kožešina** (ž)	[koʒeʃɪna]
de pele	**kožešinový**	[koʒeʃɪnovi:]

39. Acessórios pessoais

luva (f)	**rukavice** (ž mn)	[rukavɪʦɛ]
mitenes (f pl)	**palčáky** (m mn)	[palʧa:kɪ]
cachecol (m)	**šála** (ž)	[ʃa:la]
óculos (m pl)	**brýle** (ž mn)	[bri:lɛ]
armação (f)	**obroučky** (m mn)	[obrouʧkɪ]
guarda-chuva (m)	**deštník** (m)	[dɛʃtni:k]
bengala (f)	**hůl** (ž)	[hu:l]
escova (f) para o cabelo	**kartáč** (m) **na vlasy**	[karta:ʧ na vlasɪ]
leque (m)	**vějíř** (m)	[veji:rʃ]
gravata (f)	**kravata** (ž)	[kravata]
gravata-borboleta (f)	**motýlek** (m)	[moti:lɛk]
suspensórios (m pl)	**šle** (ž mn)	[ʃlɛ]
lenço (m)	**kapesník** (m)	[kapesni:k]
pente (m)	**hřeben** (m)	[hrʒɛbɛn]
fivela (f) para cabelo	**sponka** (ž)	[spoŋka]
grampo (m)	**vlásnička** (ž)	[vla:snɪʧka]
fivela (f)	**spona** (ž)	[spona]

cinto (m)	**pás** (m)	[pa:s]
alça (f) de ombro	**řemen** (m)	[rʒɛmɛn]
bolsa (f)	**taška** (ž)	[taʃka]
bolsa (feminina)	**kabelka** (ž)	[kabɛlka]
mochila (f)	**batoh** (m)	[batox]

40. Vestuário. Diversos

moda (f)	**móda** (ž)	[mo:da]
na moda (adj)	**módní**	[mo:dni:]
estilista (m)	**modelář** (m)	[modɛla:rʃ]
colarinho (m)	**límec** (m)	[li:mɛʦ]
bolso (m)	**kapsa** (ž)	[kapsa]
de bolso	**kapesní**	[kapɛsni:]
manga (f)	**rukáv** (m)	[ruka:f]
ganchinho (m)	**poutko** (s)	[poutko]
bragueta (f)	**poklopec** (m)	[poklopɛʦ]
zíper (m)	**zip** (m)	[zɪp]
colchete (m)	**spona** (ž)	[spona]
botão (m)	**knoflík** (m)	[knofli:k]
botoeira (casa de botão)	**knoflíková dírka** (ž)	[knofli:kova: di:rka]
soltar-se (vr)	**utrhnout se**	[utrhnout sɛ]
costurar (vi)	**šít**	[ʃi:t]
bordar (vt)	**vyšívat**	[vɪʃi:vat]
bordado (m)	**výšivka** (ž)	[vi:ʃɪfka]
agulha (f)	**jehla** (ž)	[jɛhla]
fio, linha (f)	**nit** (ž)	[nɪt]
costura (f)	**šev** (m)	[ʃɛf]
sujar-se (vr)	**ušpinit se**	[uʃpɪnɪt sɛ]
mancha (f)	**skvrna** (ž)	[skvrna]
amarrotar-se (vr)	**pomačkat se**	[pomatʃkat sɛ]
rasgar (vt)	**roztrhat**	[roztrhat]
traça (f)	**mol** (m)	[mol]

41. Cuidados pessoais. Cosméticos

pasta (f) de dente	**zubní pasta** (ž)	[zubni: pasta]
escova (f) de dente	**kartáček** (m) **na zuby**	[karta:ʧɛk na zubɪ]
escovar os dentes	**čistit si zuby**	[ʧɪstɪt sɪ zubɪ]
gilete (f)	**holicí strojek** (m)	[holɪʦi: strojɛk]
creme (m) de barbear	**krém** (m) **na holení**	[krɛ:m na holɛni:]
barbear-se (vr)	**holit se**	[holɪt sɛ]
sabonete (m)	**mýdlo** (s)	[mi:dlo]
xampu (m)	**šampon** (m)	[ʃampon]
tesoura (f)	**nůžky** (ž mn)	[nu:ʃkɪ]

lixa (f) de unhas	**pilník** (m) **na nehty**	[pɪlni:k na nɛxtɪ]
corta-unhas (m)	**kleštičky** (ž mn) **na nehty**	[klɛʃtɪʧkɪ na nɛxtɪ]
pinça (f)	**pinzeta** (ž)	[pɪnzeta]
cosméticos (m pl)	**kosmetika** (ž)	[kosmɛtɪka]
máscara (f)	**kosmetická maska** (ž)	[kosmɛtɪʦka: maska]
manicure (f)	**manikúra** (ž)	[manɪku:ra]
fazer as unhas	**dělat manikúru**	[delat manɪku:ru]
pedicure (f)	**pedikúra** (ž)	[pɛdɪku:ra]
bolsa (f) de maquiagem	**kosmetická kabelka** (ž)	[kosmɛtɪʦka: kabɛlka]
pó (de arroz)	**pudr** (m)	[pudr]
pó (m) compacto	**pudřenka** (ž)	[pudrʒɛŋka]
blush (m)	**červené líčidlo** (s)	[ʧɛrvɛnɛ: li:ʧɪdlo]
perfume (m)	**voňavka** (ž)	[von^jafka]
água-de-colônia (f)	**toaletní voda** (ž)	[toalɛtni: voda]
loção (f)	**pleťová voda** (ž)	[plɛt^jova: voda]
colônia (f)	**kolínská voda** (ž)	[koli:nska: voda]
sombra (f) de olhos	**oční stíny** (m mn)	[oʧni: sti:nɪ]
delineador (m)	**tužka** (ž) **na oči**	[tuʃka na oʧɪ]
máscara (f), rímel (m)	**řasenka** (ž)	[rʒasɛŋka]
batom (m)	**rtěnka** (ž)	[rteŋka]
esmalte (m)	**lak** (m) **na nehty**	[lak na nɛxtɪ]
laquê (m), spray fixador (m)	**lak** (m) **na vlasy**	[lak na vlasɪ]
desodorante (m)	**deodorant** (m)	[dɛodorant]
creme (m)	**krém** (m)	[krɛ:m]
creme (m) de rosto	**pleťový krém** (m)	[plɛt^jovi: krɛ:m]
creme (m) de mãos	**krém** (m) **na ruce**	[krɛ:m na ruʦɛ]
creme (m) antirrugas	**krém** (m) **proti vráskám**	[krɛ:m protɪ vra:ska:m]
de dia	**denní**	[dɛnni:]
da noite	**noční**	[noʧni:]
absorvente (m) interno	**tampón** (m)	[tampo:n]
papel (m) higiênico	**toaletní papír** (m)	[toalɛtni: papi:r]
secador (m) de cabelo	**fén** (m)	[fɛ:n]

42. Joalheria

joias (f pl)	**šperk** (m)	[ʃpɛrk]
precioso (adj)	**drahý**	[drahi:]
marca (f) de contraste	**punc** (m)	[punʦ]
anel (m)	**prsten** (m)	[prstɛn]
aliança (f)	**snubní prsten** (m)	[snubni: prstɛn]
pulseira (f)	**náramek** (m)	[na:ramɛk]
brincos (m pl)	**náušnice** (ž mn)	[na:uʃnɪʦɛ]
colar (m)	**náhrdelník** (m)	[na:hrdɛlni:k]
coroa (f)	**koruna** (ž)	[koruna]
colar (m) de contas	**korály** (m mn)	[kora:lɪ]

diamante (m)	**diamant** (m)	[dɪamant]
esmeralda (f)	**smaragd** (m)	[smarakt]
rubi (m)	**rubín** (m)	[rubi:n]
safira (f)	**safír** (m)	[safi:r]
pérola (f)	**perly** (ž mn)	[pɛrlɪ]
âmbar (m)	**jantar** (m)	[jantar]

43. Relógios de pulso. Relógios

relógio (m) de pulso	**hodinky** (ž mn)	[hodɪŋkɪ]
mostrador (m)	**ciferník** (m)	[ʦɪfɛrni:k]
ponteiro (m)	**ručička** (ž)	[ruʧɪʧka]
bracelete (em aço)	**náramek** (m)	[na:ramɛk]
bracelete (em couro)	**pásek** (m)	[pa:sɛk]
pilha (f)	**baterka** (ž)	[batɛrka]
acabar (vi)	**vybít se**	[vɪbi:t sɛ]
trocar a pilha	**vyměnit baterku**	[vɪmnenɪt batɛrku]
estar adiantado	**jít napřed**	[ji:t naprʃɛt]
estar atrasado	**opožďovat se**	[opoʒdʲovat sɛ]
relógio (m) de parede	**nástěnné hodiny** (ž mn)	[na:stennɛ: hodɪnɪ]
ampulheta (f)	**přesýpací hodiny** (ž mn)	[prʃɛsi:paʦi: hodɪnɪ]
relógio (m) de sol	**sluneční hodiny** (ž mn)	[slunɛʧni: hodɪnɪ]
despertador (m)	**budík** (m)	[budi:k]
relojoeiro (m)	**hodinář** (m)	[hodɪna:rʃ]
reparar (vt)	**opravovat**	[opravovat]

Alimentação. Nutrição

44. Comida

carne (f)	**maso** (s)	[maso]
galinha (f)	**slepice** (ž)	[slɛpɪʦɛ]
frango (m)	**kuře** (s)	[kurʒɛ]
pato (m)	**kachna** (ž)	[kaxna]
ganso (m)	**husa** (ž)	[husa]
caça (f)	**zvěřina** (ž)	[zverʒɪna]
peru (m)	**krůta** (ž)	[kru:ta]
carne (f) de porco	**vepřové** (s)	[vɛprʃovɛ:]
carne (f) de vitela	**telecí** (s)	[tɛlɛʦi:]
carne (f) de carneiro	**skopové** (s)	[skopovɛ:]
carne (f) de vaca	**hovězí** (s)	[hovezi:]
carne (f) de coelho	**králík** (m)	[kra:li:k]
linguiça (f), salsichão (m)	**salám** (m)	[sala:m]
salsicha (f)	**párek** (m)	[pa:rɛk]
bacon (m)	**slanina** (ž)	[slanɪna]
presunto (m)	**šunka** (ž)	[ʃuŋka]
pernil (m) de porco	**kýta** (ž)	[ki:ta]
patê (m)	**paštika** (ž)	[paʃtɪka]
fígado (m)	**játra** (s mn)	[ja:tra]
guisado (m)	**mleté maso** (s)	[mlɛtɛ: maso]
língua (f)	**jazyk** (m)	[jazɪk]
ovo (m)	**vejce** (s)	[vɛjʦɛ]
ovos (m pl)	**vejce** (s mn)	[vɛjʦɛ]
clara (f) de ovo	**bílek** (m)	[bi:lɛk]
gema (f) de ovo	**žloutek** (m)	[ʒloutɛk]
peixe (m)	**ryby** (ž mn)	[rɪbɪ]
mariscos (m pl)	**mořské plody** (m mn)	[morʃskɛ: plodɪ]
caviar (m)	**kaviár** (m)	[kavɪa:r]
caranguejo (m)	**krab** (m)	[krap]
camarão (m)	**kreveta** (ž)	[krɛvɛta]
ostra (f)	**ústřice** (ž)	[u:strʃɪʦɛ]
lagosta (f)	**langusta** (ž)	[langusta]
polvo (m)	**chobotnice** (ž)	[xobotnɪʦɛ]
lula (f)	**sépie** (ž)	[sɛ:pɪe]
esturjão (m)	**jeseter** (m)	[jɛsɛtɛr]
salmão (m)	**losos** (m)	[losos]
halibute (m)	**platýs** (m)	[plati:s]
bacalhau (m)	**treska** (ž)	[trɛska]
cavala, sarda (f)	**makrela** (ž)	[makrɛla]

atum (m)	**tuňák** (m)	[tunʲa:k]
enguia (f)	**úhoř** (m)	[u:horʃ]
truta (f)	**pstruh** (m)	[pstrux]
sardinha (f)	**sardinka** (ž)	[sardɪŋka]
lúcio (m)	**štika** (ž)	[ʃtɪka]
arenque (m)	**sleď** (ž)	[slɛtʲ]
pão (m)	**chléb** (m)	[xlɛ:p]
queijo (m)	**sýr** (m)	[si:r]
açúcar (m)	**cukr** (m)	[ʦukr]
sal (m)	**sůl** (ž)	[su:l]
arroz (m)	**rýže** (ž)	[ri:ʒe]
massas (f pl)	**makaróny** (m mn)	[makaro:nɪ]
talharim, miojo (m)	**nudle** (ž mn)	[nudlɛ]
manteiga (f)	**máslo** (s)	[ma:slo]
óleo (m) vegetal	**olej** (m)	[olɛj]
óleo (m) de girassol	**slunečnicový olej** (m)	[slunɛʧnɪʦovi: olɛj]
margarina (f)	**margarín** (m)	[margari:n]
azeitonas (f pl)	**olivy** (ž)	[olɪvɪ]
azeite (m)	**olivový olej** (m)	[olɪvovi: olɛj]
leite (m)	**mléko** (s)	[mlɛ:ko]
leite (m) condensado	**kondenzované mléko** (s)	[kondɛnzovanɛ: mlɛ:ko]
iogurte (m)	**jogurt** (m)	[jogurt]
creme (m) azedo	**kyselá smetana** (ž)	[kɪsɛla: smɛtana]
creme (m) de leite	**sladká smetana** (ž)	[slatka: smɛtana]
maionese (f)	**majonéza** (ž)	[majonɛ:za]
creme (m)	**krém** (m)	[krɛ:m]
grãos (m pl) de cereais	**kroupy** (ž mn)	[kroupɪ]
farinha (f)	**mouka** (ž)	[mouka]
enlatados (m pl)	**konzerva** (ž)	[konzɛrva]
flocos (m pl) de milho	**kukuřičné vločky** (ž mn)	[kukurʒɪʧnɛ: vloʧkɪ]
mel (m)	**med** (m)	[mɛt]
geleia (m)	**džem** (m)	[ʤem]
chiclete (m)	**žvýkačka** (ž)	[ʒvi:kaʧka]

45. Bebidas

água (f)	**voda** (ž)	[voda]
água (f) potável	**pitná voda** (ž)	[pɪtna: voda]
água (f) mineral	**minerální voda** (ž)	[mɪnɛra:lni: voda]
sem gás (adj)	**neperlivý**	[nɛpɛrlɪvi:]
gaseificada (adj)	**perlivý**	[pɛrlɪvi:]
com gás	**perlivý**	[pɛrlɪvi:]
gelo (m)	**led** (m)	[lɛt]
com gelo	**s ledem**	[s lɛdɛm]

não alcoólico (adj)	**nealkoholický**	[nɛalkoholɪʦki:]
refrigerante (m)	**nealkoholický nápoj** (m)	[nɛalkoholɪʦki: na:poj]
refresco (m)	**osvěžující nápoj** (m)	[osveʒuji:ʦi: na:poj]
limonada (f)	**limonáda** (ž)	[lɪmona:da]
bebidas (f pl) alcoólicas	**alkoholické nápoje** (m mn)	[alkoholɪʦkɛ: na:pojɛ]
vinho (m)	**víno** (s)	[vi:no]
vinho (m) branco	**bílé víno** (s)	[bi:lɛ: vi:no]
vinho (m) tinto	**červené víno** (s)	[ʧɛrvɛnɛ: vi:no]
licor (m)	**likér** (m)	[lɪkɛ:r]
champanhe (m)	**šampaňské** (s)	[ʃampanʲskɛ:]
vermute (m)	**vermut** (m)	[vɛrmut]
uísque (m)	**whisky** (ž)	[vɪskɪ]
vodca (f)	**vodka** (ž)	[votka]
gim (m)	**džin** (m)	[ʤɪn]
conhaque (m)	**koňak** (m)	[konʲak]
rum (m)	**rum** (m)	[rum]
café (m)	**káva** (ž)	[ka:va]
café (m) preto	**černá káva** (ž)	[ʧɛrna: ka:va]
café (m) com leite	**bílá káva** (ž)	[bi:la: ka:va]
cappuccino (m)	**kapučíno** (s)	[kapuʧi:no]
café (m) solúvel	**rozpustná káva** (ž)	[rozpustna: ka:va]
leite (m)	**mléko** (s)	[mlɛ:ko]
coquetel (m)	**koktail** (m)	[koktajl]
batida (f), milkshake (m)	**mléčný koktail** (m)	[mlɛʧni: koktajl]
suco (m)	**šťáva** (ž), **džus** (m)	[ʃtʲa:va], [ʤus]
suco (m) de tomate	**rajčatová šťáva** (ž)	[rajʧatova: ʃtʲa:va]
suco (m) de laranja	**pomerančový džus** (m)	[pomɛranʧovi: ʤus]
suco (m) fresco	**vymačkaná šťáva** (ž)	[vɪmaʧkana: ʃtʲa:va]
cerveja (f)	**pivo** (s)	[pɪvo]
cerveja (f) clara	**světlé pivo** (s)	[svetlɛ: pɪvo]
cerveja (f) preta	**tmavé pivo** (s)	[tmavɛ: pɪvo]
chá (m)	**čaj** (m)	[ʧaj]
chá (m) preto	**černý čaj** (m)	[ʧɛrni: ʧaj]
chá (m) verde	**zelený čaj** (m)	[zɛlɛni: ʧaj]

46. Vegetais

vegetais (m pl)	**zelenina** (ž)	[zɛlɛnɪna]
verdura (f)	**zelenina** (ž)	[zɛlɛnɪna]
tomate (m)	**rajské jablíčko** (s)	[rajskɛ: jabli:ʧko]
pepino (m)	**okurka** (ž)	[okurka]
cenoura (f)	**mrkev** (ž)	[mrkɛf]
batata (f)	**brambory** (ž mn)	[bramborɪ]
cebola (f)	**cibule** (ž)	[ʦɪbulɛ]
alho (m)	**česnek** (m)	[ʧɛsnɛk]

couve (f)	**zelí** (s)	[zɛli:]
couve-flor (f)	**květák** (m)	[kveta:k]
couve-de-bruxelas (f)	**růžičková kapusta** (ž)	[ru:ʒɪʧkova: kapusta]
brócolis (m pl)	**brokolice** (ž)	[brokolɪʦɛ]
beterraba (f)	**červená řepa** (ž)	[ʧɛrvena: rʒɛpa]
berinjela (f)	**lilek** (m)	[lɪlɛk]
abobrinha (f)	**cukina, cuketa** (ž)	[ʦukɪna], [ʦuketa]
abóbora (f)	**tykev** (ž)	[tɪkɛf]
nabo (m)	**vodní řepa** (ž)	[vodni: rʒɛpa]
salsa (f)	**petržel** (ž)	[pɛtrʒel]
endro, aneto (m)	**kopr** (m)	[kopr]
alface (f)	**salát** (m)	[sala:t]
aipo (m)	**celer** (m)	[ʦɛlɛr]
aspargo (m)	**chřest** (m)	[xrʃɛst]
espinafre (m)	**špenát** (m)	[ʃpɛna:t]
ervilha (f)	**hrách** (m)	[hra:x]
feijão (~ soja, etc.)	**boby** (m mn)	[bobɪ]
milho (m)	**kukuřice** (ž)	[kukurʒɪʦɛ]
feijão (m) roxo	**fazole** (ž)	[fazolɛ]
pimentão (m)	**pepř** (m)	[pɛprʃ]
rabanete (m)	**ředkvička** (ž)	[rʒɛtkvɪʧka]
alcachofra (f)	**artyčok** (m)	[artɪʧok]

47. Frutos. Nozes

fruta (f)	**ovoce** (s)	[ovoʦɛ]
maçã (f)	**jablko** (s)	[jablko]
pera (f)	**hruška** (ž)	[hruʃka]
limão (m)	**citrón** (m)	[ʦɪtro:n]
laranja (f)	**pomeranč** (m)	[pomɛranʧ]
morango (m)	**zahradní jahody** (ž mn)	[zahradni: jahodɪ]
tangerina (f)	**mandarinka** (ž)	[mandarɪŋka]
ameixa (f)	**švestka** (ž)	[ʃvɛstka]
pêssego (m)	**broskev** (ž)	[broskɛf]
damasco (m)	**meruňka** (ž)	[mɛrunʲka]
framboesa (f)	**maliny** (ž mn)	[malɪnɪ]
abacaxi (m)	**ananas** (m)	[ananas]
banana (f)	**banán** (m)	[bana:n]
melancia (f)	**vodní meloun** (m)	[vodni: mɛloun]
uva (f)	**hroznové víno** (s)	[hroznovɛ: vi:no]
ginja (f)	**višně** (ž)	[vɪʃne]
cereja (f)	**třešně** (ž)	[trʃɛʃne]
melão (m)	**cukrový meloun** (m)	[ʦukrovi: mɛloun]
toranja (f)	**grapefruit** (m)	[grɛjpfru:t]
abacate (m)	**avokádo** (s)	[avoka:do]
mamão (m)	**papája** (ž)	[papa:ja]
manga (f)	**mango** (s)	[mango]

romã (f)	**granátové jablko** (s)	[grana:tovɛ: jablko]
groselha (f) vermelha	**červený rybíz** (m)	[ʧɛrvɛni: rɪbi:z]
groselha (f) negra	**černý rybíz** (m)	[ʧɛrni: rɪbi:z]
groselha (f) espinhosa	**angrešt** (m)	[angrɛʃt]
mirtilo (m)	**borůvky** (ž mn)	[boru:fkɪ]
amora (f) silvestre	**ostružiny** (ž mn)	[ostruʒɪnɪ]
passa (f)	**hrozinky** (ž mn)	[hrozɪŋkɪ]
figo (m)	**fík** (m)	[fi:k]
tâmara (f)	**datle** (ž)	[datlɛ]
amendoim (m)	**burský oříšek** (m)	[burski: orʒi:ʃɛk]
amêndoa (f)	**mandle** (ž)	[mandlɛ]
noz (f)	**vlašský ořech** (m)	[vlaʃski: orʒɛx]
avelã (f)	**lískový ořech** (m)	[li:skovi: orʒɛx]
coco (m)	**kokos** (m)	[kokos]
pistaches (m pl)	**pistácie** (ž)	[pɪsta:ʦɪe]

48. Pão. Bolaria

pastelaria (f)	**cukroví** (s)	[ʦukrovi:]
pão (m)	**chléb** (m)	[xlɛ:p]
biscoito (m), bolacha (f)	**sušenky** (ž mn)	[suʃɛŋkɪ]
chocolate (m)	**čokoláda** (ž)	[ʧokola:da]
de chocolate	**čokoládový**	[ʧokola:dovi:]
bala (f)	**bonbón** (m)	[bonbo:n]
doce (bolo pequeno)	**zákusek** (m)	[za:kusɛk]
bolo (m) de aniversário	**dort** (m)	[dort]
torta (f)	**koláč** (m)	[kola:ʧ]
recheio (m)	**nádivka** (ž)	[na:dɪfka]
geleia (m)	**zavařenina** (ž)	[zavarʒɛnɪna]
marmelada (f)	**marmeláda** (ž)	[marmɛla:da]
wafers (m pl)	**oplatky** (mn)	[oplatkɪ]
sorvete (m)	**zmrzlina** (ž)	[zmrzlɪna]

49. Pratos cozinhados

prato (m)	**jídlo** (s)	[ji:dlo]
cozinha (~ portuguesa)	**kuchyně** (ž)	[kuxɪne]
receita (f)	**recept** (m)	[rɛʦɛpt]
porção (f)	**porce** (ž)	[porʦɛ]
salada (f)	**salát** (m)	[sala:t]
sopa (f)	**polévka** (ž)	[polɛ:fka]
caldo (m)	**vývar** (m)	[vi:var]
sanduíche (m)	**obložený chlebíček** (m)	[oblozeni: xlɛbi:ʧɛk]
ovos (m pl) fritos	**míchaná vejce** (s mn)	[mi:xana: vɛjʦɛ]
hambúrguer (m)	**hamburger** (m)	[hamburgɛr]

bife (m)	**biftek** (m)	[bɪftɛk]
acompanhamento (m)	**příloha** (ž)	[prʃiːloha]
espaguete (m)	**spagety** (m mn)	[spagɛtɪ]
purê (m) de batata	**bramborová kaše** (ž)	[bramborovaː kaʃɛ]
pizza (f)	**pizza** (ž)	[pɪʦa]
mingau (m)	**kaše** (ž)	[kaʃɛ]
omelete (f)	**omeleta** (ž)	[omɛlɛta]
fervido (adj)	**vařený**	[varʒɛniː]
defumado (adj)	**uzený**	[uzɛniː]
frito (adj)	**smažený**	[smaʒeniː]
seco (adj)	**sušený**	[suʃɛniː]
congelado (adj)	**zmražený**	[zmraʒeniː]
em conserva (adj)	**marinovaný**	[marɪnovaniː]
doce (adj)	**sladký**	[slatkiː]
salgado (adj)	**slaný**	[slaniː]
frio (adj)	**studený**	[studɛniː]
quente (adj)	**teplý**	[tɛpliː]
amargo (adj)	**hořký**	[horʃkiː]
gostoso (adj)	**chutný**	[xutniː]
cozinhar em água fervente	**vařit**	[varʒɪt]
preparar (vt)	**vařit**	[varʒɪt]
fritar (vt)	**smažit**	[smaʒɪt]
aquecer (vt)	**ohřívat**	[ohrʒiːvat]
salgar (vt)	**solit**	[solɪt]
apimentar (vt)	**pepřit**	[pɛprʃɪt]
ralar (vt)	**strouhat**	[strouhat]
casca (f)	**slupka** (ž)	[slupka]
descascar (vt)	**loupat**	[loupat]

50. Especiarias

sal (m)	**sůl** (ž)	[suːl]
salgado (adj)	**slaný**	[slaniː]
salgar (vt)	**solit**	[solɪt]
pimenta-do-reino (f)	**černý pepř** (m)	[ʧɛrniː pɛprʃ]
pimenta (f) vermelha	**červená paprika** (ž)	[ʧɛrvɛnaː paprɪka]
mostarda (f)	**hořčice** (ž)	[horʃʧɪʦɛ]
raiz-forte (f)	**křen** (m)	[krʃɛn]
condimento (m)	**ochucovadlo** (s)	[oxutsovadlo]
especiaria (f)	**koření** (s)	[korʒɛniː]
molho (~ inglês)	**omáčka** (ž)	[omaːʧka]
vinagre (m)	**ocet** (m)	[oʦɛt]
anis estrelado (m)	**anýz** (m)	[aniːz]
manjericão (m)	**bazalka** (ž)	[bazalka]
cravo (m)	**hřebíček** (m)	[hrʒɛbiːʧɛk]
gengibre (m)	**zázvor** (m)	[zaːzvor]
coentro (m)	**koriandr** (m)	[korɪandr]

canela (f)	**skořice** (ž)	[skorʒɪʦɛ]
gergelim (m)	**sezam** (m)	[sɛzam]
folha (f) de louro	**bobkový list** (m)	[bopkovi: lɪst]
páprica (f)	**paprika** (ž)	[paprɪka]
cominho (m)	**kmín** (m)	[kmi:n]
açafrão (m)	**šafrán** (m)	[ʃafra:n]

51. Refeições

comida (f)	**jídlo** (s)	[ji:dlo]
comer (vt)	**jíst**	[ji:st]
café (m) da manhã	**snídaně** (ž)	[sni:dane]
tomar café da manhã	**snídat**	[sni:dat]
almoço (m)	**oběd** (m)	[obet]
almoçar (vi)	**obědvat**	[obedvat]
jantar (m)	**večeře** (ž)	[vɛʧɛrʒɛ]
jantar (vi)	**večeřet**	[vɛʧɛrʒɛt]
apetite (m)	**chuť** (ž) **k jídlu**	[xutʲ k ji:dlu]
Bom apetite!	**Dobrou chuť!**	[dobrou xutʲ]
abrir (~ uma lata, etc.)	**otvírat**	[otvi:rat]
derramar (~ líquido)	**rozlít**	[rozli:t]
derramar-se (vr)	**rozlít se**	[rozli:t sɛ]
ferver (vi)	**vřít**	[vrʒi:t]
ferver (vt)	**vařit**	[varʒɪt]
fervido (adj)	**svařený**	[svarʒɛni:]
esfriar (vt)	**ochladit**	[oxladɪt]
esfriar-se (vr)	**ochlazovat se**	[oxlazovat sɛ]
sabor, gosto (m)	**chuť** (ž)	[xutʲ]
fim (m) de boca	**příchuť** (ž)	[prʃi:xutʲ]
emagrecer (vi)	**držet dietu**	[drʒet dɪetu]
dieta (f)	**dieta** (ž)	[dɪeta]
vitamina (f)	**vitamín** (m)	[vɪtami:n]
caloria (f)	**kalorie** (ž)	[kalorɪe]
vegetariano (m)	**vegetarián** (m)	[vɛgɛtarɪa:n]
vegetariano (adj)	**vegetariánský**	[vɛgɛtarɪa:nski:]
gorduras (f pl)	**tuky** (m)	[tukɪ]
proteínas (f pl)	**bílkoviny** (ž)	[bi:lkovɪnɪ]
carboidratos (m pl)	**karbohydráty** (mn)	[karbohɪdrati:]
fatia (~ de limão, etc.)	**plátek** (m)	[pla:tɛk]
pedaço (~ de bolo)	**kousek** (m)	[kousɛk]
migalha (f), farelo (m)	**drobek** (m)	[drobɛk]

52. Por a mesa

colher (f)	**lžíce** (ž)	[lʒi:ʦɛ]
faca (f)	**nůž** (m)	[nu:ʃ]

garfo (m)	**vidlička** (ž)	[vɪdlɪʧka]
xícara (f)	**šálek** (m)	[ʃa:lɛk]
prato (m)	**talíř** (m)	[tali:rʃ]
pires (m)	**talířek** (m)	[tali:rʒɛk]
guardanapo (m)	**ubrousek** (m)	[ubrousɛk]
palito (m)	**párátko** (s)	[pa:ra:tko]

53. Restaurante

restaurante (m)	**restaurace** (ž)	[rɛstauraʦɛ]
cafeteria (f)	**kavárna** (ž)	[kava:rna]
bar (m), cervejaria (f)	**bar** (m)	[bar]
salão (m) de chá	**čajovna** (ž)	[ʧajovna]
garçom (m)	**číšník** (m)	[ʧi:ʃni:k]
garçonete (f)	**číšnice** (ž)	[ʧi:ʃnɪʦɛ]
barman (m)	**barman** (m)	[barman]
cardápio (m)	**jídelní lístek** (m)	[ji:dɛlni: li:stɛk]
lista (f) de vinhos	**nápojový lístek** (m)	[na:pojovi: li:stɛk]
reservar uma mesa	**rezervovat stůl**	[rɛzɛrvovat stu:l]
prato (m)	**jídlo** (s)	[ji:dlo]
pedir (vt)	**objednat si**	[objɛdnat sɪ]
fazer o pedido	**objednat si**	[objɛdnat sɪ]
aperitivo (m)	**aperitiv** (m)	[apɛrɪtɪf]
entrada (f)	**předkrm** (m)	[prʃɛtkrm]
sobremesa (f)	**desert** (m)	[dɛsɛrt]
conta (f)	**účet** (m)	[u:ʧɛt]
pagar a conta	**zaplatit účet**	[zaplatɪt u:ʧɛt]
dar o troco	**dát nazpátek**	[da:t naspa:tɛk]
gorjeta (f)	**spropitné** (s)	[spropɪtnɛ:]

Família, parentes e amigos

54. Informação pessoal. Formulários

nome (m)	**jméno** (s)	[jmɛ:no]
sobrenome (m)	**příjmení** (s)	[prʃi:jmɛni:]
data (f) de nascimento	**datum** (s) **narození**	[datum narozɛni:]
local (m) de nascimento	**místo** (s) **narození**	[mi:sto narozɛni:]
nacionalidade (f)	**národnost** (ž)	[na:rodnost]
lugar (m) de residência	**bydliště** (s)	[bɪdlɪʃte]
país (m)	**země** (ž)	[zɛmnɛ]
profissão (f)	**povolání** (s)	[povola:ni:]
sexo (m)	**pohlaví** (s)	[pohlavi:]
estatura (f)	**postava** (ž)	[postava]
peso (m)	**váha** (ž)	[va:ha]

55. Membros da família. Parentes

mãe (f)	**matka** (ž)	[matka]
pai (m)	**otec** (m)	[otɛʦ]
filho (m)	**syn** (m)	[sɪn]
filha (f)	**dcera** (ž)	[dʦɛra]
caçula (f)	**nejmladší dcera** (ž)	[nɛjmladʃi: dʦɛra]
caçula (m)	**nejmladší syn** (m)	[nɛjmladʃi: sɪn]
filha (f) mais velha	**nejstarší dcera** (ž)	[nɛjstarʃi: dʦɛra]
filho (m) mais velho	**nejstarší syn** (m)	[nɛjstarʃi: sɪn]
irmão (m)	**bratr** (m)	[bratr]
irmã (f)	**sestra** (ž)	[sɛstra]
primo (m)	**bratranec** (m)	[bratranɛʦ]
prima (f)	**sestřenice** (ž)	[sɛstrʃɛnɪʦɛ]
mamãe (f)	**maminka** (ž)	[mamɪŋka]
papai (m)	**táta** (m)	[ta:ta]
pais (pl)	**rodiče** (m mn)	[rodɪʧɛ]
criança (f)	**dítě** (s)	[di:te]
crianças (f pl)	**děti** (ž mn)	[detɪ]
avó (f)	**babička** (ž)	[babɪʧka]
avô (m)	**dědeček** (m)	[dedɛʧɛk]
neto (m)	**vnuk** (m)	[vnuk]
neta (f)	**vnučka** (ž)	[vnuʧka]
netos (pl)	**vnuci** (m mn)	[vnuʦɪ]
tio (m)	**strýc** (m)	[stri:ʦ]
tia (f)	**teta** (ž)	[tɛta]

sobrinho (m)	**synovec** (m)	[sɪnovɛʦ]
sobrinha (f)	**neteř** (ž)	[nɛtɛrʃ]
sogra (f)	**tchyně** (ž)	[txɪne]
sogro (m)	**tchán** (m)	[txa:n]
genro (m)	**zeť** (m)	[zɛtʲ]
madrasta (f)	**nevlastní matka** (ž)	[nɛvlastni: matka]
padrasto (m)	**nevlastní otec** (m)	[nɛvlastni: otɛʦ]
criança (f) de colo	**kojenec** (m)	[kojɛnɛʦ]
bebê (m)	**nemluvně** (s)	[nɛmluvne]
menino (m)	**děcko** (s)	[deʦko]
mulher (f)	**žena** (ž)	[ʒena]
marido (m)	**muž** (m)	[muʃ]
esposo (m)	**manžel** (m)	[manʒel]
esposa (f)	**manželka** (ž)	[manʒelka]
casado (adj)	**ženatý**	[ʒenati:]
casada (adj)	**vdaná**	[vdana:]
solteiro (adj)	**svobodný**	[svobodni:]
solteirão (m)	**mládenec** (m)	[mla:dɛnɛʦ]
divorciado (adj)	**rozvedený**	[rozvɛdɛni:]
viúva (f)	**vdova** (ž)	[vdova]
viúvo (m)	**vdovec** (m)	[vdovɛʦ]
parente (m)	**příbuzný** (m)	[prʃi:buzni:]
parente (m) próximo	**blízký příbuzný** (m)	[bli:ski: prʃi:buzni:]
parente (m) distante	**vzdálený příbuzný** (m)	[vzda:lɛni: prʃi:buzni:]
parentes (m pl)	**příbuzenstvo** (s)	[prʃi:buzɛnstvo]
órfão (m), órfã (f)	**sirotek** (m, ž)	[sɪrotɛk]
tutor (m)	**poručník** (m)	[porutʃni:k]
adotar (um filho)	**adoptovat**	[adoptovat]
adotar (uma filha)	**adoptovat dívku**	[adoptovat difku]

56. Amigos. Colegas de trabalho

amigo (m)	**přítel** (m)	[prʃi:tɛl]
amiga (f)	**přítelkyně** (ž)	[prʃi:tɛlkɪne]
amizade (f)	**přátelství** (s)	[prʃa:tɛlstvi:]
ser amigos	**kamarádit**	[kamara:dɪt]
amigo (m)	**kamarád** (m)	[kamara:t]
amiga (f)	**kamarádka** (ž)	[kamara:tka]
parceiro (m)	**partner** (m)	[partnɛr]
chefe (m)	**šéf** (m)	[ʃɛ:f]
superior (m)	**vedoucí** (m)	[vɛdouʦi:]
subordinado (m)	**podřízený** (m)	[podrʒi:zɛni:]
colega (m, f)	**kolega** (m)	[kolɛga]
conhecido (m)	**známý** (m)	[zna:mi:]
companheiro (m) de viagem	**spolucestující** (m)	[spoluʦɛstuji:ʦi:]

colega (m) de classe	**spolužák** (m)	[spoluʒa:k]
vizinho (m)	**soused** (m)	[sousɛt]
vizinha (f)	**sousedka** (ž)	[sousɛtka]
vizinhos (pl)	**sousedé** (m mn)	[sousɛdɛ:]

57. Homem. Mulher

mulher (f)	**žena** (ž)	[ʒena]
menina (f)	**slečna** (ž)	[slɛʧna]
noiva (f)	**nevěsta** (ž)	[nɛvesta]
bonita, bela (adj)	**pěkná**	[pekna:]
alta (adj)	**vysoká**	[vɪsoka:]
esbelta (adj)	**štíhlá**	[ʃti:hla:]
baixa (adj)	**menší**	[mɛnʃi:]
loira (f)	**blondýna** (ž)	[blondi:na]
morena (f)	**bruneta** (ž)	[brunɛta]
de senhora	**dámský**	[da:mski:]
virgem (f)	**panna** (ž)	[panna]
grávida (adj)	**těhotná**	[tehotna:]
homem (m)	**muž** (m)	[muʃ]
loiro (m)	**blondýn** (m)	[blondi:n]
moreno (m)	**brunet** (m)	[brunɛt]
alto (adj)	**vysoký**	[vɪsoki:]
baixo (adj)	**menší**	[mɛnʃi:]
rude (adj)	**hrubý**	[hrubi:]
atarracado (adj)	**zavalitý**	[zavalɪti:]
robusto (adj)	**statný, zdatný**	[statni:], [zdatni:]
forte (adj)	**silný**	[sɪlni:]
força (f)	**síla** (ž)	[si:la]
gordo (adj)	**tělnatý**	[telnati:]
moreno (adj)	**snědý**	[snedi:]
esbelto (adj)	**štíhlý**	[ʃti:hli:]
elegante (adj)	**elegantní**	[ɛlɛgantni:]

58. Idade

idade (f)	**věk** (m)	[vek]
juventude (f)	**mladost** (ž)	[mladost]
jovem (adj)	**mladý**	[mladi:]
mais novo (adj)	**mladší**	[mladʃi:]
mais velho (adj)	**starší**	[starʃi:]
jovem (m)	**jinoch** (m)	[jɪnox]
adolescente (m)	**výrostek** (m)	[vi:rostɛk]
rapaz (m)	**kluk** (m)	[kluk]

velho (m)	**stařec** (m)	[starʒɛʦ]
velha (f)	**stařena** (ž)	[starʒɛna]
adulto	**dospělý**	[dospeli:]
de meia-idade	**středního věku**	[strʃɛdni:ho veku]
idoso, de idade (adj)	**starší**	[starʃi:]
velho (adj)	**starý**	[stari:]
aposentadoria (f)	**důchod** (m)	[du:xot]
aposentar-se (vr)	**odejít do důchodu**	[odɛji:t do du:xodu]
aposentado (m)	**důchodce** (m)	[du:xodʦɛ]

59. Crianças

criança (f)	**dítě** (s)	[di:te]
crianças (f pl)	**děti** (ž mn)	[detɪ]
gêmeos (m pl), gêmeas (f pl)	**blíženci** (m mn)	[bli:ʒenʦɪ]
berço (m)	**kolébka** (ž)	[kolɛ:pka]
chocalho (m)	**chrastítko** (s)	[xrasti:tko]
fralda (f)	**plenka** (ž)	[plɛŋka]
chupeta (f), bico (m)	**dudlík** (m)	[dudli:k]
carrinho (m) de bebê	**kočárek** (m)	[koʧa:rɛk]
jardim (m) de infância	**mateřská škola** (ž)	[matɛrʃska: ʃkola]
babysitter, babá (f)	**chůva** (ž)	[xu:va]
infância (f)	**dětství** (s)	[detstvi:]
boneca (f)	**panenka** (ž)	[panɛŋka]
brinquedo (m)	**hračka** (ž)	[hraʧka]
jogo (m) de montar	**dětská stavebnice** (ž)	[deʦka: stavɛbnɪʦɛ]
bem-educado (adj)	**vychovaný**	[vɪxovani:]
malcriado (adj)	**nevychovaný**	[nɛvɪxovani:]
mimado (adj)	**rozmazlený**	[rozmazlɛni:]
ser travesso	**dovádět**	[dova:det]
travesso, traquinas (adj)	**nezbedný**	[nɛzbɛdni:]
travessura (f)	**nezbednost** (ž)	[nɛzbɛdnost]
criança (f) travessa	**nezbedník** (m)	[nɛzbɛdni:k]
obediente (adj)	**poslušný**	[posluʃni:]
desobediente (adj)	**neposlušný**	[nɛposluʃni:]
dócil (adj)	**poslušný**	[posluʃni:]
inteligente (adj)	**rozumný**	[rozumni:]
prodígio (m)	**zázračné dítě** (s)	[za:zraʧnɛ: di:te]

60. Casais. Vida de família

beijar (vt)	**líbat**	[li:bat]
beijar-se (vr)	**líbat se**	[li:bat sɛ]

família (f)	**rodina** (ž)	[rodɪna]
familiar (vida ~)	**rodinný**	[rodɪnni:]
casal (m)	**pár** (m)	[pa:r]
matrimônio (m)	**manželství** (s)	[manʒelstvi:]
lar (m)	**rodinný krb** (m)	[rodɪnni: krp]
dinastia (f)	**dynastie** (ž)	[dɪnastɪe]
encontro (m)	**rande** (s)	[randɛ]
beijo (m)	**pusa** (ž)	[pusa]
amor (m)	**láska** (ž)	[la:ska]
amar (pessoa)	**milovat**	[mɪlovat]
amado, querido (adj)	**milovaný**	[mɪlovani:]
ternura (f)	**něžnost** (ž)	[neʒnost]
afetuoso (adj)	**něžný**	[neʒni:]
fidelidade (f)	**věrnost** (ž)	[vernost]
fiel (adj)	**věrný**	[verni:]
cuidado (m)	**péče** (ž)	[pɛ:ʧɛ]
carinhoso (adj)	**starostlivý**	[starostlɪvi:]
recém-casados (pl)	**novomanželé** (m mn)	[novomanʒelɛ:]
lua (f) de mel	**líbánky** (ž mn)	[li:ba:ŋkɪ]
casar-se (com um homem)	**vdát se**	[vda:t sɛ]
casar-se (com uma mulher)	**ženit se**	[ʒenɪt sɛ]
casamento (m)	**svatba** (ž)	[svatba]
bodas (f pl) de ouro	**zlatá svatba** (ž)	[zlata: svatba]
aniversário (m)	**výročí** (s)	[vi:roʧi:]
amante (m)	**milenec** (m)	[mɪlɛnɛʦ]
amante (f)	**milenka** (ž)	[mɪlɛŋka]
adultério (m), traição (f)	**nevěra** (ž)	[nɛvera]
cometer adultério	**podvést**	[podvɛ:st]
ciumento (adj)	**žárlivý**	[ʒa:rlɪvi:]
ser ciumento, -a	**žárlit**	[ʒa:rlɪt]
divórcio (m)	**rozvod** (m)	[rozvot]
divorciar-se (vr)	**rozvést se**	[rozvɛ:st sɛ]
brigar (discutir)	**hádat se**	[ha:dat sɛ]
fazer as pazes	**smiřovat se**	[smɪrʒovat sɛ]
juntos (ir ~)	**spolu**	[spolu]
sexo (m)	**sex** (m)	[sɛks]
felicidade (f)	**štěstí** (s)	[ʃtesti:]
feliz (adj)	**šťastný**	[ʃtʲastni:]
infelicidade (f)	**neštěstí** (s)	[nɛʃtesti:]
infeliz (adj)	**nešťastný**	[nɛʃtʲastni:]

Caráter. Sentimentos. Emoções

61. Sentimentos. Emoções

sentimento (m)	**pocit** (m)	[poʦɪt]
sentimentos (m pl)	**pocity** (m mn)	[poʦɪtɪ]
sentir (vt)	**cítit**	[ʦi:tɪt]
fome (f)	**hlad** (m)	[hlat]
ter fome	**mít hlad**	[mi:t hlat]
sede (f)	**žízeň** (ž)	[ʒi:zɛnʲ]
ter sede	**mít žízeň**	[mi:t ʒi:zɛnʲ]
sonolência (f)	**ospalost** (ž)	[ospalost]
estar sonolento	**chtít spát**	[xti:t spa:t]
cansaço (m)	**únava** (ž)	[u:nava]
cansado (adj)	**unavený**	[unavɛni:]
ficar cansado	**unavit se**	[unavɪt sɛ]
humor (m)	**nálada** (ž)	[na:lada]
tédio (m)	**nuda** (ž)	[nuda]
entediar-se (vr)	**nudit se**	[nudɪt sɛ]
reclusão (isolamento)	**samota** (ž)	[samota]
isolar-se (vr)	**odloučit se**	[odlouʧɪt sɛ]
preocupar (vt)	**znepokojovat**	[znɛpokojovat]
estar preocupado	**znepokojovat se**	[znɛpokojovat sɛ]
preocupação (f)	**úzkost** (ž)	[u:skost]
ansiedade (f)	**nepokoj** (m)	[nɛpokoj]
preocupado (adj)	**ustaraný**	[ustarani:]
estar nervoso	**být nervózní**	[bi:t nɛrvo:zni:]
entrar em pânico	**panikařit**	[panɪkarʒɪt]
esperança (f)	**naděje** (ž)	[nadejɛ]
esperar (vt)	**doufat**	[doufat]
certeza (f)	**jistota** (ž)	[jɪstota]
certo, seguro de ...	**jistý**	[jɪsti:]
indecisão (f)	**nejistota** (ž)	[nɛjɪstota]
indeciso (adj)	**nejistý**	[nɛjɪsti:]
bêbado (adj)	**opilý**	[opɪli:]
sóbrio (adj)	**střízlivý**	[strʒi:zlɪvi:]
fraco (adj)	**slabý**	[slabi:]
feliz (adj)	**šťastný**	[ʃtʲastni:]
assustar (vt)	**polekat**	[polɛkat]
fúria (f)	**zuřivost** (ž)	[zurʒɪvost]
ira, raiva (f)	**vztek** (m)	[vstɛk]
depressão (f)	**deprese** (ž)	[dɛprɛsɛ]
desconforto (m)	**neklid** (m)	[nɛklɪt]

conforto (m)	**klid** (m)	[klɪt]
arrepender-se (vr)	**litovat**	[lɪtovat]
arrependimento (m)	**lítost** (ž)	[li:tost]
azar (m), má sorte (f)	**smůla** (ž)	[smu:la]
tristeza (f)	**rozladění** (s)	[rozladeni:]
vergonha (f)	**stud** (m)	[stut]
alegria (f)	**radost** (ž)	[radost]
entusiasmo (m)	**nadšení** (s)	[nadʃɛni:]
entusiasta (m)	**nadšenec** (m)	[nadʃɛnɛʦ]
mostrar entusiasmo	**projevit nadšení**	[projɛvɪt nadʃɛni:]

62. Caráter. Personalidade

caráter (m)	**povaha** (ž)	[povaha]
falha (f) de caráter	**vada** (ž)	[vada]
mente, razão (f)	**rozum** (m)	[rozum]
consciência (f)	**svědomí** (s)	[svedomi:]
hábito, costume (m)	**zvyk** (m)	[zvɪk]
habilidade (f)	**schopnost** (ž)	[sxopnost]
saber (~ nadar, etc.)	**umět**	[umnet]
paciente (adj)	**trpělivý**	[trpelɪvi:]
impaciente (adj)	**opilý**	[opɪli:]
curioso (adj)	**zvědavý**	[zvedavi:]
curiosidade (f)	**zvědavost** (ž)	[zvedavost]
modéstia (f)	**skromnost** (ž)	[skromnost]
modesto (adj)	**skromný**	[skromni:]
imodesto (adj)	**neskromný**	[nɛskromni:]
preguiça (f)	**lenost** (ž)	[lɛnost]
preguiçoso (adj)	**líný**	[li:ni:]
preguiçoso (m)	**lenoch** (m)	[lɛnox]
astúcia (f)	**vychytralost** (ž)	[vɪxɪtralost]
astuto (adj)	**vychytralý**	[vɪxɪtrali:]
desconfiança (f)	**nedůvěra** (ž)	[nɛdu:vera]
desconfiado (adj)	**nedůvěřivý**	[nɛdu:verʒɪvi:]
generosidade (f)	**štědrost** (ž)	[ʃtedrost]
generoso (adj)	**štědrý**	[ʃtedri:]
talentoso (adj)	**nadaný**	[nadani:]
talento (m)	**nadání** (s)	[nada:ni:]
corajoso (adj)	**smělý**	[smneli:]
coragem (f)	**smělost** (ž)	[smnelost]
honesto (adj)	**poctivý**	[poʦtɪvi:]
honestidade (f)	**poctivost** (ž)	[poʦtɪvost]
prudente, cuidadoso (adj)	**opatrný**	[opatrni:]
valoroso (adj)	**odvážný**	[odva:ʒni:]
sério (adj)	**vážný**	[va:ʒni:]

severo (adj) **přísný** [prʃi:sni:]
decidido (adj) **rozhodný** [rozhodni:]
indeciso (adj) **nerozhodný** [nɛrozhodni:]
tímido (adj) **nesmělý** [nɛsmneli:]
timidez (f) **nesmělost** (ž) [nɛsmnelost]

confiança (f) **důvěra** (ž) [du:vera]
confiar (vt) **věřit** [verʒɪt]
crédulo (adj) **důvěřivý** [du:verʒɪvi:]

sinceramente **upřímně** [uprʃi:mne]
sincero (adj) **upřímný** [uprʃi:mni:]
sinceridade (f) **upřímnost** (ž) [uprʃi:mnost]
aberto (adj) **otevřený** [otɛvrʒɛni:]

calmo (adj) **tichý** [tɪxi:]
franco (adj) **upřímný** [uprʃi:mni:]
ingênuo (adj) **naivní** [naɪvni:]
distraído (adj) **roztržitý** [roztrʒɪti:]
engraçado (adj) **směšný** [smneʃni:]

ganância (f) **lakomost** (ž) [lakomost]
ganancioso (adj) **lakomý** [lakomi:]
avarento, sovina (adj) **skoupý** [skoupi:]
mal (adj) **zlý** [zli:]
teimoso (adj) **tvrdohlavý** [tvrdohlavi:]
desagradável (adj) **nepříjemný** [nɛprʃi:jɛmni:]

egoísta (m) **sobec** (m) [sobɛʦ]
egoísta (adj) **sobecký** [sobɛʦki:]
covarde (m) **zbabělec** (m) [zbabelɛʦ]
covarde (adj) **bázlivý** [ba:zlɪvi:]

63. O sono. Sonhos

dormir (vi) **spát** [spa:t]
sono (m) **spaní** (s) [spani:]
sonho (m) **sen** (m) [sɛn]
sonhar (ver sonhos) **snít** [sni:t]
sonolento (adj) **ospalý** [ospali:]

cama (f) **lůžko** (s) [lu:ʃko]
colchão (m) **matrace** (ž) [matraʦɛ]
cobertor (m) **deka** (ž) [dɛka]
travesseiro (m) **polštář** (m) [polʃta:rʃ]
lençol (m) **prostěradlo** (s) [prosteradlo]

insônia (f) **nespavost** (ž) [nɛspavost]
sem sono (adj) **bezesný** [bɛzɛsni:]
sonífero (m) **prášek** (m) **pro spaní** [pra:ʃɛk pro spani:]
tomar um sonífero **vzít prášek pro spaní** [vzi:t pra:ʃɛk pro spani:]

estar sonolento **chtít spát** [xti:t spa:t]
bocejar (vi) **zívnout** [zi:vnout]

ir para a cama	**jít spát**	[ji:t spa:t]
fazer a cama	**stlát postel**	[stla:t postɛl]
adormecer (vi)	**usnout**	[usnout]
pesadelo (m)	**noční můra** (ž)	[notʃni: mu:ra]
ronco (m)	**chrápání** (s)	[xra:pa:ni:]
roncar (vi)	**chrápat**	[xra:pat]
despertador (m)	**budík** (m)	[budi:k]
acordar, despertar (vt)	**vzbudit**	[vzbudɪt]
acordar (vi)	**probouzet se**	[probouzɛt sɛ]
levantar-se (vr)	**vstávat**	[vsta:vat]
lavar-se (vr)	**umýt se**	[umi:t sɛ]

64. Humor. Riso. Alegria

humor (m)	**humor** (m)	[humor]
senso (m) de humor	**smysl** (m)	[smɪsl]
divertir-se (vr)	**bavit se**	[bavɪt sɛ]
alegre (adj)	**veselý**	[vɛsɛli:]
diversão (f)	**zábava** (ž)	[za:bava]
sorriso (m)	**úsměv** (m)	[u:smnef]
sorrir (vi)	**usmívat se**	[usmi:vat sɛ]
começar a rir	**zasmát se**	[zasma:t sɛ]
rir (vi)	**smát se**	[sma:t sɛ]
riso (m)	**smích** (m)	[smi:x]
anedota (f)	**anekdota** (ž)	[anɛgdota]
engraçado (adj)	**směšný**	[smneʃni:]
ridículo, cômico (adj)	**směšný**	[smneʃni:]
brincar (vi)	**žertovat**	[ʒertovat]
piada (f)	**žert** (m)	[ʒert]
alegria (f)	**radost** (ž)	[radost]
regozijar-se (vr)	**radovat se**	[radovat sɛ]
alegre (adj)	**radostný**	[radostni:]

65. Discussão, conversação. Parte 1

comunicação (f)	**styk** (m)	[stɪk]
comunicar-se (vr)	**komunikovat**	[komunɪkovat]
conversa (f)	**rozhovor** (m)	[rozhovor]
diálogo (m)	**dialog** (m)	[dɪalok]
discussão (f)	**diskuse** (ž)	[dɪskusɛ]
debate (m)	**debata** (ž)	[dɛbata]
debater (vt)	**diskutovat**	[dɪskutovat]
interlocutor (m)	**účastník** (m) **rozhovoru**	[u:tʃastni:k rozhovoru]
tema (m)	**téma** (s)	[tɛ:ma]
ponto (m) de vista	**stanovisko** (s)	[stanovɪsko]

opinião (f)	**názor** (m)	[na:zor]
discurso (m)	**projev** (m)	[projɛf]
discussão (f)	**diskuse** (ž)	[dɪskusɛ]
discutir (vt)	**projednávat**	[projɛdna:vat]
conversa (f)	**beseda** (ž)	[bɛsɛda]
conversar (vi)	**besedovat**	[bɛsɛdovat]
reunião (f)	**setkání** (s)	[sɛtka:ni:]
encontrar-se (vr)	**utkávat se**	[utka:vat sɛ]
provérbio (m)	**přísloví** (s)	[prʃi:slovi:]
ditado, provérbio (m)	**pořekadlo** (s)	[porʒɛkadlo]
adivinha (f)	**hádanka** (ž)	[ha:daŋka]
dizer uma adivinha	**dávat hádat**	[da:vat ha:dat]
senha (f)	**heslo** (s)	[hɛslo]
segredo (m)	**tajemství** (s)	[tajɛmstvi:]
juramento (m)	**přísaha** (ž)	[prʃi:saha]
jurar (vi)	**přísahat**	[prʃi:sahat]
promessa (f)	**slib** (m)	[slɪp]
prometer (vt)	**slibovat**	[slɪbovat]
conselho (m)	**rada** (ž)	[rada]
aconselhar (vt)	**radit**	[radɪt]
escutar (~ os conselhos)	**poslouchat**	[poslouxat]
novidade, notícia (f)	**novina** (ž)	[novɪna]
sensação (f)	**senzace** (ž)	[sɛnzat͡sɛ]
informação (f)	**údaje** (m mn)	[u:dajɛ]
conclusão (f)	**závěr** (m)	[za:ver]
voz (f)	**hlas** (m)	[hlas]
elogio (m)	**lichotka** (ž)	[lɪxotka]
amável, querido (adj)	**laskavý**	[laskavi:]
palavra (f)	**slovo** (s)	[slovo]
frase (f)	**věta** (ž)	[veta]
resposta (f)	**odpověď** (ž)	[otpovetʲ]
verdade (f)	**pravda** (ž)	[pravda]
mentira (f)	**lež** (ž)	[lɛʃ]
pensamento (m)	**myšlenka** (ž)	[mɪʃlɛŋka]
ideia (f)	**idea** (ž)	[ɪdɛa]
fantasia (f)	**fantazie** (ž)	[fantazɪe]

66. Discussão, conversação. Parte 2

estimado, respeitado (adj)	**vážený**	[va:ʒeni:]
respeitar (vt)	**vážit si**	[va:ʒɪt sɪ]
respeito (m)	**respekt** (m)	[rɛspɛkt]
Estimado ..., Caro ...	**vážený**	[va:ʒeni:]
apresentar (alguém a alguém)	**seznámit**	[sɛzna:mɪt]
intenção (f)	**úmysl** (m)	[u:mɪsl]

tencionar (~ fazer algo)	**mít v úmyslu**	[mi:t v u:mɪslu]
desejo (de boa sorte)	**přání** (s)	[prʃa:ni:]
desejar (ex. ~ boa sorte)	**popřát**	[poprʃa:t]
surpresa (f)	**překvapení** (s)	[prʃɛkvapɛnɪ]
surpreender (vt)	**udivovat**	[udɪvovat]
surpreender-se (vr)	**divit se**	[dɪvɪt sɛ]
dar (vt)	**dát**	[da:t]
pegar (tomar)	**vzít**	[vzi:t]
devolver (vt)	**vrátit**	[vra:tɪt]
retornar (vt)	**odevzdat**	[odɛvzdat]
desculpar-se (vr)	**omlouvat se**	[omlouvat sɛ]
desculpa (f)	**omluva** (ž)	[omluva]
perdoar (vt)	**odpouštět**	[otpouʃtet]
falar (vi)	**mluvit**	[mluvɪt]
escutar (vt)	**poslouchat**	[poslouxat]
ouvir até o fim	**vyslechnout**	[vɪslɛxnout]
entender (compreender)	**pochopit**	[poxopɪt]
mostrar (vt)	**ukázat**	[uka:zat]
olhar para ...	**dívat se**	[di:vat sɛ]
chamar (alguém para ...)	**zavolat**	[zavolat]
perturbar (vt)	**rušit**	[ruʃɪt]
entregar (~ em mãos)	**předat**	[prʃɛdat]
pedido (m)	**prosba** (ž)	[prozba]
pedir (ex. ~ ajuda)	**prosit**	[prosɪt]
exigência (f)	**požadavek** (m)	[poʒadavɛk]
exigir (vt)	**žádat**	[ʒa:dat]
insultar (chamar nomes)	**škádlit**	[ʃka:dlɪt]
zombar (vt)	**vysmívat se**	[vɪsmi:vat sɛ]
zombaria (f)	**výsměch** (m)	[vi:smnex]
alcunha (f), apelido (m)	**přezdívka** (ž)	[prʃɛzdi:fka]
insinuação (f)	**narážka** (ž)	[nara:ʃka]
insinuar (vt)	**narážet**	[nara:ʒet]
querer dizer	**mínit**	[mi:nɪt]
descrição (f)	**popis** (m)	[popɪs]
descrever (vt)	**popsat**	[popsat]
elogio (m)	**pochvala** (ž)	[poxvala]
elogiar (vt)	**pochválit**	[poxva:lɪt]
desapontamento (m)	**zklamání** (s)	[sklama:ni:]
desapontar (vt)	**zklamat**	[sklamat]
desapontar-se (vr)	**zklamat se**	[sklamat sɛ]
suposição (f)	**předpoklad** (m)	[prʃɛtpoklat]
supor (vt)	**předpokládat**	[prʃɛtpokla:dat]
advertência (f)	**varování** (s)	[varova:ni:]
advertir (vt)	**varovat**	[varovat]

67. Discussão, conversação. Parte 3

convencer (vt)	**přemluvit**	[prʃɛmluvɪt]
acalmar (vt)	**uklidňovat**	[uklɪdnʲovat]
silêncio (o ~ é de ouro)	**mlčení** (s)	[mlʧɛni:]
ficar em silêncio	**mlčet**	[mlʧɛt]
sussurrar (vt)	**šeptnout**	[ʃɛptnout]
sussurro (m)	**šepot** (m)	[ʃɛpot]
francamente	**otevřeně**	[otɛvrʒɛne]
na minha opinião ...	**podle mého názoru ...**	[podlɛ mɛ:ho na:zoru]
detalhe (~ da história)	**podrobnost** (ž)	[podrobnost]
detalhado (adj)	**podrobný**	[podrobni:]
detalhadamente	**podrobně**	[podrobne]
dica (f)	**nápověda** (ž)	[na:poveda]
dar uma dica	**napovídat**	[napovi:dat]
olhar (m)	**pohled** (m)	[pohlɛt]
dar uma olhada	**pohlédnout**	[pohlɛ:dnout]
fixo (olhada ~a)	**ustrnulý**	[ustrnuli:]
piscar (vi)	**mrkat**	[mrkat]
piscar (vt)	**mrknout**	[mrknout]
acenar com a cabeça	**kývnout**	[ki:vnout]
suspiro (m)	**vzdech** (m)	[vzdɛx]
suspirar (vi)	**vzdechnout**	[vzdɛxnout]
estremecer (vi)	**zachvívat se**	[zaxvi:vat sɛ]
gesto (m)	**gesto** (s)	[gɛsto]
tocar (com as mãos)	**dotknout se**	[dotknout sɛ]
agarrar (~ pelo braço)	**chytat**	[xɪtat]
bater de leve	**plácat**	[pla:ʦat]
Cuidado!	**Pozor!**	[pozor]
Sério?	**Opravdu?**	[opravdu]
Tem certeza?	**Jsi si tím jist?**	[jsɪ sɪ ti:m jɪst]
Boa sorte!	**Hodně zdaru!**	[hodne zdaru]
Entendi!	**Jasně!**	[jasne]
Que pena!	**Škoda!**	[ʃkoda]

68. Acordo. Recusa

consentimento (~ mútuo)	**souhlas** (m)	[souhlas]
consentir (vi)	**souhlasit**	[souhlasɪt]
aprovação (f)	**schválení** (s)	[sxva:lɛni:]
aprovar (vt)	**schválit**	[sxva:lɪt]
recusa (f)	**odmítnutí** (s)	[odmi:tnuti:]
negar-se a ...	**odmítat**	[odmi:tat]
Ótimo!	**Výborně!**	[vi:borne]
Tudo bem!	**Dobře!**	[dobrʒɛ]

Está bem! De acordo!	**Platí!**	[plati:]
proibido (adj)	**zakázaný**	[zaka:zani:]
é proibido	**nesmí se**	[nɛsmi: sɛ]
é impossível	**není možno**	[nɛni: moʒno]
incorreto (adj)	**nesprávný**	[nɛspra:vni:]
rejeitar (~ um pedido)	**zamítnout**	[zami:tnout]
apoiar (vt)	**podpořit**	[potporʒɪt]
aceitar (desculpas, etc.)	**akceptovat**	[akt͡sɛptovat]
confirmar (vt)	**potvrdit**	[potvrdɪt]
confirmação (f)	**potvrzení** (s)	[potvrzɛni:]
permissão (f)	**povolení** (s)	[povolɛni:]
permitir (vt)	**dovolit**	[dovolɪt]
decisão (f)	**rozhodnutí** (s)	[rozhodnuti:]
não dizer nada	**nepromluvit**	[nɛpromluvɪt]
condição (com uma ~)	**podmínka** (ž)	[podmi:ŋka]
pretexto (m)	**výmluva** (ž)	[vi:mluva]
elogio (m)	**pochvala** (ž)	[poxvala]
elogiar (vt)	**chválit**	[xva:lɪt]

69. Sucesso. Boa sorte. Insucesso

êxito, sucesso (m)	**úspěch** (m)	[u:spex]
com êxito	**úspěšně**	[u:speʃne]
bem sucedido (adj)	**úspěšný**	[u:spɛʃni:]
sorte (fortuna)	**zdar** (m)	[zdar]
Boa sorte!	**Hodně zdaru!**	[hodne zdaru]
de sorte	**zdařilý**	[zdarʒɪli:]
sortudo, felizardo (adj)	**mít štěstí**	[mi:t ʃtɛsti:]
fracasso (m)	**nezdar** (m)	[nɛzdar]
pouca sorte (f)	**neštěstí** (s)	[nɛʃtesti:]
azar (m), má sorte (f)	**smůla** (ž)	[smu:la]
mal sucedido (adj)	**nepodařený**	[nɛpodarʒɛni:]
catástrofe (f)	**katastrofa** (ž)	[katastrofa]
orgulho (m)	**hrdost** (ž)	[hrdost]
orgulhoso (adj)	**hrdý**	[hrdi:]
estar orgulhoso, -a	**být hrdý**	[bi:t hrdi:]
vencedor (m)	**vítěz** (m)	[vi:tez]
vencer (vi, vt)	**zvítězit**	[zvi:tezɪt]
perder (vt)	**prohrát**	[prohra:t]
tentativa (f)	**pokus** (m)	[pokus]
tentar (vt)	**pokoušet se**	[pokouʃɛt sɛ]
chance (m)	**šance** (ž)	[ʃant͡sɛ]

70. Conflitos. Emoções negativas

grito (m)	**křik** (m)	[krʃɪk]
gritar (vi)	**křičet**	[krʃɪt͡ʃɛt]

começar a gritar	**zakřičet**	[zakrʃɪʧɛt]
discussão (f)	**hádka** (ž)	[ha:tka]
brigar (discutir)	**hádat se**	[ha:dat sɛ]
escândalo (m)	**skandál** (m)	[skanda:l]
criar escândalo	**dělat skandál**	[delat skanda:l]
conflito (m)	**konflikt** (m)	[konflɪkt]
mal-entendido (m)	**nedorozumění** (s)	[nɛdorozumneni:]
insulto (m)	**urážka** (ž)	[ura:ʃka]
insultar (vt)	**urážet**	[ura:ʒet]
insultado (adj)	**uražený**	[uraʒeni:]
ofensa (f)	**urážka** (ž)	[ura:ʃka]
ofender (vt)	**urazit**	[urazɪt]
ofender-se (vr)	**urazit se**	[urazɪt sɛ]
indignação (f)	**rozhořčení** (s)	[rozhorʃʧɛni:]
indignar-se (vr)	**rozhořčovat se**	[rozhorʃʧovat sɛ]
queixa (f)	**stížnost** (ž)	[sti:ʒnost]
queixar-se (vr)	**stěžovat si**	[steʒovat sɪ]
desculpa (f)	**omluva** (ž)	[omluva]
desculpar-se (vr)	**omlouvat se**	[omlouvat sɛ]
pedir perdão	**prosit o prominutí**	[prosɪt o promɪnuti:]
crítica (f)	**kritika** (ž)	[krɪtɪka]
criticar (vt)	**kritizovat**	[krɪtɪzovat]
acusação (f)	**obvinění** (s)	[obvɪneni:]
acusar (vt)	**obviňovat**	[obvɪnʲovat]
vingança (f)	**pomsta** (ž)	[pomsta]
vingar (vt)	**mstít se**	[msti:t sɛ]
vingar-se de	**odplatit**	[otplatɪt]
desprezo (m)	**opovržení** (s)	[opovrʒeni:]
desprezar (vt)	**pohrdat**	[pohrdat]
ódio (m)	**nenávist** (ž)	[nɛna:vɪst]
odiar (vt)	**nenávidět**	[nɛna:vɪdet]
nervoso (adj)	**nervózní**	[nɛrvo:zni:]
estar nervoso	**být nervózní**	[bi:t nɛrvo:zni:]
zangado (adj)	**rozčilený**	[rozʧɪleni:]
zangar (vt)	**rozčilit**	[rozʧɪlɪt]
humilhação (f)	**ponížení** (s)	[poni:ʒeni:]
humilhar (vt)	**ponižovat**	[ponɪʒovat]
humilhar-se (vr)	**ponižovat se**	[ponɪʒovat sɛ]
choque (m)	**šok** (m)	[ʃok]
chocar (vt)	**šokovat**	[ʃokovat]
aborrecimento (m)	**nepříjemnost** (ž)	[nɛprʃi:jɛmnost]
desagradável (adj)	**nepříjemný**	[nɛprʃi:jɛmni:]
medo (m)	**strach** (m)	[strax]
terrível (tempestade, etc.)	**strašný**	[straʃni:]
assustador (ex. história ~a)	**strašný**	[straʃni:]

horror (m)	**hrůza** (ž)	[hru:za]
horrível (crime, etc.)	**hrůzyplný**	[hru:zɪplni:]
chorar (vi)	**plakat**	[plakat]
começar a chorar	**zaplakat**	[zaplakat]
lágrima (f)	**slza** (ž)	[slza]
falta (f)	**provinění** (s)	[provɪneni:]
culpa (f)	**vina** (ž)	[vɪna]
desonra (f)	**hanba** (ž)	[hanba]
protesto (m)	**protest** (m)	[protɛst]
estresse (m)	**stres** (m)	[strɛs]
perturbar (vt)	**rušit**	[ruʃɪt]
zangar-se com …	**zlobit se**	[zlobɪt sɛ]
zangado (irritado)	**naštvaný**	[naʃtvani:]
terminar (vt)	**přerušovat**	[prʃɛruʃovat]
praguejar	**hádat se**	[ha:dat sɛ]
assustar-se	**lekat se**	[lɛkat sɛ]
golpear (vt)	**udeřit**	[udɛrʒɪt]
brigar (na rua, etc.)	**prát se**	[pra:t sɛ]
resolver (o conflito)	**urovnat**	[urovnat]
descontente (adj)	**nespokojený**	[nɛspokojɛni:]
furioso (adj)	**vzteklý**	[vstɛkli:]
Não está bem!	**To není dobře!**	[to nɛni: dobrʒɛ]
É ruim!	**To je špatné!**	[to jɛ ʃpatnɛ:]

Medicina

71. Doenças

doença (f)	**nemoc** (ž)	[nɛmoʦ]
estar doente	**být nemocný**	[bi:t nɛmoʦni:]
saúde (f)	**zdraví** (s)	[zdravi:]
nariz (m) escorrendo	**rýma** (ž)	[ri:ma]
amigdalite (f)	**angína** (ž)	[angi:na]
resfriado (m)	**nachlazení** (s)	[naxlazɛni:]
ficar resfriado	**nachladit se**	[naxladɪt sɛ]
bronquite (f)	**bronchitida** (ž)	[bronxɪti:da]
pneumonia (f)	**zápal** (m) **plic**	[za:pal plɪʦ]
gripe (f)	**chřipka** (ž)	[xrʃɪpka]
míope (adj)	**krátkozraký**	[kra:tkozraki:]
presbita (adj)	**dalekozraký**	[dalɛkozraki:]
estrabismo (m)	**šilhavost** (ž)	[ʃɪlhavost]
estrábico, vesgo (adj)	**šilhavý**	[ʃɪlhavi:]
catarata (f)	**šedý zákal** (m)	[ʃɛdi: za:kal]
glaucoma (m)	**zelený zákal** (m)	[zɛlɛni: za:kal]
AVC (m), apoplexia (f)	**mozková mrtvice** (ž)	[moskova: mrtvɪʦɛ]
ataque (m) cardíaco	**infarkt** (m)	[ɪnfarkt]
enfarte (m) do miocárdio	**infarkt** (m) **myokardu**	[ɪnfarkt mɪokardu]
paralisia (f)	**obrna** (ž)	[obrna]
paralisar (vt)	**paralyzovat**	[paralɪzovat]
alergia (f)	**alergie** (ž)	[alɛrgɪe]
asma (f)	**astma** (s)	[astma]
diabetes (f)	**cukrovka** (ž)	[ʦukrofka]
dor (f) de dente	**bolení** (s) **zubů**	[bolɛni: zubu:]
cárie (f)	**zubní kaz** (m)	[zubni: kaz]
diarreia (f)	**průjem** (m)	[pru:jɛm]
prisão (f) de ventre	**zácpa** (ž)	[za:ʦpa]
desarranjo (m) intestinal	**žaludeční potíže** (ž mn)	[ʒaludɛʧni: poti:ʒe]
intoxicação (f) alimentar	**otrava** (ž)	[otrava]
intoxicar-se	**otrávit se**	[otra:vɪt sɛ]
artrite (f)	**artritida** (ž)	[artrɪtɪda]
raquitismo (m)	**rachitida** (ž)	[raxɪtɪda]
reumatismo (m)	**revmatismus** (m)	[rɛvmatɪzmus]
arteriosclerose (f)	**ateroskleróza** (ž)	[atɛrosklɛro:za]
gastrite (f)	**gastritida** (ž)	[gastrɪtɪda]
apendicite (f)	**apendicitida** (ž)	[apɛndɪʦɪtɪda]

colecistite (f)	**zánět** (m) **žlučníku**	[za:net ʒlutʃni:ku]
úlcera (f)	**vřed** (m)	[vrʒɛt]
sarampo (m)	**spalničky** (ž mn)	[spalnɪtʃki:]
rubéola (f)	**zarděnky** (ž mn)	[zardeŋkɪ]
icterícia (f)	**žloutenka** (ž)	[ʒloutɛŋka]
hepatite (f)	**hepatitida** (ž)	[hɛpatɪtɪda]
esquizofrenia (f)	**schizofrenie** (ž)	[sxɪzofrɛnɪe]
raiva (f)	**vzteklina** (ž)	[vstɛklɪna]
neurose (f)	**neuróza** (ž)	[nɛuro:za]
contusão (f) cerebral	**otřes** (m) **mozku**	[otrʃɛs mosku]
câncer (m)	**rakovina** (ž)	[rakovɪna]
esclerose (f)	**skleróza** (ž)	[sklɛro:za]
esclerose (f) múltipla	**roztroušená skleróza** (ž)	[roztrouʃɛna: sklɛro:za]
alcoolismo (m)	**alkoholismus** (m)	[alkoholɪzmus]
alcoólico (m)	**alkoholik** (m)	[alkoholɪk]
sífilis (f)	**syfilida** (ž)	[sɪfɪlɪda]
AIDS (f)	**AIDS** (m)	[ajts]
tumor (m)	**nádor** (m)	[na:dor]
maligno (adj)	**zhoubný**	[zhoubni:]
benigno (adj)	**nezhoubný**	[nɛzhoubni:]
febre (f)	**zimnice** (ž)	[zɪmnɪtsɛ]
malária (f)	**malárie** (ž)	[mala:rɪe]
gangrena (f)	**gangréna** (ž)	[gangrɛ:na]
enjoo (m)	**mořská nemoc** (ž)	[morʃska: nɛmots]
epilepsia (f)	**padoucnice** (ž)	[padoutsnɪtsɛ]
epidemia (f)	**epidemie** (ž)	[ɛpɪdɛmɪe]
tifo (m)	**tyf** (m)	[tɪf]
tuberculose (f)	**tuberkulóza** (ž)	[tubɛrkulo:za]
cólera (f)	**cholera** (ž)	[xolɛra]
peste (f) bubônica	**mor** (m)	[mor]

72. Sintomas. Tratamentos. Parte 1

sintoma (m)	**příznak** (m)	[prʃi:znak]
temperatura (f)	**teplota** (ž)	[tɛplota]
febre (f)	**vysoká teplota** (ž)	[vɪsoka: tɛplota]
pulso (m)	**tep** (m)	[tɛp]
vertigem (f)	**závrať** (ž)	[za:vratʲ]
quente (testa, etc.)	**horký**	[horki:]
calafrio (m)	**mrazení** (s)	[mrazɛni:]
pálido (adj)	**bledý**	[blɛdi:]
tosse (f)	**kašel** (m)	[kaʃɛl]
tossir (vi)	**kašlat**	[kaʃlat]
espirrar (vi)	**kýchat**	[ki:xat]
desmaio (m)	**mdloby** (ž mn)	[mdlobɪ]

desmaiar (vi)	**upadnout do mdlob**	[upadnout do mdlop]
mancha (f) preta	**modřina** (ž)	[modrʒɪna]
galo (m)	**boule** (ž)	[boulɛ]
machucar-se (vr)	**uhodit se**	[uhodɪt sɛ]
contusão (f)	**pohmožděnína** (ž)	[pohmoʒdenɪna]
machucar-se (vr)	**uhodit se**	[uhodɪt sɛ]
mancar (vi)	**kulhat**	[kulhat]
deslocamento (f)	**vykloubení** (s)	[vɪkloubɛni:]
deslocar (vt)	**vykloubit**	[vɪkloubɪt]
fratura (f)	**zlomenina** (ž)	[zlomɛnɪna]
fraturar (vt)	**dostat zlomeninu**	[dostat zlomɛnɪnu]
corte (m)	**říznutí** (s)	[rʒi:znuti:]
cortar-se (vr)	**říznout se**	[rʒi:znout sɛ]
hemorragia (f)	**krvácení** (s)	[krva:tsɛni:]
queimadura (f)	**popálenina** (ž)	[popa:lɛnɪna]
queimar-se (vr)	**spálit se**	[spa:lɪt sɛ]
picar (vt)	**píchnout**	[pi:xnout]
picar-se (vr)	**píchnout se**	[pi:xnout sɛ]
lesionar (vt)	**pohmoždit**	[pohmoʒdɪt]
lesão (m)	**pohmoždění** (s)	[pohmoʒdeni:]
ferida (f), ferimento (m)	**rána** (ž)	[ra:na]
trauma (m)	**úraz** (m)	[u:raz]
delirar (vi)	**blouznit**	[blouznɪt]
gaguejar (vi)	**zajíkat se**	[zaji:kat sɛ]
insolação (f)	**úpal** (m)	[u:pal]

73. Sintomas. Tratamentos. Parte 2

dor (f)	**bolest** (ž)	[bolɛst]
farpa (no dedo, etc.)	**tříska** (ž)	[trʃi:ska]
suor (m)	**pot** (m)	[pot]
suar (vi)	**potit se**	[potɪt sɛ]
vômito (m)	**zvracení** (s)	[zvratsɛni:]
convulsões (f pl)	**křeče** (ž mn)	[krʃɛtʃɛ]
grávida (adj)	**těhotná**	[tehotna:]
nascer (vi)	**narodit se**	[narodɪt sɛ]
parto (m)	**porod** (m)	[porot]
dar à luz	**rodit**	[rodɪt]
aborto (m)	**umělý potrat** (m)	[umneli: potrat]
respiração (f)	**dýchání** (s)	[di:xa:ni:]
inspiração (f)	**vdech** (m)	[vdɛx]
expiração (f)	**výdech** (m)	[vi:dɛx]
expirar (vi)	**vydechnout**	[vɪdɛxnout]
inspirar (vi)	**nadechnout se**	[nadɛxnout sɛ]
inválido (m)	**invalida** (m)	[ɪnvalɪda]
aleijado (m)	**mrzák** (m)	[mrza:k]

drogado (m)	**narkoman** (m)	[narkoman]
surdo (adj)	**hluchý**	[hluxi:]
mudo (adj)	**němý**	[nemi:]
louco, insano (adj)	**šílený**	[ʃi:lɛni:]
louco (m)	**šílenec** (m)	[ʃi:lɛnɛʦ]
louca (f)	**šílenec** (ž)	[ʃi:lɛnɛʦ]
ficar louco	**zešílet**	[zɛʃi:lɛt]
gene (m)	**gen** (m)	[gɛn]
imunidade (f)	**imunita** (ž)	[ɪmunɪta]
hereditário (adj)	**dědičný**	[dedɪʧni:]
congênito (adj)	**vrozený**	[vrozɛni:]
vírus (m)	**virus** (m)	[vɪrus]
micróbio (m)	**mikrob** (m)	[mɪkrop]
bactéria (f)	**baktérie** (ž)	[baktɛ:rɪe]
infecção (f)	**infekce** (ž)	[ɪnfɛkʦɛ]

74. Sintomas. Tratamentos. Parte 3

hospital (m)	**nemocnice** (ž)	[nɛmoʦnɪʦɛ]
paciente (m)	**pacient** (m)	[paʦɪent]
diagnóstico (m)	**diagnóza** (ž)	[dɪagno:za]
cura (f)	**léčení** (s)	[lɛ:ʧɛni:]
tratamento (m) médico	**léčba** (ž)	[lɛ:ʧba]
curar-se (vr)	**léčit se**	[lɛ:ʧɪt sɛ]
tratar (vt)	**léčit**	[lɛ:ʧɪt]
cuidar (pessoa)	**ošetřovat**	[oʃɛtrʃovat]
cuidado (m)	**ošetřování** (s)	[oʃɛtrʃova:ni:]
operação (f)	**operace** (ž)	[opɛraʦɛ]
enfaixar (vt)	**obvázat**	[obva:zat]
enfaixamento (m)	**obvazování** (s)	[obvazova:ni:]
vacinação (f)	**očkování** (s)	[oʧkova:ni:]
vacinar (vt)	**dělat očkování**	[delat oʧkova:ni:]
injeção (f)	**injekce** (ž)	[ɪnjɛkʦɛ]
dar uma injeção	**dávat injekci**	[da:vat ɪnjɛkʦɪ]
ataque (~ de asma, etc.)	**záchvat** (m)	[za:xvat]
amputação (f)	**amputace** (ž)	[amputaʦɛ]
amputar (vt)	**amputovat**	[amputovat]
coma (f)	**kóma** (s)	[ko:ma]
estar em coma	**být v kómatu**	[bi:t v ko:matu]
reanimação (f)	**reanimace** (ž)	[rɛanɪmaʦɛ]
recuperar-se (vr)	**uzdravovat se**	[uzdravovat sɛ]
estado (~ de saúde)	**stav** (m)	[staf]
consciência (perder a ~)	**vědomí** (s)	[vedomi:]
memória (f)	**paměť** (ž)	[pamnetʲ]
tirar (vt)	**trhat**	[trhat]
obturação (f)	**plomba** (ž)	[plomba]

obturar (vt)	**plombovat**	[plombovat]
hipnose (f)	**hypnóza** (ž)	[hɪpno:za]
hipnotizar (vt)	**hypnotizovat**	[hɪpnotɪzovat]

75. Médicos

médico (m)	**lékař** (m)	[lɛ:karʃ]
enfermeira (f)	**zdravotní sestra** (ž)	[zdravotni: sɛstra]
médico (m) pessoal	**osobní lékař** (m)	[osobni: lɛ:karʃ]
dentista (m)	**zubař** (m)	[zubarʃ]
oculista (m)	**oční lékař** (m)	[otʃni: lɛ:karʃ]
terapeuta (m)	**internista** (m)	[ɪntɛrnɪsta]
cirurgião (m)	**chirurg** (m)	[xɪrurg]
psiquiatra (m)	**psychiatr** (m)	[psɪxɪatr]
pediatra (m)	**pediatr** (m)	[pɛdɪatr]
psicólogo (m)	**psycholog** (m)	[psɪxolog]
ginecologista (m)	**gynekolog** (m)	[gɪnɛkolog]
cardiologista (m)	**kardiolog** (m)	[kardɪolog]

76. Medicina. Drogas. Acessórios

medicamento (m)	**lék** (m)	[lɛ:k]
remédio (m)	**prostředek** (m)	[prostrʃɛdɛk]
receitar (vt)	**předepsat**	[prʒɛdɛpsat]
receita (f)	**recept** (m)	[rɛtsɛpt]
comprimido (m)	**tableta** (ž)	[tablɛta]
unguento (m)	**mast** (ž)	[mast]
ampola (f)	**ampule** (ž)	[ampulɛ]
solução, preparado (m)	**mixtura** (ž)	[mɪkstura]
xarope (m)	**sirup** (m)	[sɪrup]
cápsula (f)	**pilulka** (ž)	[pɪlulka]
pó (m)	**prášek** (m)	[pra:ʃɛk]
atadura (f)	**obvaz** (m)	[obvaz]
algodão (m)	**vata** (ž)	[vata]
iodo (m)	**jód** (m)	[jo:t]
curativo (m) adesivo	**leukoplast** (m)	[lɛukoplast]
conta-gotas (m)	**pipeta** (ž)	[pɪpɛta]
termômetro (m)	**teploměr** (m)	[tɛplomner]
seringa (f)	**injekční stříkačka** (ž)	[ɪnjɛktʃni: strʃi:katʃka]
cadeira (f) de rodas	**vozík** (m)	[vozi:k]
muletas (f pl)	**berle** (ž mn)	[bɛrlɛ]
analgésico (m)	**anestetikum** (s)	[anɛstɛtɪkum]
laxante (m)	**projímadlo** (s)	[proji:madlo]
álcool (m)	**líh** (m)	[li:x]
ervas (f pl) medicinais	**bylina** (ž)	[bɪlɪna]
de ervas (chá ~)	**bylinný**	[bɪlɪnni:]

77. Fumar. Produtos tabágicos

tabaco (m)	**tabák** (m)	[taba:k]
cigarro (m)	**cigareta** (ž)	[ʦɪgarɛta]
charuto (m)	**doutník** (m)	[doutni:k]
cachimbo (m)	**dýmka** (ž)	[di:mka]
maço (~ de cigarros)	**krabička** (ž)	[krabɪʧka]
fósforos (m pl)	**zápalky** (ž mn)	[za:palkɪ]
caixa (f) de fósforos	**krabička** (ž) **zápalek**	[krabɪʧka za:palek]
isqueiro (m)	**zapalovač** (m)	[zapalovaʧ]
cinzeiro (m)	**popelník** (m)	[popɛlni:k]
cigarreira (f)	**pouzdro** (s) **na cigarety**	[pouzdro na ʦɪgarɛtɪ]
piteira (f)	**špička** (ž) **na cigarety**	[ʃpɪʧka na ʦɪgarɛtɪ]
filtro (m)	**filtr** (m)	[fɪltr]
fumar (vi, vt)	**kouřit**	[kourʒɪt]
acender um cigarro	**zapálit si**	[zapa:lɪt sɪ]
tabagismo (m)	**kouření** (s)	[kourʒɛni:]
fumante (m)	**kuřák** (m)	[kurʒa:k]
bituca (f)	**nedopalek** (m)	[nɛdopalɛk]
fumaça (f)	**kouř** (m)	[kourʃ]
cinza (f)	**popel** (m)	[popɛl]

HABITAT HUMANO

Cidade

78. Cidade. Vida na cidade

cidade (f)	**město** (s)	[mnesto]
capital (f)	**hlavní město** (s)	[hlavni: mnesto]
aldeia (f)	**venkov** (m)	[vɛŋkof]
mapa (m) da cidade	**plán** (m) **města**	[pla:n mnesta]
centro (m) da cidade	**střed** (m) **města**	[strʃɛd mnesta]
subúrbio (m)	**předměstí** (s)	[prʃɛdmnesti:]
suburbano (adj)	**předměstský**	[prʃɛdmnestski:]
periferia (f)	**okraj** (m)	[okraj]
arredores (m pl)	**okolí** (s)	[okoli:]
quarteirão (m)	**čtvrť** (ž)	[ʧtvrtʲ]
quarteirão (m) residencial	**obytná čtvrť** (ž)	[obɪtna: ʧtvrtʲ]
tráfego (m)	**provoz** (m)	[provoz]
semáforo (m)	**semafor** (m)	[sɛmafor]
transporte (m) público	**městská doprava** (ž)	[mnestska: doprava]
cruzamento (m)	**křižovatka** (ž)	[krʃɪʒovatka]
faixa (f)	**přechod** (m)	[prʃɛxot]
túnel (m) subterrâneo	**podchod** (m)	[podxot]
cruzar, atravessar (vt)	**přecházet**	[prʃɛxa:zɛt]
pedestre (m)	**chodec** (m)	[xodɛʦ]
calçada (f)	**chodník** (m)	[xodni:k]
ponte (f)	**most** (m)	[most]
margem (f) do rio	**nábřeží** (s)	[na:brʒɛʒi:]
fonte (f)	**fontána** (ž)	[fonta:na]
alameda (f)	**alej** (ž)	[alɛj]
parque (m)	**park** (m)	[park]
bulevar (m)	**bulvár** (m)	[bulva:r]
praça (f)	**náměstí** (s)	[na:mnesti:]
avenida (f)	**třída** (ž)	[trʃi:da]
rua (f)	**ulice** (ž)	[ulɪʦɛ]
travessa (f)	**boční ulice** (ž)	[boʧni: ulɪʦɛ]
beco (m) sem saída	**slepá ulice** (ž)	[slɛpa: ulɪʦɛ]
casa (f)	**dům** (m)	[du:m]
edifício, prédio (m)	**budova** (ž)	[budova]
arranha-céu (m)	**mrakodrap** (m)	[mrakodrap]
fachada (f)	**fasáda** (ž)	[fasa:da]
telhado (m)	**střecha** (ž)	[strʃɛxa]

janela (f)	**okno** (s)	[okno]
arco (m)	**oblouk** (m)	[oblouk]
coluna (f)	**sloup** (m)	[sloup]
esquina (f)	**roh** (m)	[rox]
vitrine (f)	**výloha** (ž)	[vi:loha]
letreiro (m)	**vývěsní tabule** (ž)	[vi:vesni: tabulɛ]
cartaz (do filme, etc.)	**plakát** (m)	[plaka:t]
cartaz (m) publicitário	**reklamní plakát** (m)	[rɛklamni: plaka:t]
painel (m) publicitário	**billboard** (m)	[bɪlbo:rt]
lixo (m)	**odpadky** (m mn)	[otpatki:]
lata (f) de lixo	**popelnice** (ž)	[popɛlnɪʦɛ]
jogar lixo na rua	**dělat smetí**	[delat smɛti:]
aterro (m) sanitário	**smetiště** (s)	[smɛtɪʃte]
orelhão (m)	**telefonní budka** (ž)	[tɛlɛfonni: butka]
poste (m) de luz	**pouliční svítilna** (ž)	[poulɪʧni: svi:tɪlna]
banco (m)	**lavička** (ž)	[lavɪʧka]
polícia (m)	**policista** (m)	[polɪʦɪsta]
polícia (instituição)	**policie** (ž)	[polɪʦɪe]
mendigo, pedinte (m)	**žebrák** (m)	[ʒebra:k]
desabrigado (m)	**bezdomovec** (m)	[bɛzdomovɛʦ]

79. Instituições urbanas

loja (f)	**obchod** (m)	[obxot]
drogaria (f)	**lékárna** (ž)	[lɛ:ka:rna]
ótica (f)	**oční optika** (ž)	[oʧni: optɪka]
centro (m) comercial	**obchodní středisko** (s)	[obxodni: strʃɛdɪsko]
supermercado (m)	**supermarket** (m)	[supɛrmarket]
padaria (f)	**pekařství** (s)	[pɛkarʃstvi:]
padeiro (m)	**pekař** (m)	[pɛkarʃ]
pastelaria (f)	**cukrárna** (ž)	[ʦukra:rna]
mercearia (f)	**smíšené zboží** (s)	[smiʃɛnɛ: zboʒi:]
açougue (m)	**řeznictví** (s)	[rʒɛznɪʦtvi:]
fruteira (f)	**zelinářství** (s)	[zɛlɪna:rʃstvi:]
mercado (m)	**tržnice** (ž)	[trʒnɪʦɛ]
cafeteria (f)	**kavárna** (ž)	[kava:rna]
restaurante (m)	**restaurace** (ž)	[rɛstauraʦɛ]
bar (m)	**pivnice** (ž)	[pɪvnɪʦɛ]
pizzaria (f)	**pizzerie** (ž)	[pɪʦɛrɪe]
salão (m) de cabeleireiro	**holičství** (s) **a kadeřnictví**	[holɪʧstvi: a kadɛrʒnɪʦtvi:]
agência (f) dos correios	**pošta** (ž)	[poʃta]
lavanderia (f)	**čistírna** (ž)	[ʧɪsti:rna]
estúdio (m) fotográfico	**fotografický ateliér** (m)	[fotografɪʦki: atɛlɪe:r]
sapataria (f)	**obchod** (m) **s obuví**	[obxot s obuvi:]
livraria (f)	**knihkupectví** (s)	[knɪxkupɛʦtvi:]

loja (f) de artigos esportivos | **sportovní potřeby** (ž mn) | [sportovni: potrʃɛbɪ]
costureira (m) | **opravna** (ž) **oděvů** | [opravna odevu:]
aluguel (m) de roupa | **půjčovna** (ž) **oděvů** | [pu:jʧovna odevu:]
videolocadora (f) | **půjčovna** (ž) **filmů** | [pu:jʧovna fɪlmu:]

circo (m) | **cirkus** (m) | [ʦɪrkus]
jardim (m) zoológico | **zoologická zahrada** (ž) | [zoologɪʦka: zahrada]
cinema (m) | **biograf** (m) | [bɪograf]
museu (m) | **muzeum** (s) | [muzɛum]
biblioteca (f) | **knihovna** (ž) | [knɪhovna]

teatro (m) | **divadlo** (s) | [dɪvadlo]
ópera (f) | **opera** (ž) | [opɛra]
boate (casa noturna) | **noční klub** (m) | [noʧni: klup]
cassino (m) | **kasino** (s) | [kasi:no]

mesquita (f) | **mešita** (ž) | [mɛʃɪta]
sinagoga (f) | **synagóga** (ž) | [sinago:ga]
catedral (f) | **katedrála** (ž) | [katɛdra:la]
templo (m) | **chrám** (m) | [xra:m]
igreja (f) | **kostel** (m) | [kostɛl]

faculdade (f) | **vysoká škola** (ž) | [vɪsoka: ʃkola]
universidade (f) | **univerzita** (ž) | [unɪvɛrzɪta]
escola (f) | **škola** (ž) | [ʃkola]

prefeitura (f) | **prefektura** (ž) | [prɛfɛktura]
câmara (f) municipal | **magistrát** (m) | [magɪstra:t]
hotel (m) | **hotel** (m) | [hotɛl]
banco (m) | **banka** (ž) | [baŋka]

embaixada (f) | **velvyslanectví** (s) | [vɛlvɪslanɛʦtvi:]
agência (f) de viagens | **cestovní kancelář** (ž) | [ʦɛstovni: kanʦɛla:rʃ]
agência (f) de informações | **informační kancelář** (ž) | [ɪnformaʧni: kanʦɛla:rʃ]
casa (f) de câmbio | **směnárna** (ž) | [smnena:rna]

metrô (m) | **metro** (s) | [mɛtro]
hospital (m) | **nemocnice** (ž) | [nɛmoʦnɪʦɛ]

posto (m) de gasolina | **benzínová stanice** (ž) | [bɛnzi:nova: stanɪʦɛ]
parque (m) de estacionamento | **parkoviště** (s) | [parkovɪʃte]

80. Sinais

letreiro (m) | **ukazatel** (m) **směru** | [ukazatɛl smneru]
aviso (m) | **nápis** (m) | [na:pɪs]
cartaz, pôster (m) | **plakát** (m) | [plaka:t]
placa (f) de direção | **ukazatel** (m) | [ukazatɛl]
seta (f) | **šípka** (ž) | [ʃi:pka]

aviso (advertência) | **varování** (s) | [varova:ni:]
sinal (m) de aviso | **výstraha** (ž) | [vi:straha]
avisar, advertir (vt) | **upozorňovat** | [upozornʲovat]
dia (m) de folga | **volný den** (m) | [volni: dɛn]

horário (~ dos trens, etc.)	**jízdní řád** (m)	[ji:zdni: rʒa:t]
horário (m)	**pracovní doba** (ž)	[pratsovni: doba]
BEM-VINDOS!	**VÍTEJTE!**	[vi:tɛjtɛ]
ENTRADA	**VCHOD**	[vxot]
SAÍDA	**VÝCHOD**	[vi:xot]
EMPURRE	**TAM**	[tam]
PUXE	**SEM**	[sɛm]
ABERTO	**OTEVŘENO**	[otɛvrʒɛno]
FECHADO	**ZAVŘENO**	[zavrʒɛno]
MULHER	**ŽENY**	[ʒenɪ]
HOMEM	**MUŽI**	[muʒɪ]
DESCONTOS	**SLEVY**	[slɛvɪ]
SALDOS, PROMOÇÃO	**VÝPRODEJ**	[vi:prodɛj]
NOVIDADE!	**NOVINKA!**	[novɪŋka]
GRÁTIS	**ZDARMA**	[zdarma]
ATENÇÃO!	**POZOR!**	[pozor]
NÃO HÁ VAGAS	**VOLNÁ MÍSTA NEJSOU**	[volna: mi:sta nɛjsou]
RESERVADO	**ZADÁNO**	[zada:no]
ADMINISTRAÇÃO	**KANCELÁŘ**	[kantsɛla:rʒ]
SOMENTE PESSOAL AUTORIZADO	**POUZE PRO PERSONÁL**	[pouzɛ pro pɛrsona:l]
CUIDADO CÃO FEROZ	**POZOR! ZLÝ PES**	[pozor zli: pɛs]
PROIBIDO FUMAR!	**ZÁKAZ KOUŘENÍ**	[za:kaz kourʒɛni:]
NÃO TOCAR	**NEDOTÝKEJTE SE!**	[nɛdoti:kɛjtɛ sɛ]
PERIGOSO	**NEBEZPEČNÉ**	[nɛbɛzpɛtʃnɛ:]
PERIGO	**NEBEZPEČÍ**	[nɛbɛzpɛtʃi:]
ALTA TENSÃO	**VYSOKÉ NAPĚTÍ**	[vɪsokɛ: napeti:]
PROIBIDO NADAR	**KOUPÁNÍ ZAKÁZÁNO**	[koupa:ni: zaka:za:no]
COM DEFEITO	**MIMO PROVOZ**	[mɪmo provoz]
INFLAMÁVEL	**VYSOCE HOŘLAVÝ**	[vɪsotsɛ horʒlavi:]
PROIBIDO	**ZÁKAZ**	[za:kaz]
ENTRADA PROIBIDA	**PRŮCHOD ZAKÁZÁN**	[pru:xot zaka:za:n]
CUIDADO TINTA FRESCA	**ČERSTVĚ NATŘENO**	[tʃerstve natrʃɛno]

81. Transportes urbanos

ônibus (m)	**autobus** (m)	[autobus]
bonde (m) elétrico	**tramvaj** (ž)	[tramvaj]
trólebus (m)	**trolejbus** (m)	[trolɛjbus]
rota (f), itinerário (m)	**trasa** (ž)	[trasa]
número (m)	**číslo** (s)	[tʃi:slo]
ir de ... (carro, etc.)	**jet**	[jɛt]
entrar no ...	**nastoupit do ...**	[nastoupɪt do]
descer do ...	**vystoupit z ...**	[vɪstoupɪt z]

parada (f)	**zastávka** (ž)	[zasta:fka]
próxima parada (f)	**příští zastávka** (ž)	[prʃi:ʃti: zasta:fka]
terminal (m)	**konečná stanice** (ž)	[konɛʧna: stanɪʦɛ]
horário (m)	**jízdní řád** (m)	[ji:zdni: rʒa:t]
esperar (vt)	**čekat**	[ʧɛkat]
passagem (f)	**jízdenka** (ž)	[ji:zdɛŋka]
tarifa (f)	**jízdné** (s)	[ji:zdnɛ:]
bilheteiro (m)	**pokladník** (m)	[pokladni:k]
controle (m) de passagens	**kontrola** (ž)	[kontrola]
revisor (m)	**revizor** (m)	[rɛvɪzor]
atrasar-se (vr)	**mít zpoždění**	[mi:t spoʒdɛni:]
perder (o autocarro, etc.)	**opozdit se**	[opozdɪt sɛ]
estar com pressa	**pospíchat**	[pospi:xat]
táxi (m)	**taxík** (m)	[taksi:k]
taxista (m)	**taxikář** (m)	[taksɪka:rʃ]
de táxi (ir ~)	**taxíkem**	[taksi:kɛm]
ponto (m) de táxis	**stanoviště** (s) **taxíků**	[stanovɪʃte taksi:ku:]
chamar um táxi	**zavolat taxíka**	[zavolat taksi:ka]
pegar um táxi	**vzít taxíka**	[vzi:t taksi:ka]
tráfego (m)	**uliční provoz** (m)	[ulɪʧni: provoz]
engarrafamento (m)	**zácpa** (ž)	[za:ʦpa]
horas (f pl) de pico	**špička** (ž)	[ʃpɪʧka]
estacionar (vi)	**parkovat se**	[parkovat sɛ]
estacionar (vt)	**parkovat**	[parkovat]
parque (m) de estacionamento	**parkoviště** (s)	[parkovɪʃte]
metrô (m)	**metro** (s)	[mɛtro]
estação (f)	**stanice** (ž)	[stanɪʦɛ]
ir de metrô	**jet metrem**	[jɛt mɛtrɛm]
trem (m)	**vlak** (m)	[vlak]
estação (f) de trem	**nádraží** (s)	[na:draʒi:]

82. Turismo

monumento (m)	**památka** (ž)	[pama:tka]
fortaleza (f)	**pevnost** (ž)	[pɛvnost]
palácio (m)	**palác** (m)	[pala:ʦ]
castelo (m)	**zámek** (m)	[za:mɛk]
torre (f)	**věž** (ž)	[veʃ]
mausoléu (m)	**mauzoleum** (s)	[mauzolɛum]
arquitetura (f)	**architektura** (ž)	[arxɪtɛktura]
medieval (adj)	**středověký**	[strʃɛdoveki:]
antigo (adj)	**starobylý**	[starobɪli:]
nacional (adj)	**národní**	[na:rodni:]
famoso, conhecido (adj)	**známý**	[zna:mi:]
turista (m)	**turista** (m)	[turɪsta]
guia (pessoa)	**průvodce** (m)	[pru:vodʦɛ]

excursão (f)	**výlet** (m)	[vi:lɛt]
mostrar (vt)	**ukazovat**	[ukazovat]
contar (vt)	**povídat**	[povi:dat]
encontrar (vt)	**najít**	[naji:t]
perder-se (vr)	**ztratit se**	[stratɪʦɛ]
mapa (~ do metrô)	**plán** (m)	[pla:n]
mapa (~ da cidade)	**plán** (m)	[pla:n]
lembrança (f), presente (m)	**suvenýr** (m)	[suvɛni:r]
loja (f) de presentes	**prodejna** (ž) **suvenýrů**	[prodɛjna suvɛni:ru:]
tirar fotos, fotografar	**fotografovat**	[fotografovat]
fotografar-se (vr)	**fotografovat se**	[fotografovat sɛ]

83. Compras

comprar (vt)	**kupovat**	[kupovat]
compra (f)	**nákup** (m)	[na:kup]
fazer compras	**dělat nákupy**	[ɟelat na:kupɪ]
compras (f pl)	**nakupování** (s)	[nakupova:ni:]
estar aberta (loja)	**být otevřen**	[bi:t otɛvrʒɛn]
estar fechada	**být zavřen**	[bi:t zavrʒɛn]
calçado (m)	**obuv** (ž)	[obuf]
roupa (f)	**oblečení** (s)	[oblɛʧɛni:]
cosméticos (m pl)	**kosmetika** (ž)	[kosmɛtɪka]
alimentos (m pl)	**potraviny** (ž mn)	[potravɪnɪ]
presente (m)	**dárek** (m)	[da:rɛk]
vendedor (m)	**prodavač** (m)	[prodavaʧ]
vendedora (f)	**prodavačka** (ž)	[prodavaʧka]
caixa (f)	**pokladna** (ž)	[pokladna]
espelho (m)	**zrcadlo** (s)	[zrʦadlo]
balcão (m)	**pult** (m)	[pult]
provador (m)	**zkušební kabinka** (ž)	[skuʃɛbni: kabɪŋka]
provar (vt)	**zkusit**	[skusɪt]
servir (roupa, caber)	**hodit se**	[hodɪt sɛ]
gostar (apreciar)	**líbit se**	[li:bɪt sɛ]
preço (m)	**cena** (ž)	[ʦɛna]
etiqueta (f) de preço	**cenovka** (ž)	[ʦɛnofka]
custar (vt)	**stát**	[sta:t]
Quanto?	**Kolik?**	[kolɪk]
desconto (m)	**sleva** (ž)	[slɛva]
não caro (adj)	**levný**	[lɛvni:]
barato (adj)	**levný**	[lɛvni:]
caro (adj)	**drahý**	[drahi:]
É caro	**To je drahé**	[to jɛ drahɛ:]
aluguel (m)	**půjčování** (s)	[pu:jʧova:ni:]
alugar (roupas, etc.)	**vypůjčit si**	[vɪpu:jʧɪt sɪ]

crédito (m)	**úvěr** (m)	[u:ver]
a crédito	**na splátky**	[na spla:tkɪ]

84. Dinheiro

dinheiro (m)	**peníze** (m mn)	[pɛni:zɛ]
câmbio (m)	**výměna** (ž)	[vi:mnena]
taxa (f) de câmbio	**kurz** (m)	[kurs]
caixa (m) eletrônico	**bankomat** (m)	[baŋkomat]
moeda (f)	**mince** (ž)	[mɪnʦɛ]
dólar (m)	**dolar** (m)	[dolar]
euro (m)	**euro** (s)	[ɛuro]
lira (f)	**lira** (ž)	[lɪra]
marco (m)	**marka** (ž)	[marka]
franco (m)	**frank** (m)	[fraŋk]
libra (f) esterlina	**libra** (ž) **šterlinků**	[lɪbra ʃtɛrlɪŋku:]
iene (m)	**jen** (m)	[jɛn]
dívida (f)	**dluh** (m)	[dlux]
devedor (m)	**dlužník** (m)	[dluʒni:k]
emprestar (vt)	**půjčit**	[pu:jʧɪt]
pedir emprestado	**půjčit si**	[pu:jʧɪt sɪ]
banco (m)	**banka** (ž)	[baŋka]
conta (f)	**účet** (m)	[u:ʧɛt]
depositar na conta	**uložit na účet**	[uloʒɪt na u:ʧɛt]
sacar (vt)	**vybrat z účtu**	[vɪbrat s u:ʧtu]
cartão (m) de crédito	**kreditní karta** (ž)	[krɛdɪtni: karta]
dinheiro (m) vivo	**hotové peníze** (m mn)	[hotovɛ: pɛni:zɛ]
cheque (m)	**šek** (m)	[ʃɛk]
passar um cheque	**vystavit šek**	[vɪstavɪt ʃɛk]
talão (m) de cheques	**šeková knížka** (ž)	[ʃɛkova: kni:ʃka]
carteira (f)	**náprsní taška** (ž)	[na:prsni: taʃka]
niqueleira (f)	**peněženka** (ž)	[pɛneʒeŋka]
cofre (m)	**trezor** (m)	[trɛzor]
herdeiro (m)	**dědic** (m)	[dedɪʦ]
herança (f)	**dědictví** (s)	[dedɪʦtvi:]
fortuna (riqueza)	**majetek** (m)	[majɛtɛk]
arrendamento (m)	**nájem** (m)	[na:jɛm]
aluguel (pagar o ~)	**činže** (ž)	[ʧɪnʒe]
alugar (vt)	**pronajímat si**	[pronaji:mat sɪ]
preço (m)	**cena** (ž)	[ʦɛna]
custo (m)	**cena** (ž)	[ʦɛna]
soma (f)	**částka** (ž)	[ʧa:stka]
gastar (vt)	**utrácet**	[utra:ʦɛt]
gastos (m pl)	**náklady** (m mn)	[na:kladɪ]

economizar (vi)	**šetřit**	[ʃɛtrʃɪt]
econômico (adj)	**úsporný**	[u:sporni:]
pagar (vt)	**platit**	[platɪt]
pagamento (m)	**platba** (ž)	[platba]
troco (m)	**peníze** (m mn) **nazpět**	[pɛni:zɛ naspet]
imposto (m)	**daň** (ž)	[danʲ]
multa (f)	**pokuta** (ž)	[pokuta]
multar (vt)	**pokutovat**	[pokutovat]

85. Correios. Serviço postal

agência (f) dos correios	**pošta** (ž)	[poʃta]
correio (m)	**pošta** (ž)	[poʃta]
carteiro (m)	**listonoš** (m)	[lɪstonoʃ]
horário (m)	**pracovní doba** (ž)	[pratsovni: doba]
carta (f)	**dopis** (m)	[dopɪs]
carta (f) registada	**doporučený dopis** (m)	[doporutʃɛni: dopɪs]
cartão (m) postal	**pohlednice** (ž)	[pohlɛdnɪtsɛ]
telegrama (m)	**telegram** (m)	[tɛlɛgram]
encomenda (f)	**balík** (m)	[bali:k]
transferência (f) de dinheiro	**peněžní poukázka** (ž)	[pɛneʒni: pouka:ska]
receber (vt)	**dostat**	[dostat]
enviar (vt)	**odeslat**	[odɛslat]
envio (m)	**odeslání** (s)	[odɛsla:ni:]
endereço (m)	**adresa** (ž)	[adrɛsa]
código (m) postal	**poštovní směrovací číslo** (s)	[poʃtovni: smnerovatsi: tʃi:slo]
remetente (m)	**odesílatel** (m)	[odɛsi:latɛl]
destinatário (m)	**příjemce** (m)	[prʃi:jɛmtsɛ]
nome (m)	**jméno** (s)	[jmɛ:no]
sobrenome (m)	**příjmení** (s)	[prʃi:jmɛni:]
tarifa (f)	**tarif** (m)	[tarɪf]
ordinário (adj)	**obyčejný**	[obɪtʃɛjni:]
econômico (adj)	**zlevněný**	[zlɛvneni:]
peso (m)	**váha** (ž)	[va:ha]
pesar (estabelecer o peso)	**vážit**	[va:ʒɪt]
envelope (m)	**obálka** (ž)	[oba:lka]
selo (m) postal	**známka** (ž)	[zna:mka]
colar o selo	**nalepovat známku**	[nalɛpovat zna:mku]

Moradia. Casa. Lar

86. Casa. Habitação

casa (f)	**dům** (m)	[du:m]
em casa	**doma**	[doma]
pátio (m), quintal (f)	**dvůr** (m)	[dvu:r]
cerca, grade (f)	**ohrada** (ž)	[ohrada]
tijolo (m)	**cihla** (ž)	[ʦɪhla]
de tijolos	**cihlový**	[ʦɪhlovi:]
pedra (f)	**kámen** (m)	[ka:mɛn]
de pedra	**kamenný**	[kamɛnni:]
concreto (m)	**beton** (m)	[bɛton]
concreto (adj)	**betonový**	[bɛtonovi:]
novo (adj)	**nový**	[novi:]
velho (adj)	**starý**	[stari:]
decrépito (adj)	**sešlý**	[sɛʃli:]
moderno (adj)	**moderní**	[modɛrni:]
de vários andares	**vícepatrový**	[vi:ʦɛpatrovi:]
alto (adj)	**vysoký**	[vɪsoki:]
andar (m)	**poschodí** (s)	[posxodi:]
de um andar	**přízemní**	[prʃɪzɛmni:]
térreo (m)	**dolní podlaží** (s)	[dolni: podlaʒi:]
andar (m) de cima	**horní podlaží** (s)	[horni: podlaʒi:]
telhado (m)	**střecha** (ž)	[strʃɛxa]
chaminé (f)	**komín** (m)	[komi:n]
telha (f)	**taška** (ž)	[taʃka]
de telha	**taškový**	[taʃkovi:]
sótão (m)	**půda** (ž)	[pu:da]
janela (f)	**okno** (s)	[okno]
vidro (m)	**sklo** (s)	[sklo]
parapeito (m)	**parapet** (m)	[parapɛt]
persianas (f pl)	**okenice** (ž mn)	[okɛnɪʦɛ]
parede (f)	**stěna** (ž)	[stena]
varanda (f)	**balkón** (m)	[balko:n]
calha (f)	**okapová roura** (ž)	[okapova: roura]
em cima	**nahoře**	[nahorʒɛ]
subir (vi)	**vystupovat**	[vɪstupovat]
descer (vi)	**jít dolů**	[ji:t dolu:]
mudar-se (vr)	**stěhovat se**	[stehovat sɛ]

87. Casa. Entrada. Elevador

entrada (f)	**vchod** (m)	[vxot]
escada (f)	**schodiště** (s)	[sxodɪʃte]
degraus (m pl)	**schody** (m mn)	[sxodɪ]
corrimão (m)	**zábradlí** (s)	[za:bradli:]
hall (m) de entrada	**hala** (ž)	[hala]
caixa (f) de correio	**poštovní schránka** (ž)	[poʃtovni: sxra:ŋka]
lata (f) do lixo	**popelnice** (ž)	[popɛlnɪʦɛ]
calha (f) de lixo	**šachta** (ž) **na odpadky**	[ʃaxta na otpatkɪ]
elevador (m)	**výtah** (m)	[vi:tax]
elevador (m) de carga	**nákladní výtah** (m)	[na:kladni: vi:tax]
cabine (f)	**kabina** (ž)	[kabɪna]
pegar o elevador	**jet výtahem**	[jɛt vi:tahɛm]
apartamento (m)	**byt** (m)	[bɪt]
residentes (pl)	**nájemníci** (m)	[na:jɛmni:ʦɪ]
vizinho (m)	**soused** (m)	[sousɛt]
vizinha (f)	**sousedka** (ž)	[sousɛtka]
vizinhos (pl)	**sousedé** (m mn)	[sousɛdɛ:]

88. Casa. Eletricidade

eletricidade (f)	**elektřina** (ž)	[ɛlɛktrʃɪna]
lâmpada (f)	**žárovka** (ž)	[ʒa:rofka]
interruptor (m)	**vypínač** (m)	[vɪpi:naʧ]
fusível, disjuntor (m)	**pojistka** (ž)	[pojɪstka]
fio, cabo (m)	**vodič** (m)	[vodɪʧ]
instalação (f) elétrica	**vedení** (s)	[vɛdɛni:]
medidor (m) de eletricidade	**elektroměr** (m)	[ɛlɛktromner]
indicação (f), registro (m)	**údaj** (m)	[u:daj]

89. Casa. Portas. Fechaduras

porta (f)	**dveře** (ž mn)	[dvɛrʒɛ]
portão (m)	**vrata** (s mn)	[vrata]
maçaneta (f)	**klika** (ž)	[klɪka]
destrancar (vt)	**odemknout**	[odɛmknout]
abrir (vt)	**otvírat**	[otvi:rat]
fechar (vt)	**zavírat**	[zavi:rat]
chave (f)	**klíč** (m)	[kli:ʧ]
molho (m)	**svazek** (m)	[svazɛk]
ranger (vi)	**vrzat**	[vrzat]
rangido (m)	**vrzání** (s)	[vrza:ni:]
dobradiça (f)	**závěs** (m)	[za:ves]
capacho (m)	**kobereček** (m)	[kobɛrɛʧɛk]
fechadura (f)	**zámek** (m)	[za:mɛk]

buraco (m) da fechadura	**klíčová dírka** (ž)	[kli:tʃova: di:rka]
barra (f)	**závora** (ž)	[za:vora]
fecho (ferrolho pequeno)	**zástrčka** (ž)	[za:strtʃka]
cadeado (m)	**visací zámek** (m)	[vɪsatsi: za:mɛk]
tocar (vt)	**zvonit**	[zvonɪt]
toque (m)	**zvonění** (s)	[zvoneni:]
campainha (f)	**zvonek** (m)	[zvonɛk]
botão (m)	**knoflík** (m)	[knofli:k]
batida (f)	**klepání** (s)	[klɛpa:ni:]
bater (vi)	**klepat**	[klɛpat]
código (m)	**kód** (m)	[ko:t]
fechadura (f) de código	**kódový zámek** (m)	[ko:dovi: za:mɛk]
interfone (m)	**domácí telefon** (m)	[doma:tsi: tɛlɛfon]
número (m)	**číslo** (s)	[tʃi:slo]
placa (f) de porta	**štítek** (m)	[ʃtitɛk]
olho (m) mágico	**kukátko** (s)	[kuka:tko]

90. Casa de campo

aldeia (f)	**venkov** (m)	[vɛŋkof]
horta (f)	**zelinářská zahrada** (ž)	[zɛlɪna:rʃska: zahrada]
cerca (f)	**plot** (m)	[plot]
cerca (f) de piquete	**pletený plot** (m)	[plɛtɛni: plot]
portão (f) do jardim	**vrátka** (s mn)	[vra:tka]
celeiro (m)	**sýpka** (ž)	[si:pka]
adega (f)	**sklep** (m)	[sklɛp]
galpão, barracão (m)	**kůlna** (ž)	[ku:lna]
poço (m)	**studna** (ž)	[studna]
fogão (m)	**kamna** (s mn)	[kamna]
atiçar o fogo	**topit**	[topɪt]
lenha (carvão ou ~)	**dříví** (s)	[drʒi:vi:]
acha, lenha (f)	**poleno** (s)	[polɛno]
varanda (f)	**veranda** (ž)	[vɛranda]
alpendre (m)	**terasa** (ž)	[tɛrasa]
degraus (m pl) de entrada	**schody** (m mn) **před vchodem**	[sxodɪ prʃɛd vxodɛm]
balanço (m)	**houpačky** (ž mn)	[houpatʃkɪ]

91. Moradia. Mansão

casa (f) de campo	**venkovský dům** (m)	[vɛŋkovski: du:m]
vila (f)	**vila** (ž)	[vɪla]
ala (~ do edifício)	**křídlo** (s)	[krʃi:dlo]
jardim (m)	**zahrada** (ž)	[zahrada]
parque (m)	**park** (m)	[park]
estufa (f)	**oranžérie** (ž)	[oranʒe:rɪe]
cuidar de ...	**zahradničit**	[zahradnɪtʃɪt]

piscina (f)	**bazén** (m)	[bazɛ:n]
academia (f) de ginástica	**tělocvična** (ž)	[telotsvɪtʃna]
quadra (f) de tênis	**tenisový kurt** (m)	[tɛnɪsovi: kurt]
cinema (m)	**biograf** (m)	[bɪograf]
garagem (f)	**garáž** (ž)	[gara:ʃ]
propriedade (f) privada	**soukromé vlastnictví** (s)	[soukromɛ: vlastnɪtstvi:]
terreno (m) privado	**soukromý pozemek** (m)	[soukromi: pozɛmɛk]
advertência (f)	**výstraha** (ž)	[vi:straha]
sinal (m) de aviso	**výstražný nápis** (m)	[vi:straʒni: na:pɪs]
guarda (f)	**stráž** (ž)	[stra:ʃ]
guarda (m)	**strážce** (m)	[stra:ʒtsɛ]
alarme (m)	**signalizace** (ž)	[sɪgnalɪzatsɛ]

92. Castelo. Palácio

castelo (m)	**zámek** (m)	[za:mɛk]
palácio (m)	**palác** (m)	[pala:ts]
fortaleza (f)	**pevnost** (ž)	[pɛvnost]
muralha (f)	**zeď** (ž)	[zɛtʲ]
torre (f)	**věž** (ž)	[veʃ]
calabouço (m)	**hlavní věž** (ž)	[hlavni: veʃ]
grade (f) levadiça	**zvedací vrata** (s mn)	[zvɛdatsi: vrata]
passagem (f) subterrânea	**podzemní chodba** (ž)	[podzɛmni: xodba]
fosso (m)	**příkop** (m)	[prʃi:kop]
corrente, cadeia (f)	**řetěz** (m)	[rʒɛtez]
seteira (f)	**střílna** (ž)	[strʃi:lna]
magnífico (adj)	**velkolepý**	[vɛlkolɛpi:]
majestoso (adj)	**majestátní**	[majɛsta:tni:]
inexpugnável (adj)	**nedobytný**	[nɛdobɪtni:]
medieval (adj)	**středověký**	[strʃɛdoveki:]

93. Apartamento

apartamento (m)	**byt** (m)	[bɪt]
quarto, cômodo (m)	**pokoj** (m)	[pokoj]
quarto (m) de dormir	**ložnice** (ž)	[loʒnɪtsɛ]
sala (f) de jantar	**jídelna** (ž)	[ji:dɛlna]
sala (f) de estar	**přijímací pokoj** (m)	[prʃɪji:matsi: pokoj]
escritório (m)	**pracovna** (ž)	[pratsovna]
sala (f) de entrada	**předsíň** (ž)	[prʃɛtsi:nʲ]
banheiro (m)	**koupelna** (ž)	[koupɛlna]
lavabo (m)	**záchod** (m)	[za:xot]
teto (m)	**strop** (m)	[strop]
chão, piso (m)	**podlaha** (ž)	[podlaha]
canto (m)	**kout** (m)	[kout]

94. Apartamento. Limpeza

arrumar, limpar (vt)	**uklízet**	[ukli:zɛt]
guardar (no armário, etc.)	**odklízet**	[otkli:zɛt]
pó (m)	**prach** (m)	[prax]
empoeirado (adj)	**zaprášený**	[zapra:ʃɛni:]
tirar o pó	**utírat prach**	[uti:rat prax]
aspirador (m)	**vysavač** (m)	[vɪsavatʃ]
aspirar (vt)	**vysávat**	[vɪsa:vat]
varrer (vt)	**zametat**	[zamɛtat]
sujeira (f)	**smetí** (s)	[smɛti:]
arrumação, ordem (f)	**pořádek** (m)	[porʒa:dɛk]
desordem (f)	**nepořádek** (m)	[nɛporʒa:dɛk]
esfregão (m)	**mop** (m)	[mop]
pano (m), trapo (m)	**hadr** (m)	[hadr]
vassoura (f)	**koště** (s)	[koʃte]
pá (f) de lixo	**lopatka** (ž) **na smetí**	[lopatka na smɛti:]

95. Mobiliário. Interior

mobiliário (m)	**nábytek** (m)	[na:bɪtɛk]
mesa (f)	**stůl** (m)	[stu:l]
cadeira (f)	**židle** (ž)	[ʒɪdlɛ]
cama (f)	**lůžko** (s)	[lu:ʃko]
sofá, divã (m)	**pohovka** (ž)	[pohofka]
poltrona (f)	**křeslo** (s)	[krʃɛslo]
estante (f)	**knihovna** (ž)	[knɪhovna]
prateleira (f)	**police** (ž)	[polɪtsɛ]
guarda-roupas (m)	**skříň** (ž)	[skrʃi:nʲ]
cabide (m) de parede	**předsíňový věšák** (m)	[prʃɛdsi:novi: veʃa:k]
cabideiro (m) de pé	**stojanový věšák** (m)	[stojanovi: veʃa:k]
cômoda (f)	**prádelník** (m)	[pra:dɛlni:k]
mesinha (f) de centro	**konferenční stolek** (m)	[konfɛrɛntʃni: stolɛk]
espelho (m)	**zrcadlo** (s)	[zrtsadlo]
tapete (m)	**koberec** (m)	[kobɛrɛts]
tapete (m) pequeno	**kobereček** (m)	[kobɛrɛtʃɛk]
lareira (f)	**krb** (m)	[krp]
vela (f)	**svíce** (ž)	[svi:tsɛ]
castiçal (m)	**svícen** (m)	[svi:tsɛn]
cortinas (f pl)	**záclony** (ž mn)	[za:tslonɪ]
papel (m) de parede	**tapety** (ž mn)	[tapɛtɪ]
persianas (f pl)	**žaluzie** (ž)	[ʒaluzɪe]
luminária (f) de mesa	**stolní lampa** (ž)	[stolni: lampa]
luminária (f) de parede	**svítidlo** (s)	[svi:tɪdlo]

abajur (m) de pé	**stojací lampa** (ž)	[stojatsi: lampa]
lustre (m)	**lustr** (m)	[lustr]
pé (de mesa, etc.)	**noha** (ž)	[noha]
braço, descanso (m)	**područka** (ž)	[podrutʃka]
costas (f pl)	**opěradlo** (s)	[operadlo]
gaveta (f)	**zásuvka** (ž)	[za:sufka]

96. Quarto de dormir

roupa (f) de cama	**ložní prádlo** (s)	[loʒni: pra:dlo]
travesseiro (m)	**polštář** (m)	[polʃta:rʃ]
fronha (f)	**povlak** (m) **na polštář**	[povlak na polʃta:rʒ]
cobertor (m)	**deka** (ž)	[dɛka]
lençol (m)	**prostěradlo** (s)	[prosteradlo]
colcha (f)	**přikrývka** (ž)	[prʃɪkri:fka]

97. Cozinha

cozinha (f)	**kuchyně** (ž)	[kuxɪne]
gás (m)	**plyn** (m)	[plɪn]
fogão (m) a gás	**plynový sporák** (m)	[plɪnovi: spora:k]
fogão (m) elétrico	**elektrický sporák** (m)	[ɛlɛktrɪtski: spora:k]
forno (m)	**trouba** (ž)	[trouba]
forno (m) de micro-ondas	**mikrovlnná pec** (ž)	[mɪkrovlnna: pɛts]
geladeira (f)	**lednička** (ž)	[lɛdnɪtʃka]
congelador (m)	**mrazicí komora** (ž)	[mrazɪtsi: komora]
máquina (f) de lavar louça	**myčka** (ž) **nádobí**	[mɪtʃka na:dobi:]
moedor (m) de carne	**mlýnek** (m) **na maso**	[mli:nɛk na maso]
espremedor (m)	**odšťavňovač** (m)	[otʃtʲavnʲovatʃ]
torradeira (f)	**opékač** (m) **topinek**	[opɛ:katʃ topɪnɛk]
batedeira (f)	**mixér** (m)	[mɪksɛ:r]
máquina (f) de café	**kávovar** (m)	[ka:vovar]
cafeteira (f)	**konvice** (ž) **na kávu**	[konvɪtsɛ na ka:vu]
moedor (m) de café	**mlýnek** (m) **na kávu**	[mli:nɛk na ka:vu]
chaleira (f)	**čajník** (m)	[tʃajni:k]
bule (m)	**čajová konvice** (ž)	[tʃajova: konvɪtsɛ]
tampa (f)	**poklička** (ž)	[poklɪtʃka]
coador (m) de chá	**cedítko** (s)	[tsɛdi:tko]
colher (f)	**lžíce** (ž)	[lʒi:tsɛ]
colher (f) de chá	**kávová lžička** (ž)	[ka:vova: lʒɪtʃka]
colher (f) de sopa	**polévková lžíce** (ž)	[polɛ:fkova: lʒi:tsɛ]
garfo (m)	**vidlička** (ž)	[vɪdlɪtʃka]
faca (f)	**nůž** (m)	[nu:ʃ]
louça (f)	**nádobí** (s)	[na:dobi:]
prato (m)	**talíř** (m)	[tali:rʃ]

pires (m)	**talířek** (m)	[tali:rʒɛk]
cálice (m)	**skleníčka** (ž)	[sklɛnɪʧka]
copo (m)	**sklenice** (ž)	[sklɛnɪʦɛ]
xícara (f)	**šálek** (m)	[ʃa:lɛk]
açucareiro (m)	**cukřenka** (ž)	[ʦukrʃɛŋka]
saleiro (m)	**solnička** (ž)	[solnɪʧka]
pimenteiro (m)	**pepřenka** (ž)	[pɛprʃɛŋka]
manteigueira (f)	**nádobka** (ž) **na máslo**	[na:dopka na ma:slo]
panela (f)	**hrnec** (m)	[hrnɛʦ]
frigideira (f)	**pánev** (ž)	[pa:nɛf]
concha (f)	**naběračka** (ž)	[naberaʧka]
coador (m)	**cedník** (m)	[ʦɛdni:k]
bandeja (f)	**podnos** (m)	[podnos]
garrafa (f)	**láhev** (ž)	[la:hɛf]
pote (m) de vidro	**sklenice** (ž)	[sklɛnɪʦɛ]
lata (~ de cerveja)	**plechovka** (ž)	[plɛxofka]
abridor (m) de garrafa	**otvírač** (m) **lahví**	[otvi:raʧ lahvi:]
abridor (m) de latas	**otvírač** (m) **konzerv**	[otvi:raʧ konzɛrf]
saca-rolhas (m)	**vývrtka** (ž)	[vi:vrtka]
filtro (m)	**filtr** (m)	[fɪltr]
filtrar (vt)	**filtrovat**	[fɪltrovat]
lixo (m)	**odpadky** (m mn)	[otpatki:]
lixeira (f)	**kbelík** (m) **na odpadky**	[gbɛli:k na otpatkɪ]

98. Casa de banho

banheiro (m)	**koupelna** (ž)	[koupɛlna]
água (f)	**voda** (ž)	[voda]
torneira (f)	**kohout** (m)	[kohout]
água (f) quente	**teplá voda** (ž)	[tɛpla: voda]
água (f) fria	**studená voda** (ž)	[studɛna: voda]
pasta (f) de dente	**zubní pasta** (ž)	[zubni: pasta]
escovar os dentes	**čistit si zuby**	[ʧɪstɪt sɪ zubɪ]
barbear-se (vr)	**holit se**	[holɪt sɛ]
espuma (f) de barbear	**pěna** (ž) **na holení**	[pena na holɛni:]
gilete (f)	**holicí strojek** (m)	[holɪʦi: strojɛk]
lavar (vt)	**mýt**	[mi:t]
tomar banho	**mýt se**	[mi:t sɛ]
chuveiro (m), ducha (f)	**sprcha** (ž)	[sprxa]
tomar uma ducha	**sprchovat se**	[sprxovat sɛ]
banheira (f)	**vana** (ž)	[vana]
vaso (m) sanitário	**záchodová mísa** (ž)	[za:xodova: mi:sa]
pia (f)	**umývadlo** (s)	[umi:vadlo]
sabonete (m)	**mýdlo** (m)	[mi:dlo]
saboneteira (f)	**miska** (ž) **na mýdlo**	[mɪska na mi:dlo]

esponja (f)	**mycí houba** (ž)	[mɪtsi: houba]
xampu (m)	**šampon** (m)	[ʃampon]
toalha (f)	**ručník** (m)	[rutʃni:k]
roupão (m) de banho	**župan** (m)	[ʒupan]
lavagem (f)	**praní** (s)	[prani:]
lavadora (f) de roupas	**pračka** (ž)	[pratʃka]
lavar a roupa	**prát**	[pra:t]
detergente (m)	**prací prášek** (m)	[pratsi: pra:ʃɛk]

99. Eletrodomésticos

televisor (m)	**televizor** (m)	[tɛlɛvɪzor]
gravador (m)	**magnetofon** (m)	[magnɛtofon]
videogravador (m)	**videomagnetofon** (m)	[vɪdɛomagnɛtofon]
rádio (m)	**přijímač** (m)	[prʃɪji:matʃ]
leitor (m)	**přehrávač** (m)	[prʃɛhra:vatʃ]
projetor (m)	**projektor** (m)	[projɛktor]
cinema (m) em casa	**domácí biograf** (m)	[doma:tsi: bɪograf]
DVD Player (m)	**DVD přehrávač** (m)	[dɛvɛdɛ prʃɛhra:vatʃ]
amplificador (m)	**zesilovač** (m)	[zɛsɪlovatʃ]
console (f) de jogos	**hrací přístroj** (m)	[hratsi: prʃi:stroj]
câmera (f) de vídeo	**videokamera** (ž)	[vɪdɛokamɛra]
máquina (f) fotográfica	**fotoaparát** (m)	[fotoapara:t]
câmera (f) digital	**digitální fotoaparát** (m)	[dɪgɪta:lni: fotoapara:t]
aspirador (m)	**vysavač** (m)	[vɪsavatʃ]
ferro (m) de passar	**žehlička** (ž)	[ʒehlɪtʃka]
tábua (f) de passar	**žehlicí prkno** (s)	[ʒehlɪtsi: prkno]
telefone (m)	**telefon** (m)	[tɛlɛfon]
celular (m)	**mobilní telefon** (m)	[mobɪlni: tɛlɛfon]
máquina (f) de escrever	**psací stroj** (m)	[psatsi: stroj]
máquina (f) de costura	**šicí stroj** (m)	[ʃɪtsi: stroj]
microfone (m)	**mikrofon** (m)	[mɪkrofon]
fone (m) de ouvido	**sluchátka** (s mn)	[sluxa:tka]
controle remoto (m)	**ovládač** (m)	[ovla:datʃ]
CD (m)	**CD disk** (m)	[tsɛ:dɛ: dɪsk]
fita (f) cassete	**kazeta** (ž)	[kazɛta]
disco (m) de vinil	**deska** (ž)	[dɛska]

100. Reparações. Renovação

renovação (f)	**oprava** (ž)	[oprava]
renovar (vt), fazer obras	**dělat opravu**	[delat opravu]
reparar (vt)	**opravovat**	[opravovat]
consertar (vt)	**dávat do pořádku**	[da:vat do porʒa:tku]
refazer (vt)	**předělávat**	[prʃɛdela:vat]

tinta (f)	**barva** (ž)	[barva]
pintar (vt)	**natírat**	[nati:rat]
pintor (m)	**malíř** (m) **pokojů**	[mali:rʃ pokoju:]
pincel (m)	**štětec** (m)	[ʃtetɛts]
cal (f)	**omítka** (ž)	[omi:tka]
caiar (vt)	**bílit**	[bi:lɪt]
papel (m) de parede	**tapety** (ž mn)	[tapɛtɪ]
colocar papel de parede	**vytapetovat**	[vɪtapɛtovat]
verniz (m)	**lak** (m)	[lak]
envernizar (vt)	**lakovat**	[lakovat]

101. Canalizações

água (f)	**voda** (ž)	[voda]
água (f) quente	**teplá voda** (ž)	[tɛpla: voda]
água (f) fria	**studená voda** (ž)	[studɛna: voda]
torneira (f)	**kohout** (m)	[kohout]
gota (f)	**kapka** (ž)	[kapka]
gotejar (vi)	**kapat**	[kapat]
vazar (vt)	**téci**	[tɛ:tsɪ]
vazamento (m)	**tečení** (s)	[tɛʧɛni:]
poça (f)	**louže** (ž)	[louʒe]
tubo (m)	**trubka** (ž)	[trupka]
válvula (f)	**ventil** (m)	[vɛntɪl]
entupir-se (vr)	**zacpat se**	[zatspat sɛ]
ferramentas (f pl)	**nástroje** (m mn)	[nastrojɛ]
chave (f) inglesa	**stavitelný klíč** (m)	[stavɪtɛlni: kli:ʧ]
desenroscar (vt)	**ukroutit**	[ukroutɪt]
enroscar (vt)	**zakroutit**	[zakroutɪt]
desentupir (vt)	**pročišťovat**	[proʧɪʃtʲovat]
encanador (m)	**instalatér** (m)	[ɪnstalatɛ:r]
porão (m)	**sklep** (m)	[sklɛp]
rede (f) de esgotos	**kanalizace** (ž)	[kanalɪzatsɛ]

102. Fogo. Deflagração

incêndio (m)	**oheň** (m)	[ohɛnʲ]
chama (f)	**plamen** (m)	[plamɛn]
faísca (f)	**jiskra** (ž)	[jɪskra]
fumaça (f)	**kouř** (m)	[kourʃ]
tocha (f)	**pochodeň** (ž)	[poxodɛnʲ]
fogueira (f)	**oheň** (m)	[ohɛnʲ]
gasolina (f)	**benzín** (m)	[bɛnzi:n]
querosene (m)	**petrolej** (m)	[pɛtrolɛj]
inflamável (adj)	**hořlavý**	[horʒlavi:]

explosivo (adj)	**výbušný**	[vi:buʃni:]
PROIBIDO FUMAR!	**ZÁKAZ KOUŘENÍ**	[za:kaz kourʒɛni:]
segurança (f)	**bezpečnost** (ž)	[bɛzpɛʧnost]
perigo (m)	**nebezpečí** (s)	[nɛbɛzpɛʧi:]
perigoso (adj)	**nebezpečný**	[nɛbɛzpɛʧni:]
incendiar-se (vr)	**začít hořet**	[zaʧi:t horʒɛt]
explosão (f)	**výbuch** (m)	[vi:bux]
incendiar (vt)	**zapálit**	[zapa:lɪt]
incendiário (m)	**žhář** (m)	[ʒha:rʃ]
incêndio (m) criminoso	**žhářství** (s)	[ʒha:rʃstvi:]
flamejar (vi)	**planout**	[planout]
queimar (vi)	**hořet**	[horʒɛt]
queimar tudo (vi)	**shořet**	[sxorʒɛt]
bombeiro (m)	**hasič** (m)	[hasɪʧ]
caminhão (m) de bombeiros	**hasičské auto** (m)	[hasɪʧske: auto]
corpo (m) de bombeiros	**hasičský sbor** (m)	[hasɪʧski: zbor]
escada (f) extensível	**požární žebřík** (m)	[poʒa:rni: ʒebrʒi:k]
mangueira (f)	**hadice** (ž)	[hadɪʦɛ]
extintor (m)	**hasicí přístroj** (m)	[hasɪʦi: prʃi:stroj]
capacete (m)	**přilba** (ž)	[prʃɪlba]
sirene (f)	**houkačka** (ž)	[houkaʧka]
gritar (vi)	**křičet**	[krʃɪʧɛt]
chamar por socorro	**volat o pomoc**	[volat o pomoʦ]
socorrista (m)	**záchranář** (m)	[za:xrana:rʃ]
salvar, resgatar (vt)	**zachraňovat**	[zaxranʲovat]
chegar (vi)	**přijet**	[prʃɪjɛt]
apagar (vt)	**hasit**	[hasɪt]
água (f)	**voda** (ž)	[voda]
areia (f)	**písek** (m)	[pi:sɛk]
ruínas (f pl)	**zřícenina** (ž)	[zrʒi:ʦɛnɪna]
ruir (vi)	**zřítit se**	[zrʒi:tɪt sɛ]
desmoronar (vi)	**zhroutit se**	[zhroutɪt sɛ]
desabar (vi)	**zřítit se**	[zrʒi:tɪt sɛ]
fragmento (m)	**úlomek** (m)	[u:lomɛk]
cinza (f)	**popel** (m)	[popɛl]
sufocar (vi)	**udusit se**	[udusɪt sɛ]
perecer (vi)	**zahynout**	[zahɪnout]

ATIVIDADES HUMANAS

Emprego. Negócios. Parte 1

103. Escritório. O trabalho no escritório

escritório (~ de advogados)	**kancelář** (ž)	[kantsɛla:rʃ]
escritório (do diretor, etc.)	**pracovna** (ž)	[pratsovna]
recepção (f)	**recepce** (ž)	[rɛtsɛptsɛ]
secretário (m)	**sekretář** (m)	[sɛkrɛta:rʃ]
diretor (m)	**ředitel** (m)	[rʒɛdɪtɛl]
gerente (m)	**manažer** (m)	[manaʒer]
contador (m)	**účetní** (m, ž)	[u:ʧɛtni:]
empregado (m)	**zaměstnanec** (m)	[zamnestnanɛts]
mobiliário (m)	**nábytek** (m)	[na:bɪtɛk]
mesa (f)	**stůl** (m)	[stu:l]
cadeira (f)	**křeslo** (s)	[krʃɛslo]
gaveteiro (m)	**zásuvkový díl** (ž)	[za:sufkovi: di:l]
cabideiro (m) de pé	**věšák** (m)	[veʃa:k]
computador (m)	**počítač** (m)	[poʧi:taʧ]
impressora (f)	**tiskárna** (ž)	[tɪska:rna]
fax (m)	**fax** (m)	[faks]
fotocopiadora (f)	**kopírovací přístroj** (m)	[kopi:rovatsi: prʃi:stroj]
papel (m)	**papír** (m)	[papi:r]
artigos (m pl) de escritório	**kancelářské potřeby** (ž mn)	[kantsɛlarʃskɛ: potrʃɛbɪ]
tapete (m) para mouse	**podložka** (ž) **pro myš**	[podloʃka pro mɪʃ]
folha (f)	**list** (m)	[lɪst]
pasta (f)	**fascikl** (m)	[fastsɪkl]
catálogo (m)	**katalog** (m)	[katalok]
lista (f) telefônica	**příručka** (ž)	[prʃi:ruʧka]
documentação (f)	**dokumentace** (ž)	[dokumɛntatsɛ]
brochura (f)	**brožura** (ž)	[broʒura]
panfleto (m)	**leták** (m)	[lɛta:k]
amostra (f)	**vzor** (m)	[vzor]
formação (f)	**trénink** (m)	[trɛ:nɪŋk]
reunião (f)	**porada** (ž)	[porada]
hora (f) de almoço	**polední přestávka** (ž)	[polɛdni: prʃɛsta:fka]
fazer uma cópia	**dělat kopii**	[delat kopɪjɪ]
tirar cópias	**rozmnožit**	[rozmnoʒɪt]
receber um fax	**přijímat fax**	[prʃɪji:mat faks]
enviar um fax	**odesílat fax**	[odɛsi:lat faks]
fazer uma chamada	**zavolat**	[zavolat]

responder (vt)	**odpovědět**	[otpovedet]
passar (vt)	**spojit**	[spojɪt]
marcar (vt)	**stanovovat**	[stanovovat]
demonstrar (vt)	**demonstrovat**	[dɛmonstrovat]
estar ausente	**být nepřítomen**	[bi:t nɛpr∫i:tomɛn]
ausência (f)	**absence** (ž)	[apsɛntsɛ]

104. Processos negociais. Parte 1

ocupação (f)	**práce** (ž)	[pra:tsɛ]
firma, empresa (f)	**firma** (ž)	[fɪrma]
companhia (f)	**společnost** (ž)	[spolɛt∫nost]
corporação (f)	**korporace** (ž)	[korporatsɛ]
empresa (f)	**podnik** (m)	[podnɪk]
agência (f)	**agentura** (ž)	[agɛntura]
acordo (documento)	**smlouva** (ž)	[smlouva]
contrato (m)	**kontrakt** (m)	[kontrakt]
acordo (transação)	**obchod** (m)	[obxot]
pedido (m)	**objednávka** (ž)	[objɛdna:fka]
termos (m pl)	**podmínka** (ž)	[podmi:ŋka]
por atacado	**ve velkém**	[vɛ vɛlkɛ:m]
por atacado (adj)	**velkoobchodní**	[vɛlkoobxodni:]
venda (f) por atacado	**prodej** (m) **ve velkém**	[prodɛj vɛ vɛlkɛ:m]
a varejo	**maloobchodní**	[maloobxodni:]
venda (f) a varejo	**prodej** (m) **v drobném**	[prodɛj v drobnɛ:m]
concorrente (m)	**konkurent** (m)	[koŋkurɛnt]
concorrência (f)	**konkurence** (ž)	[koŋkurɛntsɛ]
competir (vi)	**konkurovat**	[koŋkurovat]
sócio (m)	**partner** (m)	[partnɛr]
parceria (f)	**partnerství** (s)	[partnɛrstvi:]
crise (f)	**krize** (ž)	[krɪzɛ]
falência (f)	**bankrot** (m)	[baŋkrot]
entrar em falência	**zbankrotovat**	[zbaŋkrotovat]
dificuldade (f)	**potíž** (ž)	[poti:∫]
problema (m)	**problém** (m)	[problɛ:m]
catástrofe (f)	**katastrofa** (ž)	[katastrofa]
economia (f)	**ekonomika** (ž)	[ɛkonomɪka]
econômico (adj)	**ekonomický**	[ɛkonomɪtski:]
recessão (f) econômica	**hospodářský pokles** (m)	[hospoda:r∫ski: poklɛs]
objetivo (m)	**cíl** (m)	[tsi:l]
tarefa (f)	**úkol** (m)	[u:kol]
comerciar (vi, vt)	**obchodovat**	[obxodovat]
rede (de distribuição)	**síť** (ž)	[si:tʲ]
estoque (m)	**sklad** (m)	[sklat]
sortimento (m)	**sortiment** (m)	[sortɪmɛnt]

líder (m)	**předák** (m)	[prʃɛda:k]
grande (~ empresa)	**velký**	[vɛlki:]
monopólio (m)	**monopol** (m)	[monopol]
teoria (f)	**teorie** (ž)	[tɛorɪe]
prática (f)	**praxe** (ž)	[praksɛ]
experiência (f)	**zkušenost** (ž)	[skuʃɛnost]
tendência (f)	**tendence** (ž)	[tɛndɛntsɛ]
desenvolvimento (m)	**rozvoj** (m)	[rozvoj]

105. Processos negociais. Parte 2

rentabilidade (f)	**výhoda** (ž)	[vi:hoda]
rentável (adj)	**výhodný**	[vi:hodni:]
delegação (f)	**delegace** (ž)	[dɛlɛgatsɛ]
salário, ordenado (m)	**mzda** (ž)	[mzda]
corrigir (~ um erro)	**opravovat**	[opravovat]
viagem (f) de negócios	**služební cesta** (ž)	[sluʒebni: tsɛsta]
comissão (f)	**komise** (ž)	[komɪsɛ]
controlar (vt)	**kontrolovat**	[kontrolovat]
conferência (f)	**konference** (ž)	[konfɛrɛntsɛ]
licença (f)	**licence** (ž)	[lɪtsɛntsɛ]
confiável (adj)	**spolehlivý**	[spolɛhlɪvi:]
empreendimento (m)	**iniciativa** (ž)	[ɪnɪtsɪatɪva]
norma (f)	**norma** (ž)	[norma]
circunstância (f)	**okolnost** (ž)	[okolnost]
dever (do empregado)	**povinnost** (ž)	[povɪnnost]
empresa (f)	**organizace** (ž)	[organɪzatsɛ]
organização (f)	**organizace** (ž)	[organɪzatsɛ]
organizado (adj)	**organizovaný**	[organɪzovani:]
anulação (f)	**zrušení** (s)	[zruʃɛni:]
anular, cancelar (vt)	**zrušit**	[zruʃɪt]
relatório (m)	**zpráva** (ž)	[spra:va]
patente (f)	**patent** (m)	[patɛnt]
patentear (vt)	**patentovat**	[patɛntovat]
planejar (vt)	**plánovat**	[pla:novat]
bônus (m)	**prémie** (ž)	[prɛ:mɪe]
profissional (adj)	**profesionální**	[profɛsɪona:lni:]
procedimento (m)	**procedura** (ž)	[protsɛdura]
examinar (~ a questão)	**projednat**	[projɛdnat]
cálculo (m)	**výpočet** (m)	[vi:potʃɛt]
reputação (f)	**reputace** (ž)	[rɛputatsɛ]
risco (m)	**riziko** (s)	[rɪzɪko]
dirigir (~ uma empresa)	**řídit**	[rʒi:dɪt]
informação (f)	**údaje** (m mn)	[u:dajɛ]
propriedade (f)	**vlastnictví** (s)	[vlastnɪtstvi:]

união (f)	**unie** (ž)	[unɪe]
seguro (m) de vida	**pojištění** (s) **života**	[pojɪʃteni: ʒɪvota]
fazer um seguro	**pojišťovat**	[pojɪʃtʲovat]
seguro (m)	**pojistka** (ž)	[pojɪstka]
leilão (m)	**dražba** (ž)	[draʒba]
notificar (vt)	**uvědomit**	[uvedomɪt]
gestão (f)	**řízení** (s)	[rʒi:zɛni:]
serviço (indústria de ~s)	**služba** (ž)	[sluʒba]
fórum (m)	**fórum** (s)	[fo:rum]
funcionar (vi)	**fungovat**	[fungovat]
estágio (m)	**etapa** (ž)	[ɛtapa]
jurídico, legal (adj)	**právnický**	[pra:vnɪt͡ski:]
advogado (m)	**právník** (m)	[pra:vni:k]

106. Produção. Trabalhos

usina (f)	**závod** (m)	[za:vot]
fábrica (f)	**továrna** (ž)	[tova:rna]
oficina (f)	**dílna** (ž)	[di:lna]
local (m) de produção	**podnik** (m)	[podnɪk]
indústria (f)	**průmysl** (m)	[pru:mɪsl]
industrial (adj)	**průmyslový**	[pru:mɪslovi:]
indústria (f) pesada	**těžký průmysl** (m)	[teʃki: pru:mɪsl]
indústria (f) ligeira	**lehký průmysl** (m)	[lɛhki: pru:mɪsl]
produção (f)	**výroba** (ž)	[vi:roba]
produzir (vt)	**vyrábět**	[vɪra:bet]
matérias-primas (f pl)	**surovina** (ž)	[surovɪna]
chefe (m) de obras	**četař** (m)	[t͡ʃɛtarʃ]
equipe (f)	**brigáda** (ž)	[brɪga:da]
operário (m)	**dělník** (m)	[delni:k]
dia (m) de trabalho	**pracovní den** (m)	[prat͡sovni: dɛn]
intervalo (m)	**přestávka** (ž)	[prʃɛsta:fka]
reunião (f)	**schůze** (ž)	[sxu:zɛ]
discutir (vt)	**projednávat**	[projɛdna:vat]
plano (m)	**plán** (m)	[pla:n]
cumprir o plano	**plnit plán**	[plnɪt pla:n]
taxa (f) de produção	**norma** (ž)	[norma]
qualidade (f)	**kvalita** (ž)	[kvalɪta]
controle (m)	**kontrola** (ž)	[kontrola]
controle (m) da qualidade	**kontrola** (ž) **kvality**	[kontrola kvalɪtɪ]
segurança (f) no trabalho	**bezpečnost** (ž) **práce**	[bɛzpɛt͡ʃnost pra:t͡sɛ]
disciplina (f)	**kázeň** (ž)	[ka:zɛnʲ]
infração (f)	**přestupek** (m)	[prʃɛstupɛk]
violar (as regras)	**nedodržovat**	[nɛdodrʒovat]
greve (f)	**stávka** (ž)	[sta:fka]
grevista (m)	**stávkující** (m)	[sta:fkuji:t͡si:]

estar em greve **stávkovat** [sta:fkovat]
sindicato (m) **odbory** (m) [odborɪ]

inventar (vt) **vynalézat** [vɪnalɛ:zat]
invenção (f) **vynález** (m) [vɪnalɛ:z]
pesquisa (f) **výzkum** (m) [vi:skum]
melhorar (vt) **zlepšovat** [zlɛpʃovat]
tecnologia (f) **technologie** (ž) [tɛxnologɪe]
desenho (m) técnico **výkres** (m) [vi:krɛs]

carga (f) **náklad** (m) [na:klat]
carregador (m) **nakládač** (m) [nakla:datʃ]
carregar (o caminhão, etc.) **nakládat** [nakla:dat]
carregamento (m) **nakládání** (s) [nakla:da:ni:]
descarregar (vt) **vykládat** [vɪkla:dat]
descarga (f) **vykládání** (s) [vɪkla:da:ni:]

transporte (m) **doprava** (ž) [doprava]
companhia (f) de transporte **dopravní společnost** (ž) [dopravni: spolɛtʃnost]
transportar (vt) **dopravovat** [dopravovat]

vagão (m) de carga **nákladní vůz** (m) [na:kladni: vu:z]
tanque (m) **cisterna** (ž) [tsɪstɛrna]
caminhão (m) **nákladní auto** (s) [na:kladni: auto]

máquina (f) operatriz **stroj** (m) [stroj]
mecanismo (m) **mechanismus** (m) [mɛxanɪzmus]

resíduos (m pl) industriais **odpad** (m) [otpat]
embalagem (f) **balení** (s) [balɛni:]
embalar (vt) **zabalit** [zabalɪt]

107. Contrato. Acordo

contrato (m) **kontrakt** (m) [kontrakt]
acordo (m) **dohoda** (ž) [dohoda]
adendo, anexo (m) **příloha** (ž) [prʃi:loha]

assinar o contrato **uzavřít kontrakt** [uzavrʒi:t kontrakt]
assinatura (f) **podpis** (m) [potpɪs]
assinar (vt) **podepsat** [podɛpsat]
carimbo (m) **razítko** (s) [razi:tko]

objeto (m) do contrato **předmět** (m) **smlouvy** [prʃɛdmnet smlouvɪ]
cláusula (f) **bod** (m) [bot]
partes (f pl) **strany** (ž mn) [stranɪ]
domicílio (m) legal **sídlo** (s) [si:dlo]

violar o contrato **porušit kontrakt** [poruʃɪt kontrakt]
obrigação (f) **závazek** (m) [za:vazɛk]
responsabilidade (f) **odpovědnost** (ž) [otpovednost]
força (f) maior **vyšší moc** (ž) [vɪʃi: mots]
litígio (m), disputa (f) **spor** (m) [spor]
multas (f pl) **sankční pokuta** (ž) [saŋktʃni: pokuta]

108. Importação & Exportação

importação (f)	**dovoz, import** (m)	[dovoz], [ɪmport]
importador (m)	**dovozce** (m)	[dovoztsɛ]
importar (vt)	**dovážet**	[dova:ʒet]
de importação	**dovozový**	[dovozovi:]
exportador (m)	**vývozce** (m)	[vi:voztsɛ]
exportar (vt)	**vyvážet**	[vɪva:ʒet]
mercadoria (f)	**zboží** (s)	[zboʒi:]
lote (de mercadorias)	**partie** (ž)	[partɪe]
peso (m)	**váha** (ž)	[va:ha]
volume (m)	**objem** (m)	[objɛm]
metro (m) cúbico	**krychlový metr** (m)	[krɪxlovi: mɛtr]
produtor (m)	**výrobce** (m)	[vi:robtsɛ]
companhia (f) de transporte	**dopravní společnost** (ž)	[dopravni: spolɛtʃnost]
contêiner (m)	**kontejner** (m)	[kontɛjnɛr]
fronteira (f)	**hranice** (ž)	[hranɪtsɛ]
alfândega (f)	**celnice** (ž)	[tsɛlnɪtsɛ]
taxa (f) alfandegária	**clo** (s)	[tslo]
funcionário (m) da alfândega	**celník** (m)	[tsɛlni:k]
contrabando (atividade)	**pašování** (s)	[paʃova:ni:]
contrabando (produtos)	**pašované zboží** (s mn)	[paʃovanɛ: zboʒi:]

109. Finanças

ação (f)	**akcie** (ž)	[aktsɪe]
obrigação (f)	**dluhopis** (m)	[dluhopɪs]
nota (f) promissória	**směnka** (ž)	[smneŋka]
bolsa (f) de valores	**burza** (ž)	[burza]
cotação (m) das ações	**kurz** (m) **akcií**	[kurs aktsɪji:]
tornar-se mais barato	**zlevnět**	[zlɛvnet]
tornar-se mais caro	**zdražit**	[zdraʒɪt]
parte (f)	**podíl** (m)	[podi:l]
participação (f) majoritária	**kontrolní balík** (m)	[kontrolni: bali:k]
investimento (m)	**investice** (ž mn)	[ɪnvɛstɪtsɛ]
investir (vt)	**investovat**	[ɪnvɛstovat]
porcentagem (f)	**procento** (s)	[protsɛnto]
juros (m pl)	**úroky** (m mn)	[u:rokɪ]
lucro (m)	**zisk** (m)	[zɪsk]
lucrativo (adj)	**ziskový**	[zɪskovi:]
imposto (m)	**daň** (ž)	[danʲ]
divisa (f)	**měna** (ž)	[mnena]
nacional (adj)	**národní**	[na:rodni:]

câmbio (m)	**výměna** (ž)	[vi:mnena]
contador (m)	**účetní** (m, ž)	[u:ʧɛtni:]
contabilidade (f)	**účtárna** (ž)	[u:ʧta:rna]
falência (f)	**bankrot** (m)	[baŋkrot]
falência, quebra (f)	**krach** (m)	[krax]
ruína (f)	**bankrot** (m)	[baŋkrot]
estar quebrado	**zkrachovat**	[skraxovat]
inflação (f)	**inflace** (ž)	[ɪnflaʦɛ]
desvalorização (f)	**devalvace** (ž)	[dɛvalvaʦɛ]
capital (m)	**kapitál** (m)	[kapɪta:l]
rendimento (m)	**příjem** (m)	[prʃi:jɛm]
volume (m) de negócios	**obrat** (m)	[obrat]
recursos (m pl)	**zdroje** (m mn)	[zdrojɛ]
recursos (m pl) financeiros	**peněžní prostředky** (m mn)	[pɛneʒni: prostrʃɛtkɪ]
reduzir (vt)	**snížit**	[sni:ʒɪt]

110. Marketing

marketing (m)	**marketing** (m)	[markɛtɪŋk]
mercado (m)	**trh** (m)	[trx]
segmento (m) do mercado	**segment** (m) **trhu**	[sɛgmɛnt trhu]
produto (m)	**produkt** (m)	[produkt]
mercadoria (f)	**zboží** (s)	[zboʒi:]
marca (f)	**obchodní značka** (ž)	[obxodni: znaʧka]
logotipo (m)	**firemní značka** (ž)	[fɪrɛmni: znaʧka]
logo (m)	**logo** (s)	[logo]
demanda (f)	**poptávka** (ž)	[popta:fka]
oferta (f)	**nabídka** (ž)	[nabi:tka]
necessidade (f)	**potřeba** (ž)	[potrʃɛba]
consumidor (m)	**spotřebitel** (m)	[spotrʃɛbɪtɛl]
análise (f)	**analýza** (ž)	[anali:za]
analisar (vt)	**analyzovat**	[analɪzovat]
posicionamento (m)	**určování** (s) **pozice**	[urʧova:ni: pozɪʦɛ]
posicionar (vt)	**určovat pozici**	[urʧovat pozɪʦɪ]
preço (m)	**cena** (ž)	[ʦɛna]
política (f) de preços	**cenová politika** (ž)	[ʦɛnova: polɪtɪka]
formação (f) de preços	**tvorba** (ž) **cen**	[tvorba ʦɛn]

111. Publicidade

publicidade (f)	**reklama** (ž)	[rɛklama]
fazer publicidade	**dělat reklamu**	[delat rɛklamu]
orçamento (m)	**rozpočet** (m)	[rozpoʧɛt]
anúncio (m)	**reklama** (ž)	[rɛklama]
publicidade (f) na TV	**televizní reklama** (ž)	[tɛlɛvɪzni: rɛklama]

publicidade (f) na rádio	**rozhlasová reklama** (ž)	[rozhlasova: rɛklama]
publicidade (f) exterior	**venkovní reklama** (ž)	[vɛŋkovni: rɛklama]
comunicação (f) de massa	**média** (s mn)	[mɛ:dɪa]
periódico (m)	**periodikum** (s)	[pɛrɪodɪkum]
imagem (f)	**image** (ž)	[ɪmɪdʒ]
slogan (m)	**heslo** (s)	[hɛslo]
mote (m), lema (f)	**heslo** (s)	[hɛslo]
campanha (f)	**kampaň** (ž)	[kampanʲ]
campanha (f) publicitária	**reklamní kampaň** (ž)	[rɛklamni: kampanʲ]
grupo (m) alvo	**cílové posluchačstvo** (s)	[ʦi:lovɛ: posluxaʧstvo]
cartão (m) de visita	**vizitka** (ž)	[vɪzɪtka]
panfleto (m)	**leták** (m)	[lɛta:k]
brochura (f)	**brožura** (ž)	[broʒura]
folheto (m)	**skládanka** (ž)	[skla:daŋka]
boletim (~ informativo)	**bulletin** (m)	[bɪltɛ:n]
letreiro (m)	**reklamní tabule** (ž)	[rɛklamni: tabulɛ]
cartaz, pôster (m)	**plakát** (m)	[plaka:t]
painel (m) publicitário	**billboard** (m)	[bɪlbo:rt]

112. Banca

banco (m)	**banka** (ž)	[baŋka]
balcão (f)	**pobočka** (ž)	[poboʧka]
consultor (m) bancário	**konzultant** (m)	[konzultant]
gerente (m)	**správce** (m)	[spra:vʦɛ]
conta (f)	**účet** (m)	[u:ʧɛt]
número (m) da conta	**číslo** (s) **účtu**	[ʧi:slo u:ʧtu]
conta (f) corrente	**běžný účet** (m)	[beʒni: u:ʧɛt]
conta (f) poupança	**spořitelní účet** (m)	[sporʒɪtɛlni: u:ʧɛt]
abrir uma conta	**založit účet**	[zaloʒɪt u:ʧɛt]
fechar uma conta	**uzavřít účet**	[uzavrʒi:t u:ʧɛt]
depositar na conta	**uložit na účet**	[uloʒɪt na u:ʧɛt]
sacar (vt)	**vybrat z účtu**	[vɪbrat s u:ʧtu]
depósito (m)	**vklad** (m)	[fklat]
fazer um depósito	**uložit vklad**	[uloʒɪt fklat]
transferência (f) bancária	**převod** (m)	[prʃɛvot]
transferir (vt)	**převést**	[prʃɛvɛ:st]
soma (f)	**částka** (ž)	[ʧa:stka]
Quanto?	**Kolik?**	[kolɪk]
assinatura (f)	**podpis** (m)	[potpɪs]
assinar (vt)	**podepsat**	[podɛpsat]
cartão (m) de crédito	**kreditní karta** (ž)	[krɛdɪtni: karta]
senha (f)	**kód** (m)	[ko:t]

número (m) do cartão de crédito	**číslo** (s) **kreditní karty**	[ʧi:slo krɛdɪtni: kartɪ]
caixa (m) eletrônico	**bankomat** (m)	[baŋkomat]
cheque (m)	**šek** (m)	[ʃɛk]
passar um cheque	**vystavit šek**	[vɪstavɪt ʃɛk]
talão (m) de cheques	**šeková knížka** (ž)	[ʃɛkova: kni:ʃka]
empréstimo (m)	**úvěr** (m)	[u:ver]
pedir um empréstimo	**žádat o úvěr**	[ʒa:dat o u:ver]
obter empréstimo	**brát na úvěr**	[bra:t na u:ver]
dar um empréstimo	**poskytovat úvěr**	[poskɪtovat u:ver]
garantia (f)	**kauce** (ž)	[kauʦɛ]

113. Telefone. Conversação telefônica

telefone (m)	**telefon** (m)	[tɛlɛfon]
celular (m)	**mobilní telefon** (m)	[mobɪlni: tɛlɛfon]
secretária (f) eletrônica	**záznamník** (m)	[za:znamni:k]
fazer uma chamada	**volat**	[volat]
chamada (f)	**hovor** (m), **volání** (s)	[hovor], [vola:ni:]
discar um número	**vytočit číslo**	[vɪtoʧɪt ʧi:slo]
Alô!	**Prosím!**	[prosi:m]
perguntar (vt)	**zeptat se**	[zɛptat sɛ]
responder (vt)	**odpovědět**	[otpovedet]
ouvir (vt)	**slyšet**	[slɪʃɛt]
bem	**dobře**	[dobrʒɛ]
mal	**špatně**	[ʃpatne]
ruído (m)	**poruchy** (ž mn)	[poruxɪ]
fone (m)	**sluchátko** (s)	[sluxa:tko]
pegar o telefone	**vzít sluchátko**	[vzi:t sluxa:tko]
desligar (vi)	**zavěsit sluchátko**	[zavesɪt sluxa:tko]
ocupado (adj)	**obsazeno**	[opsazɛno]
tocar (vi)	**zvonit**	[zvonɪt]
lista (f) telefônica	**telefonní seznam** (m)	[tɛlɛfonni: sɛznam]
local (adj)	**místní**	[mi:stni:]
de longa distância	**dálkový**	[da:lkovi:]
internacional (adj)	**mezinárodní**	[mɛzɪna:rodni:]

114. Telefone móvel

celular (m)	**mobilní telefon** (m)	[mobɪlni: tɛlɛfon]
tela (f)	**displej** (m)	[dɪsplɛj]
botão (m)	**tlačítko** (s)	[tlaʧi:tko]
cartão SIM (m)	**SIM karta** (ž)	[sɪm karta]
bateria (f)	**baterie** (ž)	[batɛrɪe]

descarregar-se (vr)	**vybít se**	[vɪbi:t sɛ]
carregador (m)	**nabíječka** (ž)	[nabi:jɛʧka]
menu (m)	**nabídka** (ž)	[nabi:tka]
configurações (f pl)	**nastavení** (s)	[nastavɛni:]
melodia (f)	**melodie** (ž)	[mɛlodɪe]
escolher (vt)	**vybrat**	[vɪbrat]
calculadora (f)	**kalkulačka** (ž)	[kalkulaʧka]
correio (m) de voz	**hlasová schránka** (ž)	[hlasova: sxra:ŋka]
despertador (m)	**budík** (m)	[budi:k]
contatos (m pl)	**telefonní seznam** (m)	[tɛlɛfonni: sɛznam]
mensagem (f) de texto	**SMS zpráva** (ž)	[ɛsɛmɛs spra:va]
assinante (m)	**účastník** (m)	[u:ʧastni:k]

115. Estacionário

caneta (f)	**pero** (s)	[pɛro]
caneta (f) tinteiro	**plnicí pero** (s)	[plnɪʦi: pɛro]
lápis (m)	**tužka** (ž)	[tuʃka]
marcador (m) de texto	**značkovač** (m)	[znaʧkovaʧ]
caneta (f) hidrográfica	**fix** (m)	[fɪks]
bloco (m) de notas	**notes** (m)	[notɛs]
agenda (f)	**diář** (m)	[dɪa:rʃ]
régua (f)	**pravítko** (s)	[pravi:tko]
calculadora (f)	**kalkulačka** (ž)	[kalkulaʧka]
borracha (f)	**guma** (ž)	[guma]
alfinete (m)	**napínáček** (m)	[napi:na:ʧɛk]
clipe (m)	**svorka** (ž)	[svorka]
cola (f)	**lepidlo** (s)	[lɛpɪdlo]
grampeador (m)	**sešívačka** (ž)	[sɛʃi:vaʧka]
furador (m) de papel	**dírkovačka** (ž)	[di:rkovaʧka]
apontador (m)	**ořezávátko** (s)	[orʒɛza:va:tko]

116. Vários tipos de documentos

relatório (m)	**zpráva** (ž)	[spra:va]
acordo (m)	**dohoda** (ž)	[dohoda]
ficha (f) de inscrição	**přihláška** (ž)	[prʃɪhla:ʃka]
autêntico (adj)	**původní**	[pu:vodni:]
crachá (m)	**jmenovka** (ž)	[jmɛnofka]
cartão (m) de visita	**vizitka** (ž)	[vɪzɪtka]
certificado (m)	**certifikát** (m)	[ʦɛrtɪfɪka:t]
cheque (m)	**šek** (m)	[ʃɛk]
conta (f)	**účet** (m)	[u:ʧɛt]
constituição (f)	**ústava** (ž)	[u:stava]

contrato (m)	**smlouva** (ž)	[smlouva]
cópia (f)	**kopie** (ž)	[kopɪe]
exemplar (~ assinado)	**výtisk** (m)	[vi:tɪsk]
declaração (f) alfandegária	**prohlášení** (s)	[prohla:ʃɛni:]
documento (m)	**dokument** (m)	[dokumɛnt]
carteira (f) de motorista	**řidičský průkaz** (m)	[rʒɪdɪʧski: pru:kaz]
adendo, anexo (m)	**příloha** (ž)	[prʃi:loha]
questionário (m)	**anketa** (ž)	[aŋkɛta]
carteira (f) de identidade	**průkaz** (m)	[pru:kaz]
inquérito (m)	**dotaz** (m)	[dotaz]
convite (m)	**pozvánka** (ž)	[pozva:ŋka]
fatura (f)	**účet** (m)	[u:ʧɛt]
lei (f)	**zákon** (m)	[za:kon]
carta (correio)	**dopis** (m)	[dopɪs]
papel (m) timbrado	**blanket** (m)	[blaŋkɛt]
lista (f)	**seznam** (m)	[sɛznam]
manuscrito (m)	**rukopis** (m)	[rukopɪs]
boletim (~ informativo)	**bulletin** (m)	[bɪltɛ:n]
bilhete (mensagem breve)	**zpráva** (ž)	[spra:va]
passe (m)	**propustka** (ž)	[propustka]
passaporte (m)	**pas** (m)	[pas]
permissão (f)	**povolení** (s)	[povolɛni:]
currículo (m)	**resumé** (s)	[rɛzimɛ:]
nota (f) promissória	**dlužní úpis** (m)	[dluʒnɪ u:pɪs]
recibo (m)	**stvrzenka** (ž)	[stvrzɛŋka]
talão (f)	**stvrzenka** (ž)	[stvrzɛŋka]
relatório (m)	**hlášení** (s)	[hla:ʃɛni:]
mostrar (vt)	**předkládat**	[prʃɛtkla:dat]
assinar (vt)	**podepsat**	[podɛpsat]
assinatura (f)	**podpis** (m)	[potpɪs]
carimbo (m)	**razítko** (s)	[razi:tko]
texto (m)	**text** (m)	[tɛkst]
ingresso (m)	**průkaz** (m)	[pru:kaz]
riscar (vt)	**škrtnout**	[ʃkrtnout]
preencher (vt)	**vyplnit**	[vɪplnɪt]
carta (f) de porte	**dodací líst** (m)	[dodaʦi: li:st]
testamento (m)	**testament** (m)	[tɛstamɛnt]

117. Tipos de negócios

serviços (m pl) de contabilidade	**účetnické služby** (ž mn)	[u:ʧɛtnɪʦkɛ: sluʒbɪ]
publicidade (f)	**reklama** (ž)	[rɛklama]
agência (f) de publicidade	**reklamní agentura** (ž)	[rɛklamni: agɛntura]
ar (m) condicionado	**klimatizátory** (m mn)	[klɪmatɪza:torɪ]
companhia (f) aérea	**letecká společnost** (ž)	[lɛtɛʦka: spolɛʧnost]
bebidas (f pl) alcoólicas	**alkoholické nápoje** (m mn)	[alkoholɪʦkɛ: na:pojɛ]

comércio (m) de antiguidades	**starožitnictví** (s)	[starozɪtnɪtstvi:]
galeria (f) de arte	**galerie** (ž)	[galɛrɪe]
serviços (m pl) de auditoria	**auditorské služby** (ž mn)	[audɪtorskɛ: sluʒbɪ]
negócios (m pl) bancários	**bankovnictví** (s)	[baŋkovnɪtstvi:]
bar (m)	**bar** (m)	[bar]
salão (m) de beleza	**kosmetický salón** (m)	[kosmɛtɪtski: salo:n]
livraria (f)	**knihkupectví** (s)	[knɪxkupɛtstvi:]
cervejaria (f)	**pivovar** (m)	[pɪvovar]
centro (m) de escritórios	**obchodní centrum** (s)	[obxodni: tsɛntrum]
escola (f) de negócios	**obchodní škola** (ž)	[obxodni: ʃkola]
cassino (m)	**kasino** (s)	[kasi:no]
construção (f)	**stavebnictví** (s)	[stavɛbnɪtstvi:]
consultoria (f)	**poradenství** (s)	[poradɛnstvi:]
clínica (f) dentária	**stomatologie** (ž)	[stomatologɪe]
design (m)	**design** (m)	[dɪzajn]
drogaria (f)	**lékárna** (ž)	[lɛ:ka:rna]
lavanderia (f)	**čistírna** (ž)	[tʃɪsti:rna]
agência (f) de emprego	**kádrová kancelář** (ž)	[ka:drova: kantsɛla:rʃ]
serviços (m pl) financeiros	**finanční služby** (ž mn)	[fɪnantʃni: sluʒbɪ]
alimentos (m pl)	**potraviny** (ž mn)	[potravɪnɪ]
funerária (f)	**pohřební ústav** (m)	[pohrʒɛbni: u:staf]
mobiliário (m)	**nábytek** (m)	[na:bɪtɛk]
roupa (f)	**oblečení** (s)	[oblɛtʃɛni:]
hotel (m)	**hotel** (m)	[hotɛl]
sorvete (m)	**zmrzlina** (ž)	[zmrzlɪna]
indústria (f)	**průmysl** (m)	[pru:mɪsl]
seguro (~ de vida, etc.)	**pojištění** (s)	[pojɪʃteni:]
internet (f)	**internet** (m)	[ɪntɛrnɛt]
investimento (m)	**investice** (ž mn)	[ɪnvɛstɪtsɛ]
joalheiro (m)	**klenotník** (m)	[klɛnotni:k]
joias (f pl)	**klenotnické výrobky** (m mn)	[klɛnotnɪtskɛ: vi:ropkɪ]
lavanderia (f)	**prádelna** (ž)	[pra:dɛlna]
assessorias (f pl) jurídicas	**právnické služby** (ž mn)	[pra:vnɪtskɛ: sluʒbɪ]
indústria (f) ligeira	**lehký průmysl** (m)	[lɛhki: pru:mɪsl]
revista (f)	**časopis** (m)	[tʃasopɪs]
vendas (f pl) por catálogo	**prodej** (m) **podle katalogu**	[prodɛj podlɛ katalogu]
medicina (f)	**lékařství** (s)	[lɛ:karʃstvi:]
cinema (m)	**biograf** (m)	[bɪograf]
museu (m)	**muzeum** (s)	[muzɛum]
agência (f) de notícias	**zpravodajská agentura** (ž)	[spravodajska: agɛntura]
jornal (m)	**noviny** (ž mn)	[novɪnɪ]
boate (casa noturna)	**noční klub** (m)	[notʃni: klup]
petróleo (m)	**ropa** (ž)	[ropa]
serviços (m pl) de remessa	**kurýrská služba** (ž)	[kuri:rska: sluʒba]
indústria (f) farmacêutica	**farmacie** (ž)	[farmatsɪe]
tipografia (f)	**polygrafie** (ž)	[polɪgrafɪe]
editora (f)	**nakladatelství** (s)	[nakladatɛlstvi:]

rádio (m)	**rozhlas** (m)	[rozhlas]
imobiliário (m)	**nemovitost** (ž)	[nɛmovɪtost]
restaurante (m)	**restaurace** (ž)	[rɛstauraʦɛ]
empresa (f) de segurança	**bezpečnostní agentura** (ž)	[bɛzpɛʧnostni: agɛntura]
esporte (m)	**sport** (m)	[sport]
bolsa (f) de valores	**burza** (ž)	[burza]
loja (f)	**obchod** (m)	[obxot]
supermercado (m)	**supermarket** (m)	[supɛrmarket]
piscina (f)	**bazén** (m)	[bazɛ:n]
alfaiataria (f)	**módní salón** (m)	[mo:dni: salo:n]
televisão (f)	**televize** (ž)	[tɛlɛvɪzɛ]
teatro (m)	**divadlo** (s)	[dɪvadlo]
comércio (m)	**obchod** (m)	[obxot]
serviços (m pl) de transporte	**přeprava** (ž)	[prʃɛprava]
viagens (f pl)	**cestovní ruch** (m)	[ʦɛstovni: rux]
veterinário (m)	**zvěrolékař** (m)	[zverolɛ:karʃ]
armazém (m)	**sklad** (m)	[sklat]
recolha (f) do lixo	**vyvážení** (s) **odpadků**	[vɪva:ʒeni: otpatku:]

Emprego. Negócios. Parte 2

118. Espetáculo. Feira

feira, exposição (f)	**výstava** (ž)	[vi:stava]
feira (f) comercial	**obchodní výstava** (ž)	[obxodni: vi:stava]
participação (f)	**účast** (ž)	[u:ʧast]
participar (vi)	**zúčastnit se**	[zu:ʧastnɪt sɛ]
participante (m)	**účastník** (m)	[u:ʧastni:k]
diretor (m)	**ředitel** (m)	[rʒɛdɪtɛl]
direção (f)	**organizační výbor** (m)	[organɪzaʧni: vi:bor]
organizador (m)	**organizátor** (m)	[organɪza:tor]
organizar (vt)	**organizovat**	[organɪzovat]
ficha (f) de inscrição	**přihláška** (ž) **k účasti**	[prʃɪhla:ʃka k u:ʧastɪ]
preencher (vt)	**vyplnit**	[vɪplnɪt]
detalhes (m pl)	**podrobnosti** (ž mn)	[podrobnostɪ]
informação (f)	**informace** (ž)	[ɪnformaʦɛ]
preço (m)	**cena** (ž)	[ʦɛna]
incluindo	**včetně**	[vʧɛtne]
incluir (vt)	**zahrnovat**	[zahrnovat]
pagar (vt)	**platit**	[platɪt]
taxa (f) de inscrição	**registrační poplatek** (m)	[rɛgɪstraʧni: poplatɛk]
entrada (f)	**vchod** (m)	[vxot]
pavilhão (m), salão (f)	**pavilón** (m)	[pavɪlo:n]
inscrever (vt)	**registrovat**	[rɛgɪstrovat]
crachá (m)	**jmenovka** (ž)	[jmɛnofka]
stand (m)	**stánek** (m)	[sta:nɛk]
reservar (vt)	**rezervovat**	[rɛzɛrvovat]
vitrine (f)	**vitrina** (ž)	[vɪtrɪna]
lâmpada (f)	**svítidlo** (s)	[svi:tɪdlo]
design (m)	**design** (m)	[dɪzajn]
pôr (posicionar)	**rozmisťovat**	[rozmɪstʲovat]
distribuidor (m)	**distributor** (m)	[dɪstrɪbutor]
fornecedor (m)	**dodavatel** (m)	[dodavatɛl]
país (m)	**země** (ž)	[zɛmnɛ]
estrangeiro (adj)	**zahraniční**	[zahranɪʧni:]
produto (m)	**produkt** (m)	[produkt]
associação (f)	**asociace** (ž)	[asoʦɪaʦɛ]
sala (f) de conferência	**konferenční sál** (m)	[konfɛrɛnʧni: sa:l]
congresso (m)	**kongres** (m)	[kongrɛs]

concurso (m)	**soutěž** (ž)	[souteʃ]
visitante (m)	**návštěvník** (m)	[na:vʃtevni:k]
visitar (vt)	**navštěvovat**	[navʃtevovat]
cliente (m)	**zákazník** (m)	[za:kazni:k]

119. Media

jornal (m)	**noviny** (ž mn)	[novɪnɪ]
revista (f)	**časopis** (m)	[ʧasopɪs]
imprensa (f)	**tisk** (m)	[tɪsk]
rádio (m)	**rozhlas** (m)	[rozhlas]
estação (f) de rádio	**rozhlasová stanice** (ž)	[rozhlasova: stanɪʦɛ]
televisão (f)	**televize** (ž)	[tɛlɛvɪzɛ]
apresentador (m)	**moderátor** (m)	[modɛra:tor]
locutor (m)	**hlasatel** (m)	[hlasatɛl]
comentarista (m)	**komentátor** (m)	[komɛnta:tor]
jornalista (m)	**novinář** (m)	[novɪna:rʃ]
correspondente (m)	**zpravodaj** (m)	[spravodaj]
repórter (m) fotográfico	**fotožurnalista** (m)	[fotoʒurnalɪsta]
repórter (m)	**reportér** (m)	[rɛportɛ:r]
redator (m)	**redaktor** (m)	[rɛdaktor]
redator-chefe (m)	**šéfredaktor** (m)	[ʃɛ:frɛdaktor]
assinar a ...	**předplatit si**	[prʃɛtplatɪt sɪ]
assinatura (f)	**předplacení** (s)	[prʃɛtplaʦɛni:]
assinante (m)	**předplatitel** (m)	[prʃɛtplatɪtɛl]
ler (vt)	**číst**	[ʧi:st]
leitor (m)	**čtenář** (m)	[ʧtɛna:rʃ]
tiragem (f)	**náklad** (m)	[na:klat]
mensal (adj)	**měsíční**	[mnesi:ʧni:]
semanal (adj)	**týdenní**	[ti:dɛnni:]
número (jornal, revista)	**číslo** (s)	[ʧi:slo]
recente, novo (adj)	**čerstvý**	[ʧɛrstvi:]
manchete (f)	**titulek** (m)	[tɪtulɛk]
pequeno artigo (m)	**noticka** (ž)	[notɪʦka]
coluna (~ semanal)	**rubrika** (ž)	[rubrɪka]
artigo (m)	**článek** (m)	[ʧla:nɛk]
página (f)	**stránka** (ž)	[stra:ŋka]
reportagem (f)	**reportáž** (ž)	[rɛporta:ʃ]
evento (festa, etc.)	**událost** (ž)	[uda:lost]
sensação (f)	**senzace** (ž)	[sɛnzaʦɛ]
escândalo (m)	**skandál** (m)	[skanda:l]
escandaloso (adj)	**skandální**	[skanda:lni:]
grande (adj)	**halasný**	[halasni:]
programa (m)	**pořad** (m)	[porʒat]
entrevista (f)	**rozhovor** (m)	[rozhovor]
transmissão (f) ao vivo	**přímý přenos** (m)	[prʃi:mi: prʃɛnos]
canal (m)	**kanál** (m)	[kana:l]

120. Agricultura

agricultura (f)	**zemědělství** (s)	[zɛmnedelstvi:]
camponês (m)	**rolník** (m)	[rolni:k]
camponesa (f)	**rolnice** (ž)	[rolnɪʦɛ]
agricultor, fazendeiro (m)	**farmář** (m)	[farma:rʃ]
trator (m)	**traktor** (m)	[traktor]
colheitadeira (f)	**kombajn** (m)	[kombajn]
arado (m)	**pluh** (m)	[plux]
arar (vt)	**orat**	[orat]
campo (m) lavrado	**ornice** (ž)	[ornɪʦɛ]
sulco (m)	**brázda** (ž)	[bra:zda]
semear (vt)	**sít**	[si:t]
plantadeira (f)	**sečka** (ž)	[sɛʧka]
semeadura (f)	**setí** (s)	[sɛti:]
foice (m)	**kosa** (ž)	[kosa]
cortar com foice	**kosit**	[kosɪt]
pá (f)	**lopata** (ž)	[lopata]
cavar (vt)	**rýt**	[ri:t]
enxada (f)	**motyka** (ž)	[motɪka]
capinar (vt)	**plít**	[pli:t]
erva (f) daninha	**plevel** (m)	[plɛvɛl]
regador (m)	**konev** (ž)	[konɛf]
regar (plantas)	**zalévat**	[zalɛ:vat]
rega (f)	**zalévání** (s)	[zalɛ:va:ni:]
forquilha (f)	**vidle** (ž mn)	[vɪdlɛ]
ancinho (m)	**hrábě** (ž mn)	[hra:be]
fertilizante (m)	**hnojivo** (s)	[hnojɪvo]
fertilizar (vt)	**hnojit**	[hnojɪt]
estrume, esterco (m)	**hnůj** (m)	[hnu:j]
campo (m)	**pole** (s)	[polɛ]
prado (m)	**louka** (ž)	[louka]
horta (f)	**zelinářská zahrada** (ž)	[zɛlɪna:rʃska: zahrada]
pomar (m)	**zahrada** (ž)	[zahrada]
pastar (vt)	**pást**	[pa:st]
pastor (m)	**pasák** (m)	[pasa:k]
pastagem (f)	**pastvina** (ž)	[pastvɪna]
pecuária (f)	**živočišná výroba** (ž)	[ʒɪvoʧɪʃna: vi:roba]
criação (f) de ovelhas	**chov** (m) **ovcí**	[xov ovʦi:]
plantação (f)	**plantáž** (ž)	[planta:ʃ]
canteiro (m)	**záhonek** (m)	[za:honɛk]
estufa (f)	**skleník** (m)	[sklɛni:k]

seca (f)	**sucho** (s)	[suxo]
seco (verão ~)	**suchý**	[suxi:]
cereais (m pl)	**obilniny** (ž mn)	[obɪlnɪnɪ]
colher (vt)	**sklízet**	[skli:zɛt]
moleiro (m)	**mlynář** (m)	[mlɪna:rʃ]
moinho (m)	**mlýn** (m)	[mli:n]
moer (vt)	**mlít obilí**	[mli:t obɪli:]
farinha (f)	**mouka** (ž)	[mouka]
palha (f)	**sláma** (ž)	[sla:ma]

121. Construção. Processo de construção

canteiro (m) de obras	**staveniště** (s)	[stavɛnɪʃte]
construir (vt)	**stavět**	[stavet]
construtor (m)	**stavitel** (m)	[stavɪtɛl]
projeto (m)	**projekt** (m)	[projɛkt]
arquiteto (m)	**architekt** (m)	[arxɪtɛkt]
operário (m)	**dělník** (m)	[delni:k]
fundação (f)	**základ** (m)	[za:klat]
telhado (m)	**střecha** (ž)	[strʃɛxa]
estaca (f)	**pilota** (ž)	[pɪlota]
parede (f)	**zeď** (ž)	[zɛtʲ]
colunas (f pl) de sustentação	**armatura** (ž)	[armatura]
andaime (m)	**lešení** (s)	[lɛʃɛni:]
concreto (m)	**beton** (m)	[bɛton]
granito (m)	**žula** (ž)	[ʒula]
pedra (f)	**kámen** (m)	[ka:mɛn]
tijolo (m)	**cihla** (ž)	[ʦɪhla]
areia (f)	**písek** (m)	[pi:sɛk]
cimento (m)	**cement** (m)	[ʦɛmɛnt]
emboço, reboco (m)	**omítka** (ž)	[omi:tka]
emboçar, rebocar (vt)	**omítat**	[omi:tat]
tinta (f)	**barva** (ž)	[barva]
pintar (vt)	**natírat**	[nati:rat]
barril (m)	**sud** (m)	[sut]
grua (f), guindaste (m)	**jeřáb** (m)	[jɛrʒa:p]
erguer (vt)	**zvedat**	[zvɛdat]
baixar (vt)	**spouštět**	[spouʃtet]
buldózer (m)	**buldozer** (m)	[buldozɛr]
escavadora (f)	**rýpadlo** (s)	[ri:padlo]
caçamba (f)	**lžíce** (ž)	[lʒi:ʦɛ]
escavar (vt)	**rýt**	[ri:t]
capacete (m) de proteção	**přilba** (ž)	[prʃɪlba]

122. Ciência. Investigação. Cientistas

ciência (f)	**věda** (ž)	[veda]
científico (adj)	**vědecký**	[vedɛtski:]
cientista (m)	**vědec** (m)	[vedɛts]
teoria (f)	**teorie** (ž)	[tɛorɪe]
axioma (m)	**axiom** (m)	[aksɪo:m]
análise (f)	**analýza** (ž)	[anali:za]
analisar (vt)	**analyzovat**	[analɪzovat]
argumento (m)	**argument** (m)	[argumɛnt]
substância (f)	**látka** (ž)	[la:tka]
hipótese (f)	**hypotéza** (ž)	[hɪpotɛ:za]
dilema (m)	**dilema** (s)	[dɪlɛma]
tese (f)	**disertace** (ž)	[dɪsɛrtatsɛ]
dogma (m)	**dogma** (s)	[dogma]
doutrina (f)	**doktrína** (ž)	[doktri:na]
pesquisa (f)	**výzkum** (m)	[vi:skum]
pesquisar (vt)	**zkoumat**	[skoumat]
testes (m pl)	**kontrola** (ž)	[kontrola]
laboratório (m)	**laboratoř** (ž)	[laboratorʃ]
método (m)	**metoda** (ž)	[mɛtoda]
molécula (f)	**molekula** (ž)	[molɛkula]
monitoramento (m)	**monitorování** (s)	[monɪtorova:ni:]
descoberta (f)	**objev** (m)	[objɛf]
postulado (m)	**postulát** (m)	[postula:t]
princípio (m)	**princip** (m)	[prɪntsɪp]
prognóstico (previsão)	**prognóza** (ž)	[progno:za]
prognosticar (vt)	**předpovídat**	[prʒɛtpovi:dat]
síntese (f)	**syntéza** (ž)	[sintɛ:za]
tendência (f)	**tendence** (ž)	[tɛndɛntsɛ]
teorema (m)	**teorém** (s)	[tɛorɛ:m]
ensinamentos (m pl)	**nauka** (ž)	[nauka]
fato (m)	**fakt** (m)	[fakt]
expedição (f)	**výprava** (ž)	[vi:prava]
experiência (f)	**experiment** (m)	[ɛkspɛrɪmɛnt]
acadêmico (m)	**akademik** (m)	[akadɛmɪk]
bacharel (m)	**bakalář** (m)	[bakala:rʃ]
doutor (m)	**doktor** (m)	[doktor]
professor (m) associado	**docent** (m)	[dotsɛnt]
mestrado (m)	**magistr** (m)	[magɪstr]
professor (m)	**profesor** (m)	[profɛsor]

Profissões e ocupações

123. Procura de emprego. Demissão

trabalho (m)	**práce** (ž)	[pra:ʦɛ]
pessoal (m)	**personál** (m)	[pɛrsona:l]
carreira (f)	**kariéra** (ž)	[karɪe:ra]
perspectivas (f pl)	**vyhlídky** (ž mn)	[vɪhli:tkɪ]
habilidades (f pl)	**dovednost** (ž)	[dovɛdnost]
seleção (f)	**výběr** (m)	[vi:ber]
agência (f) de emprego	**kádrová kancelář** (ž)	[ka:drova: kanʦɛla:rʃ]
currículo (m)	**resumé** (s)	[rɛzimɛ:]
entrevista (f) de emprego	**pohovor** (m)	[pohovor]
vaga (f)	**neobsazené místo** (s)	[nɛopsazɛnɛ: mi:sto]
salário (m)	**plat** (m), **mzda** (ž)	[plat], [mzda]
salário (m) fixo	**stálý plat** (m)	[sta:li: plat]
pagamento (m)	**platba** (ž)	[platba]
cargo (m)	**funkce** (ž)	[fuŋkʦɛ]
dever (do empregado)	**povinnost** (ž)	[povɪnnost]
gama (f) de deveres	**okruh** (m)	[okrux]
ocupado (adj)	**zaměstnaný**	[zamnestnani:]
despedir, demitir (vt)	**propustit**	[propustɪt]
demissão (f)	**propuštění** (s)	[propuʃteni:]
desemprego (m)	**nezaměstnanost** (ž)	[nɛzamnestnanost]
desempregado (m)	**nezaměstnaný** (m)	[nɛzamnestnani:]
aposentadoria (f)	**důchod** (m)	[du:xot]
aposentar-se (vr)	**odejít do důchodu**	[odɛji:t do du:xodu]

124. Gente de negócios

diretor (m)	**ředitel** (m)	[rʒɛdɪtɛl]
gerente (m)	**správce** (m)	[spra:vʦɛ]
patrão, chefe (m)	**šéf** (m)	[ʃɛ:f]
superior (m)	**vedoucí** (m)	[vɛdouʦi:]
superiores (m pl)	**vedení** (s)	[vɛdɛni:]
presidente (m)	**prezident** (m)	[prɛzɪdɛnt]
chairman (m)	**předseda** (m)	[prʃɛtsɛda]
substituto (m)	**náměstek** (m)	[na:mnestɛk]
assistente (m)	**pomocník** (m)	[pomoʦni:k]
secretário (m)	**sekretář** (m)	[sɛkrɛta:rʃ]

secretário (m) pessoal	**osobní sekretář** (m)	[osobni: sɛkrɛta:rʃ]
homem (m) de negócios	**byznysmen** (m)	[bɪznɪsmen]
empreendedor (m)	**podnikatel** (m)	[podnɪkatɛl]
fundador (m)	**zakladatel** (m)	[zakladatɛl]
fundar (vt)	**založit**	[zaloʒɪt]
principiador (m)	**zakladatel** (m)	[zakladatɛl]
parceiro, sócio (m)	**partner** (m)	[partnɛr]
acionista (m)	**akcionář** (m)	[akʦɪona:rʃ]
milionário (m)	**milionář** (m)	[mɪlɪona:rʃ]
bilionário (m)	**miliardář** (m)	[mɪlɪarda:rʃ]
proprietário (m)	**majitel** (m)	[majɪtɛl]
proprietário (m) de terras	**vlastník** (m) **půdy**	[vlastni:k pu:dɪ]
cliente (m)	**klient** (m)	[klɪent]
cliente (m) habitual	**stálý zákazník** (m)	[sta:li: za:kazni:k]
comprador (m)	**zákazník** (m)	[za:kazni:k]
visitante (m)	**návštěvník** (m)	[na:vʃtevni:k]
profissional (m)	**profesionál** (m)	[profɛsɪona:l]
perito (m)	**znalec** (m)	[znalɛʦ]
especialista (m)	**odborník** (m)	[odborni:k]
banqueiro (m)	**bankéř** (m)	[baŋkɛ:rʃ]
corretor (m)	**broker** (m)	[brokɛr]
caixa (m, f)	**pokladník** (m)	[pokladni:k]
contador (m)	**účetní** (m, ž)	[u:ʧɛtni:]
guarda (m)	**strážce** (m)	[stra:ʒʦɛ]
investidor (m)	**investor** (m)	[ɪnvɛstor]
devedor (m)	**dlužník** (m)	[dluʒni:k]
credor (m)	**věřitel** (m)	[verʒɪtɛl]
mutuário (m)	**vypůjčovatel** (m)	[vɪpu:jʧovatɛl]
importador (m)	**dovozce** (m)	[dovozʦɛ]
exportador (m)	**vývozce** (m)	[vi:vozʦɛ]
produtor (m)	**výrobce** (m)	[vi:robʦɛ]
distribuidor (m)	**distributor** (m)	[dɪstrɪbutor]
intermediário (m)	**zprostředkovatel** (m)	[sprostrʃɛtkovatɛl]
consultor (m)	**konzultant** (m)	[konzultant]
representante comercial	**zástupce** (m)	[za:stupʦɛ]
agente (m)	**agent** (m)	[agɛnt]
agente (m) de seguros	**pojišťovací agent** (m)	[pojɪʃtʲovaʦi: agɛnt]

125. Profissões de serviços

cozinheiro (m)	**kuchař** (m)	[kuxarʃ]
chefe (m) de cozinha	**šéfkuchař** (m)	[ʃɛ:f kuxarʃ]
padeiro (m)	**pekař** (m)	[pɛkarʃ]
barman (m)	**barman** (m)	[barman]

garçom (m)	**číšník** (m)	[ʧi:ʃni:k]
garçonete (f)	**číšnice** (ž)	[ʧi:ʃnɪʦɛ]
advogado (m)	**advokát** (m)	[advoka:t]
jurista (m)	**právník** (m)	[pra:vni:k]
notário (m)	**notář** (m)	[nota:rʃ]
eletricista (m)	**elektromontér** (m)	[ɛlɛktromontɛ:r]
encanador (m)	**instalatér** (m)	[ɪnstalatɛ:r]
carpinteiro (m)	**tesař** (m)	[tɛsarʃ]
massagista (m)	**masér** (m)	[masɛ:r]
massagista (f)	**masérka** (ž)	[masɛ:rka]
médico (m)	**lékař** (m)	[lɛ:karʃ]
taxista (m)	**taxikář** (m)	[taksɪka:rʃ]
condutor (automobilista)	**řidič** (m)	[rʒɪdɪʧ]
entregador (m)	**kurýr** (m)	[kuri:r]
camareira (f)	**pokojská** (ž)	[pokojska:]
guarda (m)	**strážce** (m)	[stra:ʒʦɛ]
aeromoça (f)	**letuška** (ž)	[lɛtuʃka]
professor (m)	**učitel** (m)	[uʧɪtɛl]
bibliotecário (m)	**knihovník** (m)	[knɪhovni:k]
tradutor (m)	**překladatel** (m)	[prʃɛkladatɛl]
intérprete (m)	**tlumočník** (m)	[tlumoʧni:k]
guia (m)	**průvodce** (m)	[pru:vodʦɛ]
cabeleireiro (m)	**holič** (m), **kadeřník** (m)	[holɪʧ], [kadɛrʒni:k]
carteiro (m)	**listonoš** (m)	[lɪstonoʃ]
vendedor (m)	**prodavač** (m)	[prodavaʧ]
jardineiro (m)	**zahradník** (m)	[zahradni:k]
criado (m)	**sluha** (m)	[sluha]
criada (f)	**služka** (ž)	[sluʃka]
empregada (f) de limpeza	**uklízečka** (ž)	[ukli:zɛʧka]

126. Profissões militares e postos

soldado (m) raso	**vojín** (m)	[voji:n]
sargento (m)	**seržant** (m)	[sɛrʒant]
tenente (m)	**poručík** (m)	[poruʧi:k]
capitão (m)	**kapitán** (m)	[kapɪta:n]
major (m)	**major** (m)	[major]
coronel (m)	**plukovník** (m)	[plukovni:k]
general (m)	**generál** (m)	[gɛnɛra:l]
marechal (m)	**maršál** (m)	[marʃa:l]
almirante (m)	**admirál** (m)	[admɪra:l]
militar (m)	**voják** (m)	[voja:k]
soldado (m)	**voják** (m)	[voja:k]
oficial (m)	**důstojník** (m)	[du:stojni:k]

comandante (m)	**velitel** (m)	[vɛlɪtɛl]
guarda (m) de fronteira	**pohraničník** (m)	[pohranɪʧni:k]
operador (m) de rádio	**radista** (m)	[radɪsta]
explorador (m)	**rozvědčík** (m)	[rozvedʧi:k]
sapador-mineiro (m)	**ženista** (m)	[ʒenɪsta]
atirador (m)	**střelec** (m)	[strʃɛlɛʦ]
navegador (m)	**navigátor** (m)	[navɪga:tor]

127. Oficiais. Padres

rei (m)	**král** (m)	[kra:l]
rainha (f)	**královna** (ž)	[kra:lovna]
príncipe (m)	**princ** (m)	[prɪnʦ]
princesa (f)	**princezna** (ž)	[prɪnʦɛzna]
czar (m)	**car** (m)	[ʦar]
czarina (f)	**carevna** (ž)	[ʦarɛvna]
presidente (m)	**prezident** (m)	[prɛzɪdɛnt]
ministro (m)	**ministr** (m)	[mɪnɪstr]
primeiro-ministro (m)	**premiér** (m)	[prɛmje:r]
senador (m)	**senátor** (m)	[sɛna:tor]
diplomata (m)	**diplomat** (m)	[dɪplomat]
cônsul (m)	**konzul** (m)	[konzul]
embaixador (m)	**velvyslanec** (m)	[vɛlvɪslanɛʦ]
conselheiro (m)	**rada** (m)	[rada]
funcionário (m)	**úředník** (m)	[u:rʒɛdni:k]
prefeito (m)	**prefekt** (m)	[prɛfɛkt]
Presidente (m) da Câmara	**primátor** (m)	[prɪma:tor]
juiz (m)	**soudce** (m)	[soudʦɛ]
procurador (m)	**prokurátor** (m)	[prokura:tor]
missionário (m)	**misionář** (m)	[mɪsɪona:rʃ]
monge (m)	**mnich** (m)	[mnɪx]
abade (m)	**opat** (m)	[opat]
rabino (m)	**rabín** (m)	[rabi:n]
vizir (m)	**vezír** (m)	[vɛzi:r]
xá (m)	**šach** (m)	[ʃax]
xeique (m)	**šejk** (m)	[ʃɛjk]

128. Profissões agrícolas

abelheiro (m)	**včelař** (m)	[vʧɛlarʃ]
pastor (m)	**pasák** (m)	[pasa:k]
agrônomo (m)	**agronom** (m)	[agronom]
criador (m) de gado	**chovatel** (m)	[xovatɛl]
veterinário (m)	**zvěrolékař** (m)	[zverolɛ:karʃ]

agricultor, fazendeiro (m)	**farmář** (m)	[farma:rʃ]
vinicultor (m)	**vinař** (m)	[vɪnarʃ]
zoólogo (m)	**zoolog** (m)	[zoolog]
vaqueiro (m)	**kovboj** (m)	[kovboj]

129. Profissões artísticas

ator (m)	**herec** (m)	[hɛrɛʦ]
atriz (f)	**herečka** (ž)	[hɛrɛʧka]
cantor (m)	**zpěvák** (m)	[speva:k]
cantora (f)	**zpěvačka** (ž)	[spevaʧka]
bailarino (m)	**tanečník** (m)	[tanɛʧni:k]
bailarina (f)	**tanečnice** (ž)	[tanɛʧnɪʦɛ]
artista (m)	**herec** (m)	[hɛrɛʦ]
artista (f)	**herečka** (ž)	[hɛrɛʧka]
músico (m)	**hudebník** (m)	[hudɛbni:k]
pianista (m)	**klavírista** (m)	[klavi:rɪsta]
guitarrista (m)	**kytarista** (m)	[kɪtarɪsta]
maestro (m)	**dirigent** (m)	[dɪrɪgɛnt]
compositor (m)	**skladatel** (m)	[skladatɛl]
empresário (m)	**impresário** (m)	[ɪmprɛsa:rɪo]
diretor (m) de cinema	**režisér** (m)	[rɛʒɪsɛ:r]
produtor (m)	**filmový producent** (m)	[fɪlmovi: produʦɛnt]
roteirista (m)	**scenárista** (m)	[sʦɛna:rɪsta]
crítico (m)	**kritik** (m)	[krɪtɪk]
escritor (m)	**spisovatel** (m)	[spɪsovatɛl]
poeta (m)	**básník** (m)	[ba:sni:k]
escultor (m)	**sochař** (m)	[soxarʃ]
pintor (m)	**malíř** (m)	[mali:rʃ]
malabarista (m)	**žonglér** (m)	[ʒonglɛ:r]
palhaço (m)	**klaun** (m)	[klaun]
acrobata (m)	**akrobat** (m)	[akrobat]
ilusionista (m)	**kouzelník** (m)	[kouzɛlni:k]

130. Várias profissões

médico (m)	**lékař** (m)	[lɛ:karʃ]
enfermeira (f)	**zdravotní sestra** (ž)	[zdravotni: sɛstra]
psiquiatra (m)	**psychiatr** (m)	[psɪxɪatr]
dentista (m)	**stomatolog** (m)	[stomatolog]
cirurgião (m)	**chirurg** (m)	[xɪrurg]
astronauta (m)	**astronaut** (m)	[astronaut]
astrônomo (m)	**astronom** (m)	[astronom]

motorista (m)	**řidič** (m)	[rʒɪdɪʧ]
maquinista (m)	**strojvůdce** (m)	[strojvu:dʦɛ]
mecânico (m)	**mechanik** (m)	[mɛxanɪk]
mineiro (m)	**horník** (m)	[horni:k]
operário (m)	**dělník** (m)	[delni:k]
serralheiro (m)	**zámečník** (m)	[za:mɛʧni:k]
marceneiro (m)	**truhlář** (m)	[truhla:rʃ]
torneiro (m)	**soustružník** (m)	[soustruʒni:k]
construtor (m)	**stavitel** (m)	[stavɪtɛl]
soldador (m)	**svářeč** (m)	[sva:rʒɛʧ]
professor (m)	**profesor** (m)	[profɛsor]
arquiteto (m)	**architekt** (m)	[arxɪtɛkt]
historiador (m)	**historik** (m)	[hɪstorɪk]
cientista (m)	**vědec** (m)	[vedɛʦ]
físico (m)	**fyzik** (m)	[fɪzɪk]
químico (m)	**chemik** (m)	[xɛmɪk]
arqueólogo (m)	**archeolog** (m)	[arxɛolog]
geólogo (m)	**geolog** (m)	[gɛolog]
pesquisador (cientista)	**výzkumník** (m)	[vi:skumni:k]
babysitter, babá (f)	**chůva** (ž)	[xu:va]
professor (m)	**pedagog** (m)	[pɛdagog]
redator (m)	**redaktor** (m)	[rɛdaktor]
redator-chefe (m)	**šéfredaktor** (m)	[ʃɛ:frɛdaktor]
correspondente (m)	**zpravodaj** (m)	[spravodaj]
datilógrafa (f)	**písařka** (ž)	[pi:sarʃka]
designer (m)	**návrhář** (m)	[na:vrha:rʃ]
especialista (m) em informática	**odborník** (m) **na počítače**	[odborni:k na poʧi:taʧɛ]
programador (m)	**programátor** (m)	[programa:tor]
engenheiro (m)	**inženýr** (m)	[ɪnʒeni:r]
marujo (m)	**námořník** (m)	[na:morʒni:k]
marinheiro (m)	**námořník** (m)	[na:morʒni:k]
socorrista (m)	**záchranář** (m)	[za:xrana:rʃ]
bombeiro (m)	**hasič** (m)	[hasɪʧ]
polícia (m)	**policista** (m)	[polɪʦɪsta]
guarda-noturno (m)	**hlídač** (m)	[hli:daʧ]
detetive (m)	**detektiv** (m)	[dɛtɛktɪf]
funcionário (m) da alfândega	**celník** (m)	[ʦɛlni:k]
guarda-costas (m)	**osobní strážce** (m)	[osobni: stra:ʒʦɛ]
guarda (m) prisional	**dozorce** (m)	[dozorʦɛ]
inspetor (m)	**inspektor** (m)	[ɪnspɛktor]
esportista (m)	**sportovec** (m)	[sportovɛʦ]
treinador (m)	**trenér** (m)	[trɛnɛ:r]
açougueiro (m)	**řezník** (m)	[rʒɛzni:k]
sapateiro (m)	**obuvník** (m)	[obuvni:k]
comerciante (m)	**obchodník** (m)	[obxodni:k]

carregador (m)	**nakládač** (m)	[nakla:datʃ]
estilista (m)	**modelář** (m)	[modɛla:rʃ]
modelo (f)	**modelka** (ž)	[modɛlka]

131. Ocupações. Estatuto social

estudante (~ de escola)	**žák** (m)	[ʒa:k]
estudante (~ universitária)	**student** (m)	[studɛnt]
filósofo (m)	**filozof** (m)	[fɪlozof]
economista (m)	**ekonom** (m)	[ɛkonom]
inventor (m)	**vynálezce** (m)	[vɪna:lɛztsɛ]
desempregado (m)	**nezaměstnaný** (m)	[nɛzamnestnani:]
aposentado (m)	**důchodce** (m)	[du:xodtsɛ]
espião (m)	**špión** (m)	[ʃpɪo:n]
preso, prisioneiro (m)	**vězeň** (m)	[vezɛnʲ]
grevista (m)	**stávkující** (m)	[sta:fkuji:tsi:]
burocrata (m)	**byrokrat** (m)	[bɪrokrat]
viajante (m)	**cestovatel** (m)	[tsɛstovatɛl]
homossexual (m)	**homosexuál** (m)	[homosɛksua:l]
hacker (m)	**hacker** (m)	[hɛkr]
bandido (m)	**bandita** (m)	[bandɪta]
assassino (m)	**najatý vrah** (m)	[najati: vrax]
drogado (m)	**narkoman** (m)	[narkoman]
traficante (m)	**drogový dealer** (m)	[drogovi: di:lɛr]
prostituta (f)	**prostitutka** (ž)	[prostɪtutka]
cafetão (m)	**kuplíř** (m)	[kupli:rʃ]
bruxo (m)	**čaroděj** (m)	[tʃarodej]
bruxa (f)	**čarodějka** (ž)	[tʃarodejka]
pirata (m)	**pirát** (m)	[pɪra:t]
escravo (m)	**otrok** (m)	[otrok]
samurai (m)	**samuraj** (m)	[samuraj]
selvagem (m)	**divoch** (m)	[dɪvox]

Desportos

132. Tipos de desportos. Desportistas

esportista (m)	**sportovec** (m)	[sportovɛʦ]
tipo (m) de esporte	**sportovní disciplína** (ž)	[sportovni: dɪsʦɪpli:na]
basquete (m)	**basketbal** (m)	[baskɛtbal]
jogador (m) de basquete	**basketbalista** (m)	[baskɛtbalɪsta]
beisebol (m)	**baseball** (m)	[bɛjzbol]
jogador (m) de beisebol	**hráč** (m) **baseballu**	[hra:ʧ bɛjzbolu]
futebol (m)	**fotbal** (m)	[fotbal]
jogador (m) de futebol	**fotbalista** (m)	[fotbalɪsta]
goleiro (m)	**brankář** (m)	[braŋka:rʃ]
hóquei (m)	**hokej** (m)	[hokɛj]
jogador (m) de hóquei	**hokejista** (m)	[hokɛjɪsta]
vôlei (m)	**volejbal** (m)	[volɛjbal]
jogador (m) de vôlei	**volejbalista** (m)	[volɛjbalɪsta]
boxe (m)	**box** (m)	[boks]
boxeador (m)	**boxer** (m)	[boksɛr]
luta (f)	**zápas** (m)	[za:pas]
lutador (m)	**zápasník** (m)	[za:pasni:k]
caratê (m)	**karate** (s)	[karatɛ]
carateca (m)	**karatista** (m)	[karatɪsta]
judô (m)	**džudo** (s)	[ʤudo]
judoca (m)	**džudista** (m)	[ʤudɪsta]
tênis (m)	**tenis** (m)	[tɛnɪs]
tenista (m)	**tenista** (m)	[tɛnɪsta]
natação (f)	**plavání** (s)	[plava:ni:]
nadador (m)	**plavec** (m)	[plavɛʦ]
esgrima (f)	**šerm** (m)	[ʃɛrm]
esgrimista (m)	**šermíř** (m)	[ʃɛrmi:rʃ]
xadrez (m)	**šachy** (m mn)	[ʃaxɪ]
jogador (m) de xadrez	**šachista** (m)	[ʃaxɪsta]
alpinismo (m)	**horolezectví** (s)	[horolɛzɛʦtvi:]
alpinista (m)	**horolezec** (m)	[horolɛzɛʦ]
corrida (f)	**běh** (m)	[bex]

corredor (m)	**běžec** (m)	[beʒets]
atletismo (m)	**lehká atletika** (ž)	[lɛhka: atlɛtɪka]
atleta (m)	**atlet** (m)	[atlɛt]
hipismo (m)	**jízda** (ž) **na koni**	[ji:zda na konɪ]
cavaleiro (m)	**jezdec** (m)	[jɛzdɛts]
patinação (f) artística	**krasobruslení** (s)	[krasobruslɛni:]
patinador (m)	**krasobruslař** (m)	[krasobruslarʃ]
patinadora (f)	**krasobruslařka** (ž)	[krasobruslarʃka]
halterofilismo (m)	**těžká atletika** (ž)	[teʃka: atlɛtɪka]
halterofilista (m)	**vzpěrač** (m)	[vsperatʃ]
corrida (f) de carros	**automobilové závody** (m mn)	[automobɪlovɛ: za:vodɪ]
piloto (m)	**závodník** (m)	[za:vodni:k]
ciclismo (m)	**cyklistika** (ž)	[tsɪklɪstɪka]
ciclista (m)	**cyklista** (m)	[tsɪklɪsta]
salto (m) em distância	**daleké skoky** (m mn)	[dalekɛ: skokɪ]
salto (m) com vara	**skoky** (m mn) **o tyči**	[skokɪ o tɪtʃɪ]
atleta (m) de saltos	**skokan** (m)	[skokan]

133. Tipos de desportos. Diversos

futebol (m) americano	**americký fotbal** (m)	[amerɪtski: fotbal]
badminton (m)	**badminton** (m)	[badmɪnton]
biatlo (m)	**biatlon** (m)	[bɪatlon]
bilhar (m)	**kulečník** (m)	[kulɛtʃni:k]
bobsled (m)	**bobový sport** (m)	[bobovi: sport]
musculação (f)	**kulturistika** (ž)	[kulturɪstɪka]
polo (m) aquático	**vodní pólo** (s)	[vodni: po:lo]
handebol (m)	**házená** (ž)	[ha:zɛna:]
golfe (m)	**golf** (m)	[golf]
remo (m)	**veslování** (s)	[vɛslova:ni:]
mergulho (m)	**potápění** (s)	[pota:peni:]
corrida (f) de esqui	**lyžařské závody** (m mn)	[lɪʒarʃskɛ: za:vodɪ]
tênis (m) de mesa	**stolní tenis** (m)	[stolni: tɛnɪs]
vela (f)	**plachtění** (s)	[plaxteni:]
rali (m)	**rallye** (s)	[rali:]
rúgbi (m)	**ragby** (s)	[ragbɪ]
snowboard (m)	**snowboarding** (m)	[snoubordɪŋk]
arco-e-flecha (m)	**lukostřelba** (ž)	[lukostrʃɛlba]

134. Ginásio

barra (f)	**vzpěračská činka** (ž)	[vsperatʃska: tʃɪŋka]
halteres (m pl)	**činky** (ž mn)	[tʃɪŋkɪ]

aparelho (m) de musculação **trenažér** (m) [trɛnaʒe:r]
bicicleta (f) ergométrica **kolový trenažér** (m) [kolovi: trɛnaʒe:r]
esteira (f) de corrida **běžecký pás** (m) [beʒetski: pa:s]

barra (f) fixa **hrazda** (ž) [hrazda]
barras (f pl) paralelas **bradla** (s mn) [bradla]
cavalo (m) **kůň** (m) [ku:nʲ]
tapete (m) de ginástica **žíněnka** (ž) [ʒi:neŋka]

aeróbica (f) **aerobik** (m) [aɛrobɪk]
ioga, yoga (f) **jóga** (ž) [jo:ga]

135. Hóquei

hóquei (m) **hokej** (m) [hokɛj]
jogador (m) de hóquei **hokejista** (m) [hokɛjɪsta]
jogar hóquei **hrát hokej** [hra:t hokɛj]
gelo (m) **led** (m) [lɛt]

disco (m) **puk** (m) [puk]
taco (m) de hóquei **hokejka** (ž) [hokejka]
patins (m pl) de gelo **brusle** (ž mn) [bruslɛ]

muro (m) **hrazení** (s) [hrazɛni:]
tiro (m) **hod** (m) [hot]

goleiro (m) **brankář** (m) [braŋka:rʃ]
gol (m) **gól** (m) [go:l]
marcar um gol **vstřelit branku** [vstrʃɛlɪt braŋku]

tempo (m) **třetina** (ž) [trʃɛtɪna]
banco (m) de reservas **lavice** (ž) **náhradníků** [lavɪtsɛ na:hradni:ku:]

136. Futebol

futebol (m) **fotbal** (m) [fotbal]
jogador (m) de futebol **fotbalista** (m) [fotbalɪsta]
jogar futebol **hrát fotbal** [hra:t fotbal]

Time (m) Principal **nejvyšší liga** (ž) [nɛjvɪʃi: lɪga]
time (m) de futebol **fotbalový klub** (m) [fotbalovi: klup]
treinador (m) **trenér** (m) [trɛnɛ:r]
proprietário (m) **majitel** (m) [majɪtɛl]

equipe (f) **mužstvo** (s) [muʒstvo]
capitão (m) **kapitán** (m) **mužstva** [kapɪta:n muʒstva]
jogador (m) **hráč** (m) [hra:tʃ]
jogador (m) reserva **náhradník** (m) [na:hradni:k]

atacante (m) **útočník** (m) [u:totʃni:k]
centroavante (m) **střední útočník** (m) [strʃɛdni: u:totʃni:k]
marcador (m) **střelec** (m) [strʃɛlɛts]

defesa (m)	**obránce** (m)	[obra:ntsɛ]
meio-campo (m)	**záložník** (m)	[za:loʒni:k]
jogo (m), partida (f)	**zápas** (ž)	[za:pas]
encontrar-se (vr)	**utkávat se**	[utka:vat sɛ]
final (m)	**finále** (s)	[fɪna:lɛ]
semifinal (f)	**semifinále** (s)	[sɛmɪfɪna:lɛ]
campeonato (m)	**mistrovství** (s)	[mɪstrovstvi:]
tempo (m)	**poločas** (m)	[polotʃas]
primeiro tempo (m)	**první poločas** (m)	[prvni: polotʃas]
intervalo (m)	**poločas** (m)	[polotʃas]
goleira (f)	**brána** (ž)	[bra:na]
goleiro (m)	**brankář** (m)	[braŋka:rʃ]
trave (f)	**tyč** (ž)	[tɪtʃ]
travessão (m)	**břevno** (s)	[brʒɛvno]
rede (f)	**síť** (ž)	[si:tʲ]
tomar um gol	**pustit gól**	[pustɪt go:l]
bola (f)	**míč** (m)	[mi:tʃ]
passe (m)	**přihrávka** (ž)	[prʃɪhra:fka]
chute (m)	**kop** (m)	[kop]
chutar (vt)	**vystřelit**	[vɪstrʒɛlɪt]
pontapé (m)	**pokutový kop** (m)	[pokutovi: kop]
escanteio (m)	**kop** (m) **z rohu**	[kop z rohu]
ataque (m)	**útok** (m)	[u:tok]
contra-ataque (m)	**protiútok** (m)	[protɪu:tok]
combinação (f)	**kombinace** (ž)	[kombɪnatsɛ]
árbitro (m)	**rozhodčí** (m)	[rozhodtʃi:]
apitar (vi)	**hvízdat**	[hvi:zdat]
apito (m)	**zahvízdnutí** (s)	[zahvi:zdnuti:]
falta (f)	**přestupek** (m)	[prʃɛstupɛk]
cometer a falta	**porušit**	[poruʃɪt]
expulsar (vt)	**vyloučit**	[vɪloutʃɪt]
cartão (m) amarelo	**žlutá karta** (ž)	[ʒluta: karta]
cartão (m) vermelho	**červená karta** (ž)	[tʃɛrvɛna: karta]
desqualificação (f)	**diskvalifikace** (ž)	[dɪskvalɪfɪkatsɛ]
desqualificar (vt)	**diskvalifikovat**	[dɪskvalɪfɪkovat]
pênalti (m)	**penalta** (ž)	[pɛnalta]
barreira (f)	**zeď** (ž)	[zɛtʲ]
marcar (vt)	**vstřelit**	[vstrʃɛlɪt]
gol (m)	**gól** (m)	[go:l]
marcar um gol	**vstřelit branku**	[vstrʃɛlɪt braŋku]
substituição (f)	**náhrada** (ž)	[na:hrada]
substituir (vt)	**vystřídat**	[vɪstrʃi:dat]
regras (f pl)	**pravidla** (s mn)	[pravɪdla]
tática (f)	**taktika** (ž)	[taktɪka]
estádio (m)	**stadión** (m)	[stadɪo:n]
arquibancadas (f pl)	**tribuna** (ž)	[trɪbuna]

fã, torcedor (m)	**fanoušek** (m)	[fanouʃɛk]
gritar (vi)	**křičet**	[krʃɪʧɛt]
placar (m)	**tabló** (s)	[tablo:]
resultado (m)	**skóre** (s)	[sko:rɛ]
derrota (f)	**prohra** (ž)	[prohra]
perder (vt)	**prohrát**	[prohra:t]
empate (m)	**remíza** (ž)	[rɛmi:za]
empatar (vi)	**remizovat**	[rɛmɪzovat]
vitória (f)	**vítězství** (s)	[vi:tezstvi:]
vencer (vi, vt)	**zvítězit**	[zvi:tezɪt]
campeão (m)	**mistr** (m)	[mɪstr]
melhor (adj)	**nejlepší**	[nɛjlɛpʃi:]
felicitar (vt)	**blahopřát**	[blahoprʃa:t]
comentarista (m)	**komentátor** (m)	[komɛnta:tor]
comentar (vt)	**komentovat**	[komɛntovat]
transmissão (f)	**přenos** (m)	[prʃɛnos]

137. Esqui alpino

esqui (m)	**lyže** (ž mn)	[lɪʒe]
esquiar (vi)	**lyžovat**	[lɪʒovat]
estação (f) de esqui	**sjezdařské středisko** (s)	[sjɛzdarʃskɛ: strʃɛdɪsko]
teleférico (m)	**vlek** (m)	[vlɛk]
bastões (m pl) de esqui	**hole** (ž mn)	[holɛ]
declive (m)	**svah** (m)	[svax]
slalom (m)	**slalom** (m)	[slalom]

138. Tênis. Golfe

golfe (m)	**golf** (m)	[golf]
clube (m) de golfe	**golfový klub** (m)	[golfovi: klup]
jogador (m) de golfe	**hráč** (m) **golfu**	[hra:ʧ golfu]
buraco (m)	**lůžko** (s)	[lu:ʃko]
taco (m)	**hůl** (ž)	[hu:l]
trolley (m)	**golfový vozík** (m)	[golfovi: vozi:k]
tênis (m)	**tenis** (m)	[tɛnɪs]
quadra (f) de tênis	**kurt** (m)	[kurt]
saque (m)	**podání** (s)	[poda:ni:]
sacar (vi)	**servírovat**	[sɛrvi:rovat]
raquete (f)	**raketa** (ž)	[rakɛta]
rede (f)	**síť** (ž)	[si:tʲ]
bola (f)	**míč** (m)	[mi:ʧ]

139. Xadrez

xadrez (m)	**šachy** (m mn)	[ʃaxɪ]
peças (f pl) de xadrez	**šachy** (m mn)	[ʃaxɪ]
jogador (m) de xadrez	**šachista** (m)	[ʃaxɪsta]
tabuleiro (m) de xadrez	**šachovnice** (ž)	[ʃaxovnɪʦɛ]
peça (f)	**figura** (ž)	[fɪgura]
brancas (f pl)	**bílé** (ž mn)	[bi:lɛ:]
pretas (f pl)	**černé** (ž mn)	[ʧɛrnɛ:]
peão (m)	**pěšec** (m)	[peʃɛʦ]
bispo (m)	**střelec** (m)	[strʃɛlɛʦ]
cavalo (m)	**kůň** (m)	[ku:nʲ]
torre (f)	**věž** (ž)	[veʃ]
dama (f)	**královna** (ž)	[kra:lovna]
rei (m)	**král** (m)	[kra:l]
vez (f)	**tah** (m)	[tax]
mover (vt)	**táhnout**	[ta:hnout]
sacrificar (vt)	**nechat sebrat**	[nɛxat sɛbrat]
roque (m)	**rošáda** (ž)	[roʃa:da]
xeque (m)	**šach** (m)	[ʃax]
xeque-mate (m)	**mat** (m)	[mat]
torneio (m) de xadrez	**šachový turnaj** (m)	[ʃaxovi: turnaj]
grão-mestre (m)	**velmistr** (m)	[vɛlmɪstr]
combinação (f)	**kombinace** (ž)	[kombɪnaʦɛ]
partida (f)	**partie** (ž)	[partɪe]
jogo (m) de damas	**dáma** (ž)	[da:ma]

140. Boxe

boxe (m)	**box** (m)	[boks]
combate (m)	**boj** (m)	[boj]
luta (f) de boxe	**souboj** (m)	[souboj]
round (m)	**kolo** (s)	[kolo]
ringue (m)	**ring** (m)	[rɪng]
gongo (m)	**gong** (m)	[gong]
murro, soco (m)	**úder** (m)	[u:dɛr]
derrubada (f)	**knock-down** (m)	[nok-daun]
nocaute (m)	**knokaut** (m)	[knokaut]
nocautear (vt)	**knokautovat**	[knokautovat]
luva (f) de boxe	**boxerská rukavice** (ž)	[boksɛrska: rukavɪʦɛ]
juiz (m)	**rozhodčí** (m)	[rozhodʧi:]
peso-pena (m)	**lehká váha** (ž)	[lɛhka: va:ha]
peso-médio (m)	**střední váha** (ž)	[strʃɛdni: va:ha]
peso-pesado (m)	**těžká váha** (ž)	[teʃka: va:ha]

141. Desportos. Diversos

Jogos (m pl) Olímpicos	**Olympijské hry** (ž mn)	[olɪmpɪjskɛ: hrɪ]
vencedor (m)	**vítěz** (m)	[vi:tez]
vencer (vi)	**vítězit**	[vi:tezɪt]
vencer (vi, vt)	**vyhrát**	[vɪhra:t]
líder (m)	**vůdce** (m)	[vu:dʦɛ]
liderar (vt)	**vést**	[vɛ:st]
primeiro lugar (m)	**první místo** (s)	[prvni: mi:sto]
segundo lugar (m)	**druhé místo** (s)	[druhɛ: mi:sto]
terceiro lugar (m)	**třetí místo** (s)	[trʃɛti: mi:sto]
medalha (f)	**medaile** (ž)	[mɛdajlɛ]
troféu (m)	**trofej** (ž)	[trofɛj]
taça (f)	**pohár** (m)	[poha:r]
prêmio (m)	**cena** (ž)	[ʦɛna]
prêmio (m) principal	**hlavní cena** (ž)	[hlavni: ʦɛna]
recorde (m)	**rekord** (m)	[rɛkort]
estabelecer um recorde	**vytvořit rekord**	[vɪtvorʒɪt rɛkort]
final (m)	**finále** (s)	[fɪna:lɛ]
final (adj)	**finální**	[fɪna:lni:]
campeão (m)	**mistr** (m)	[mɪstr]
campeonato (m)	**mistrovství** (s)	[mɪstrovstvi:]
estádio (m)	**stadión** (m)	[stadɪo:n]
arquibancadas (f pl)	**tribuna** (ž)	[trɪbuna]
fã, torcedor (m)	**fanoušek** (m)	[fanouʃɛk]
adversário (m)	**soupeř** (m)	[soupɛrʃ]
partida (f)	**start** (m)	[start]
linha (f) de chegada	**cíl** (m)	[ʦi:l]
derrota (f)	**prohra** (ž)	[prohra]
perder (vt)	**prohrát**	[prohra:t]
árbitro, juiz (m)	**rozhodčí** (m)	[rozhodʧi:]
júri (m)	**porota, jury** (ž)	[porota], [ʒiri]
resultado (m)	**skóre** (s)	[sko:rɛ]
empate (m)	**remíza** (ž)	[rɛmi:za]
empatar (vi)	**remizovat**	[rɛmɪzovat]
ponto (m)	**bod** (m)	[bot]
resultado (m) final	**výsledek** (m)	[vi:slɛdɛk]
intervalo (m)	**poločas** (m)	[poloʧas]
doping (m)	**doping** (m)	[dopɪŋk]
penalizar (vt)	**trestat**	[trɛstat]
desqualificar (vt)	**diskvalifikovat**	[dɪskvalɪfɪkovat]
aparelho, aparato (m)	**nářadí** (s)	[na:rʒadi:]
dardo (m)	**oštěp** (m)	[oʃtep]

peso (m)	**koule** (ž)	[koulɛ]
bola (f)	**koule** (ž)	[koulɛ]
alvo, objetivo (m)	**cíl** (m)	[ʦi:l]
alvo (~ de papel)	**terč** (m)	[tɛrʧ]
disparar, atirar (vi)	**střílet**	[strʃi:lɛt]
preciso (tiro ~)	**přesný**	[prʃɛsni:]
treinador (m)	**trenér** (m)	[trɛnɛ:r]
treinar (vt)	**trénovat**	[trɛ:novat]
treinar-se (vr)	**trénovat**	[trɛ:novat]
treino (m)	**trénink** (m)	[trɛ:nɪŋk]
academia (f) de ginástica	**tělocvična** (ž)	[teloʦvɪʧna]
exercício (m)	**cvičení** (s)	[ʦvɪʧɛni:]
aquecimento (m)	**rozcvička** (ž)	[rozʦvɪʧka]

Educação

142. Escola

escola (f)	**škola** (ž)	[ʃkola]
diretor (m) de escola	**ředitel** (m) **školy**	[rʒɛdɪtɛl ʃkolɪ]
aluno (m)	**žák** (m)	[ʒa:k]
aluna (f)	**žákyně** (ž)	[ʒa:kɪne]
estudante (m)	**žák** (m)	[ʒa:k]
estudante (f)	**žákyně** (ž)	[ʒa:kɪne]
ensinar (vt)	**učit**	[uʧɪt]
aprender (vt)	**učit se**	[uʧɪt sɛ]
decorar (vt)	**učit se nazpaměť**	[uʧɪt sɛ naspamnetʲ]
estudar (vi)	**učit se**	[uʧɪt sɛ]
estar na escola	**chodí za školu**	[xodi: za ʃkolu]
ir à escola	**jít do školy**	[ji:t do ʃkolɪ]
alfabeto (m)	**abeceda** (ž)	[abɛʦɛda]
disciplina (f)	**předmět** (m)	[prʃɛdmnet]
sala (f) de aula	**třída** (ž)	[trʃi:da]
lição, aula (f)	**hodina** (ž)	[hodɪna]
recreio (m)	**přestávka** (ž)	[prʃɛsta:fka]
toque (m)	**zvonění** (s)	[zvoneni:]
classe (f)	**školní lavice** (ž)	[ʃkolni: lavɪʦɛ]
quadro (m) negro	**tabule** (ž)	[tabulɛ]
nota (f)	**známka** (ž)	[zna:mka]
boa nota (f)	**dobrá známka** (ž)	[dobra: zna:mka]
nota (f) baixa	**špatná známka** (ž)	[ʃpatna: zna:mka]
dar uma nota	**dávat známku**	[da:vat zna:mku]
erro (m)	**chyba** (ž)	[xɪba]
errar (vi)	**dělat chyby**	[delat xɪbɪ]
corrigir (~ um erro)	**opravovat**	[opravovat]
cola (f)	**tahák** (m)	[taha:k]
dever (m) de casa	**domácí úloha** (ž)	[doma:ʦi: u:loha]
exercício (m)	**cvičení** (s)	[ʦvɪʧɛni:]
estar presente	**být přítomen**	[bi:t prʃi:tomɛn]
estar ausente	**chybět**	[xɪbet]
punir (vt)	**trestat**	[trɛstat]
punição (f)	**trest** (m)	[trɛst]
comportamento (m)	**chování** (s)	[xova:ni:]

boletim (m) escolar	**žákovská knížka** (ž)	[ʒa:kovska: kni:ʃka]
lápis (m)	**tužka** (ž)	[tuʃka]
borracha (f)	**guma** (ž)	[guma]
giz (m)	**křída** (ž)	[krʃi:da]
porta-lápis (m)	**penál** (m)	[pɛna:l]
mala, pasta, mochila (f)	**brašna** (ž)	[braʃna]
caneta (f)	**pero** (s)	[pɛro]
caderno (m)	**sešit** (m)	[sɛʃɪt]
livro (m) didático	**učebnice** (ž)	[uʧɛbnɪʦɛ]
compasso (m)	**kružidlo** (s)	[kruʒɪdlo]
traçar (vt)	**rýsovat**	[ri:sovat]
desenho (m) técnico	**výkres** (m)	[vi:krɛs]
poesia (f)	**báseň** (ž)	[ba:sɛnʲ]
de cor	**nazpaměť**	[naspamnetʲ]
decorar (vt)	**učit se nazpaměť**	[uʧɪt sɛ naspamnetʲ]
férias (f pl)	**prázdniny** (ž mn)	[pra:zdnɪnɪ]
estar de férias	**mít prázdniny**	[mi:t pra:zdnɪnɪ]
teste (m), prova (f)	**písemka** (ž)	[pi:sɛmka]
redação (f)	**sloh** (m)	[slox]
ditado (m)	**diktát** (m)	[dɪkta:t]
exame (m), prova (f)	**zkouška** (ž)	[skouʃka]
fazer prova	**dělat zkoušky**	[delat skouʃkɪ]
experiência (~ química)	**pokus** (m)	[pokus]

143. Colégio. Universidade

academia (f)	**akademie** (ž)	[akadɛmɪe]
universidade (f)	**univerzita** (ž)	[unɪvɛrzɪta]
faculdade (f)	**fakulta** (ž)	[fakulta]
estudante (m)	**student** (m)	[studɛnt]
estudante (f)	**studentka** (ž)	[studɛntka]
professor (m)	**vyučující** (m)	[vɪuʧuji:ʦi:]
auditório (m)	**posluchárna** (ž)	[posluxa:rna]
graduado (m)	**absolvent** (m)	[apsolvɛnt]
diploma (m)	**diplom** (m)	[dɪplom]
tese (f)	**disertace** (ž)	[dɪsɛrtaʦɛ]
estudo (obra)	**bádání** (s)	[ba:da:ni:]
laboratório (m)	**laboratoř** (ž)	[laboratorʃ]
palestra (f)	**přednáška** (ž)	[prʃɛdna:ʃka]
colega (m) de curso	**spolužák** (m)	[spoluʒa:k]
bolsa (f) de estudos	**stipendium** (s)	[stɪpɛndɪum]
grau (m) acadêmico	**akademická hodnost** (ž)	[akadɛmɪʦka: hodnost]

144. Ciências. Disciplinas

matemática (f)	**matematika** (ž)	[matɛmatɪka]
álgebra (f)	**algebra** (ž)	[algɛbra]
geometria (f)	**geometrie** (ž)	[gɛomɛtrɪe]
astronomia (f)	**astronomie** (ž)	[astronomɪe]
biologia (f)	**biologie** (ž)	[bɪologɪe]
geografia (f)	**zeměpis** (m)	[zɛmnepɪs]
geologia (f)	**geologie** (ž)	[gɛologɪe]
história (f)	**historie** (ž)	[hɪstorɪe]
medicina (f)	**lékařství** (s)	[lɛ:karʃstvi:]
pedagogia (f)	**pedagogika** (ž)	[pɛdagogɪka]
direito (m)	**právo** (s)	[pra:vo]
física (f)	**fyzika** (ž)	[fɪzɪka]
química (f)	**chemie** (ž)	[xɛmɪe]
filosofia (f)	**filozofie** (ž)	[fɪlozofɪe]
psicologia (f)	**psychologie** (ž)	[psɪxologɪe]

145. Sistema de escrita. Ortografia

gramática (f)	**mluvnice** (ž)	[mluvnɪʦɛ]
vocabulário (m)	**slovní zásoba** (ž)	[slovni: za:soba]
fonética (f)	**hláskosloví** (s)	[hla:skoslovi:]
substantivo (m)	**podstatné jméno** (s)	[potsta:tnɛ: jmɛ:no]
adjetivo (m)	**přídavné jméno** (s)	[prʃi:davnɛ: jmɛ:no]
verbo (m)	**sloveso** (s)	[slovɛso]
advérbio (m)	**příslovce** (s)	[prʃi:slovʦɛ]
pronome (m)	**zájmeno** (s)	[za:jmɛno]
interjeição (f)	**citoslovce** (s)	[ʦɪtoslovʦɛ]
preposição (f)	**předložka** (ž)	[prʃɛdloʃka]
raiz (f)	**slovní základ** (m)	[slovni: za:klat]
terminação (f)	**koncovka** (ž)	[konʦofka]
prefixo (m)	**předpona** (ž)	[prʃɛtpona]
sílaba (f)	**slabika** (ž)	[slabɪka]
sufixo (m)	**přípona** (ž)	[prʃi:pona]
acento (m)	**přízvuk** (m)	[prʃi:zvuk]
apóstrofo (f)	**odsuvník** (m)	[otsuvni:k]
ponto (m)	**tečka** (ž)	[tɛʧka]
vírgula (f)	**čárka** (ž)	[ʧa:rka]
ponto e vírgula (m)	**středník** (m)	[strʃɛdni:k]
dois pontos (m pl)	**dvojtečka** (ž)	[dvojtɛʧka]
reticências (f pl)	**tři tečky** (ž mn)	[trʃɪ tɛʧkɪ]
ponto (m) de interrogação	**otazník** (m)	[otazni:k]
ponto (m) de exclamação	**vykřičník** (m)	[vɪkrʃɪʧni:k]

aspas (f pl)	**uvozovky** (ž mn)	[uvozofkɪ]
entre aspas	**v uvozovkách**	[f uvozofka:x]
parênteses (m pl)	**závorky** (ž mn)	[za:vorkɪ]
entre parênteses	**v závorkách**	[v za:vorkax]
hífen (m)	**spojovník** (m)	[spojovni:k]
travessão (m)	**pomlčka** (ž)	[pomlʧka]
espaço (m)	**mezera** (ž)	[mɛzɛra]
letra (f)	**písmeno** (s)	[pi:smɛno]
letra (f) maiúscula	**velké písmeno** (s)	[vɛlkɛ: pi:smɛno]
vogal (f)	**samohláska** (ž)	[samohla:ska]
consoante (f)	**souhláska** (ž)	[souhla:ska]
frase (f)	**věta** (ž)	[veta]
sujeito (m)	**podmět** (m)	[podmnet]
predicado (m)	**přísudek** (m)	[prʃi:sudɛk]
linha (f)	**řádek** (m)	[rʒa:dɛk]
em uma nova linha	**z nového řádku**	[z novɛ:ho rʒa:tku]
parágrafo (m)	**odstavec** (m)	[otstavɛʦ]
palavra (f)	**slovo** (s)	[slovo]
grupo (m) de palavras	**slovní spojení** (s)	[slovni: spojɛni:]
expressão (f)	**výraz** (m)	[vi:raz]
sinônimo (m)	**synonymum** (s)	[sɪnonɪmum]
antônimo (m)	**antonymum** (s)	[antonɪmum]
regra (f)	**pravidlo** (s)	[pravɪdlo]
exceção (f)	**výjimka** (ž)	[vi:jɪmka]
correto (adj)	**správný**	[spra:vni:]
conjugação (f)	**časování** (s)	[ʧasova:ni:]
declinação (f)	**skloňování** (s)	[sklonʲova:ni:]
caso (m)	**pád** (m)	[pa:t]
pergunta (f)	**otázka** (ž)	[ota:ska]
sublinhar (vt)	**podtrhnout**	[podtrhnout]
linha (f) pontilhada	**tečkování** (s)	[tɛʧkova:ni:]

146. Línguas estrangeiras

língua (f)	**jazyk** (m)	[jazɪk]
língua (f) estrangeira	**cizí jazyk** (m)	[ʦɪzi: jazɪk]
estudar (vt)	**studovat**	[studovat]
aprender (vt)	**učit se**	[uʧɪt sɛ]
ler (vt)	**číst**	[ʧi:st]
falar (vi)	**mluvit**	[mluvɪt]
entender (vt)	**rozumět**	[rozumnet]
escrever (vt)	**psát**	[psa:t]
rapidamente	**rychle**	[rɪxlɛ]
devagar, lentamente	**pomalu**	[pomalu]

fluentemente	**plynně**	[plɪnne]
regras (f pl)	**pravidla** (s mn)	[pravɪdla]
gramática (f)	**mluvnice** (ž)	[mluvnɪʦɛ]
vocabulário (m)	**slovní zásoba** (ž)	[slovni: za:soba]
fonética (f)	**hláskosloví** (s)	[hla:skoslovi:]
livro (m) didático	**učebnice** (ž)	[uʧɛbnɪʦɛ]
dicionário (m)	**slovník** (m)	[slovni:k]
manual (m) autodidático	**učebnice** (ž) **pro samouky**	[uʧɛbnɪʦɛ pro samoukɪ]
guia (m) de conversação	**konverzace** (ž)	[konvɛrzaʦɛ]
fita (f) cassete	**kazeta** (ž)	[kazɛta]
videoteipe (m)	**videokazeta** (ž)	[vɪdɛokazɛta]
CD (m)	**CD disk** (m)	[ʦɛ:dɛ: dɪsk]
DVD (m)	**DVD** (s)	[dɛvɛdɛ]
alfabeto (m)	**abeceda** (ž)	[abɛʦɛda]
soletrar (vt)	**hláskovat**	[hla:skovat]
pronúncia (f)	**výslovnost** (ž)	[vi:slovnost]
sotaque (m)	**cizí přízvuk** (m)	[ʦɪzi: prʃi:zvuk]
com sotaque	**s cizím přízvukem**	[s ʦɪzi:m prʃi:zvukɛm]
sem sotaque	**bez cizího přízvuku**	[bɛz ʦɪzi:ho prʃi:zvuku]
palavra (f)	**slovo** (s)	[slovo]
sentido (m)	**smysl** (m)	[smɪsl]
curso (m)	**kurzy** (m mn)	[kurzɪ]
inscrever-se (vr)	**zapsat se**	[zapsat sɛ]
professor (m)	**vyučující** (m)	[vɪuʧuji:ʦi:]
tradução (processo)	**překlad** (m)	[prʃɛklat]
tradução (texto)	**překlad** (m)	[prʃɛklat]
tradutor (m)	**překladatel** (m)	[prʃɛkladatɛl]
intérprete (m)	**tlumočník** (m)	[tlumoʧni:k]
poliglota (m)	**polyglot** (m)	[polɪglot]
memória (f)	**paměť** (ž)	[pamnetʲ]

147. Personagens de contos de fadas

Papai Noel (m)	**svatý Mikuláš** (m)	[svati: mɪkula:ʃ]
sereia (f)	**rusalka** (ž)	[rusalka]
bruxo, feiticeiro (m)	**čaroděj** (m)	[ʧarodej]
fada (f)	**čarodějka** (ž)	[ʧarodejka]
mágico (adj)	**čarodějný**	[ʧarodejni:]
varinha (f) mágica	**čarovný proutek** (m)	[ʧarovni: proutɛk]
conto (m) de fadas	**pohádka** (ž)	[poha:tka]
milagre (m)	**zázrak** (m)	[za:zrak]
anão (m)	**gnóm** (m)	[gno:m]
transformar-se em ...	**proměnit se**	[promnenɪt sɛ]
fantasma (m)	**přízrak** (m)	[prʃi:zrak]

fantasma (m)	**přízrak** (m)	[prʃi:zrak]
monstro (m)	**příšera** (ž)	[prʃi:ʃɛra]
dragão (m)	**drak** (m)	[drak]
gigante (m)	**obr** (m)	[obr]

148. Signos do Zodíaco

Áries (f)	**Skopec** (m)	[skopɛʦ]
Touro (m)	**Býk** (m)	[bi:k]
Gêmeos (m pl)	**Blíženci** (m mn)	[bli:ʒenʦɪ]
Câncer (m)	**Rak** (m)	[rak]
Leão (m)	**Lev** (m)	[lɛf]
Virgem (f)	**Panna** (ž)	[panna]
Libra (f)	**Váhy** (ž mn)	[va:hɪ]
Escorpião (m)	**Štír** (m)	[ʃti:r]
Sagitário (m)	**Střelec** (m)	[strʃɛlɛʦ]
Capricórnio (m)	**Kozorožec** (m)	[kozoroʒeʦ]
Aquário (m)	**Vodnář** (m)	[vodna:rʃ]
Peixes (pl)	**Ryby** (ž mn)	[rɪbɪ]
caráter (m)	**povaha** (ž)	[povaha]
traços (m pl) do caráter	**povahové vlastnosti** (ž mn)	[povahovɛ: vlastnostɪ]
comportamento (m)	**chování** (s)	[xova:ni:]
prever a sorte	**hádat**	[ha:dat]
adivinha (f)	**věštkyně** (ž)	[veʃtkɪne]
horóscopo (m)	**horoskop** (m)	[horoskop]

Artes

149. Teatro

teatro (m)	**divadlo** (s)	[dɪvadlo]
ópera (f)	**opera** (ž)	[opɛra]
opereta (f)	**opereta** (ž)	[opɛrɛta]
balé (m)	**balet** (m)	[balɛt]
cartaz (m)	**plakát** (m)	[plaka:t]
companhia (f) de teatro	**soubor** (m)	[soubor]
turnê (f)	**pohostinská vystoupení** (s mn)	[pohostɪnska: vɪstoupɛni:]
estar em turnê	**hostovat**	[hostovat]
ensaiar (vt)	**zkoušet**	[skouʃɛt]
ensaio (m)	**zkouška** (ž)	[skouʃka]
repertório (m)	**repertoár** (m)	[rɛpɛrtoa:r]
apresentação (f)	**představení** (s)	[prʃɛtstavɛni:]
espetáculo (m)	**hra** (ž)	[hra]
peça (f)	**hra** (ž)	[hra]
entrada (m)	**vstupenka** (ž)	[vstupɛŋka]
bilheteira (f)	**pokladna** (ž)	[pokladna]
hall (m)	**vestibul** (m)	[vɛstɪbul]
vestiário (m)	**šatna** (ž)	[ʃatna]
senha (f) numerada	**lístek** (m) **s číslem**	[li:stɛk s ʧi:slem]
binóculo (m)	**kukátko** (s)	[kuka:tko]
lanterninha (m)	**uvaděčka** (ž)	[uvadeʧka]
plateia (f)	**přízemí** (s)	[prʃi:zɛmi:]
balcão (m)	**balkón** (m)	[balko:n]
primeiro balcão (m)	**první balkón** (m)	[prvni: balko:n]
camarote (m)	**lóže** (ž)	[lo:ʒe]
fila (f)	**řada** (ž)	[rʒada]
assento (m)	**místo** (s)	[mi:sto]
público (m)	**obecenstvo** (s)	[obɛʦɛnstvo]
espectador (m)	**divák** (m)	[dɪva:k]
aplaudir (vt)	**tleskat**	[tlɛskat]
aplauso (m)	**potlesk** (m)	[potlɛsk]
ovação (f)	**ovace** (ž)	[ovaʦɛ]
palco (m)	**jeviště** (s)	[jɛvɪʃte]
cortina (f)	**opona** (ž)	[opona]
cenário (m)	**dekorace** (ž)	[dɛkoraʦɛ]
bastidores (m pl)	**kulisy** (ž mn)	[kulɪsɪ]
cena (f)	**scéna** (ž)	[sʦɛ:na]
ato (m)	**jednání** (s)	[jɛdna:ni:]
intervalo (m)	**přestávka** (ž)	[prʃɛsta:fka]

150. Cinema

ator (m)	**herec** (m)	[hɛrɛʦ]
atriz (f)	**herečka** (ž)	[hɛrɛʧka]
cinema (m)	**kinematografie** (ž)	[kɪnɛmatografɪe]
filme (m)	**film** (m)	[fɪlm]
episódio (m)	**díl** (m)	[di:l]
filme (m) policial	**detektivka** (ž)	[dɛtɛktɪfka]
filme (m) de ação	**akční film** (m)	[akʧni: fɪlm]
filme (m) de aventuras	**dobrodružný film** (m)	[dobrodruʒni: fɪlm]
filme (m) de ficção científica	**vědecko-fantastický film** (m)	[vɛdɛʦko-fantastɪʦki: fɪlm]
filme (m) de horror	**horor** (m)	[horor]
comédia (f)	**filmová komedie** (ž)	[fɪlmova: komɛdɪe]
melodrama (m)	**melodrama** (s)	[mɛlodrama]
drama (m)	**drama** (s)	[drama]
filme (m) de ficção	**umělecký film** (m)	[umnelɛʦki: fɪlm]
documentário (m)	**dokumentární film** (m)	[dokumɛnta:rni: fɪlm]
desenho (m) animado	**kreslený film** (m)	[krɛslɛni: fɪlm]
cinema (m) mudo	**němý film** (m)	[nemi: fɪlm]
papel (m)	**role** (ž)	[rolɛ]
papel (m) principal	**hlavní role** (ž)	[hlavni: rolɛ]
representar (vt)	**hrát**	[hra:t]
estrela (f) de cinema	**filmová hvězda** (ž)	[fɪlmova: hvezda]
conhecido (adj)	**slavný**	[slavni:]
famoso (adj)	**známý**	[zna:mi:]
popular (adj)	**oblíbený**	[obli:bɛni:]
roteiro (m)	**scénář** (m)	[sʦɛ:na:rʃ]
roteirista (m)	**scenárista** (m)	[sʦɛna:rɪsta]
diretor (m) de cinema	**režisér** (m)	[rɛʒɪsɛ:r]
produtor (m)	**filmový producent** (m)	[fɪlmovi: produʦɛnt]
assistente (m)	**asistent** (m)	[asɪstɛnt]
diretor (m) de fotografia	**kameraman** (m)	[kamɛraman]
dublê (m)	**kaskadér** (m)	[kaskadɛ:r]
filmar (vt)	**natáčet film**	[nata:ʧɛt fɪlm]
audição (f)	**zkušební natáčení** (s)	[skuʃɛbni: nata:ʧɛni:]
filmagem (f)	**natáčení** (s)	[nata:ʧɛni:]
equipe (f) de filmagem	**filmová skupina** (ž)	[fɪlmova: skupɪna]
set (m) de filmagem	**natáčecí prostor** (m)	[nata:ʧɛʦi: prostor]
câmera (f)	**filmová kamera** (ž)	[fɪlmova: kamɛra]
cinema (m)	**biograf** (m)	[bɪograf]
tela (f)	**plátno** (s)	[pla:tno]
exibir um filme	**promítat film**	[promi:tat fɪlm]
trilha (f) sonora	**zvuková stopa** (ž)	[zvukova: stopa]
efeitos (m pl) especiais	**triky** (m mn)	[trɪkɪ]
legendas (f pl)	**titulky** (m mn)	[tɪtulkɪ]

crédito (m)	**titulky** (m mn)	[tɪtulkɪ]
tradução (f)	**překlad** (m)	[prʃɛklat]

151. Pintura

arte (f)	**umění** (s)	[umneni:]
belas-artes (f pl)	**krásná umění** (s mn)	[kra:sna: umneni:]
galeria (f) de arte	**galerie** (ž)	[galɛrɪe]
exibição (f) de arte	**výstava** (ž) **obrazů**	[vi:stava obrazu:]
pintura (f)	**malířství** (s)	[mali:rʃstvi:]
arte (f) gráfica	**grafika** (ž)	[grafɪka]
arte (f) abstrata	**abstraktní umění** (s)	[apstraktni: umneni:]
impressionismo (m)	**impresionismus** (m)	[ɪmprɛsɪonɪzmus]
pintura (f), quadro (m)	**obraz** (m)	[obraz]
desenho (m)	**kresba** (ž)	[krɛzba]
cartaz, pôster (m)	**plakát** (m)	[plaka:t]
ilustração (f)	**ilustrace** (ž)	[ɪlustratsɛ]
miniatura (f)	**miniatura** (ž)	[mɪnɪatura]
cópia (f)	**kopie** (ž)	[kopɪe]
reprodução (f)	**reprodukce** (ž)	[rɛproduktsɛ]
mosaico (m)	**mozaika** (ž)	[mozaɪka]
vitral (m)	**skleněná mozaika** (ž)	[sklɛnena: mozaɪka]
afresco (m)	**freska** (ž)	[frɛska]
gravura (f)	**rytina** (ž)	[rɪtɪna]
busto (m)	**bysta** (ž)	[bɪsta]
escultura (f)	**skulptura** (ž)	[skulptura]
estátua (f)	**socha** (ž)	[soxa]
gesso (m)	**sádra** (ž)	[sa:dra]
em gesso (adj)	**sádrový**	[sa:drovi:]
retrato (m)	**portrét** (m)	[portrɛ:t]
autorretrato (m)	**autoportrét** (m)	[autoportrɛ:t]
paisagem (f)	**krajina** (ž)	[krajɪna]
natureza (f) morta	**zátiší** (s)	[za:tɪʃi:]
caricatura (f)	**karikatura** (ž)	[karɪkatura]
esboço (m)	**náčrt** (m)	[na:tʃrt]
tinta (f)	**barva** (ž)	[barva]
aquarela (f)	**vodová barva** (ž)	[vodova: barva]
tinta (f) a óleo	**olejová barva** (ž)	[olɛjova: barva]
lápis (m)	**tužka** (ž)	[tuʃka]
tinta (f) nanquim	**tuž** (ž)	[tuʃ]
carvão (m)	**uhel** (m)	[uhɛl]
desenhar (vt)	**kreslit**	[krɛslɪt]
pintar (vt)	**malovat**	[malovat]
posar (vi)	**být modelem**	[bi:t modɛlɛm]
modelo (m)	**živý model** (m)	[ʒɪvi: modɛl]

modelo (f)	**modelka** (ž)	[modɛlka]
pintor (m)	**malíř** (m)	[mali:rʃ]
obra (f)	**dílo** (s)	[di:lo]
obra-prima (f)	**veledílo** (s)	[vɛlɛdi:lo]
estúdio (m)	**dílna** (ž)	[di:lna]
tela (f)	**plátno** (s)	[pla:tno]
cavalete (m)	**malířský stojan** (m)	[malirʒski: stojan]
paleta (f)	**paleta** (ž)	[palɛta]
moldura (f)	**rám** (m)	[ra:m]
restauração (f)	**restaurace** (ž)	[rɛstauraʦɛ]
restaurar (vt)	**restaurovat**	[rɛstaurovat]

152. Literatura & Poesia

literatura (f)	**literatura** (ž)	[lɪtɛratura]
autor (m)	**autor** (m)	[autor]
pseudônimo (m)	**pseudonym** (m)	[psɛudonɪm]
livro (m)	**kniha** (ž)	[knɪha]
volume (m)	**díl** (m)	[di:l]
índice (m)	**obsah** (m)	[opsax]
página (f)	**stránka** (ž)	[stra:ŋka]
protagonista (m)	**hlavní hrdina** (m)	[hlavni: hrdɪna]
autógrafo (m)	**autogram** (m)	[autogram]
conto (m)	**povídka** (ž)	[povi:tka]
novela (f)	**novela** (ž)	[novɛla]
romance (m)	**román** (m)	[roma:n]
obra (f)	**spis** (m)	[spɪs]
fábula (m)	**bajka** (ž)	[bajka]
romance (m) policial	**detektivka** (ž)	[dɛtɛktɪfka]
verso (m)	**báseň** (ž)	[ba:sɛnʲ]
poesia (f)	**poezie** (ž)	[poɛzɪe]
poema (m)	**báseň** (ž)	[ba:sɛnʲ]
poeta (m)	**básník** (m)	[ba:sni:k]
ficção (f)	**beletrie** (ž)	[bɛlɛtrɪe]
ficção (f) científica	**vědecko-fantastická literatura** (ž)	[vɛdɛʦko-fantastɪʦka lɪtɛratura]
aventuras (f pl)	**dobrodružství** (s)	[dobrodruʒstvi:]
literatura (f) didática	**školní literatura** (ž)	[ʃkolni: lɪtɛratura]
literatura (f) infantil	**dětská literatura** (ž)	[detska: lɪtɛratura]

153. Circo

circo (m)	**cirkus** (m)	[ʦɪrkus]
circo (m) ambulante	**cirkusový stan** (m)	[ʦɪrkusovi: stan]
programa (m)	**program** (m)	[program]
apresentação (f)	**představení** (s)	[prʃɛtstavɛni:]

número (m)	**výstup** (m)	[vi:stup]
picadeiro (f)	**aréna** (ž)	[arɛ:na]
pantomima (f)	**pantomima** (ž)	[pantomɪma]
palhaço (m)	**klaun** (m)	[klaun]
acrobata (m)	**akrobat** (m)	[akrobat]
acrobacia (f)	**akrobatika** (ž)	[akrobatɪka]
ginasta (m)	**gymnasta** (m)	[gɪmnasta]
ginástica (f)	**gymnastika** (ž)	[gɪmnastɪka]
salto (m) mortal	**salto** (s)	[salto]
homem (m) forte	**atlet** (m)	[atlɛt]
domador (m)	**krotitel** (m)	[krotɪtɛl]
cavaleiro (m) equilibrista	**jezdec** (m)	[jɛzdɛʦ]
assistente (m)	**asistent** (m)	[asɪstɛnt]
truque (m)	**trik** (m)	[trɪk]
truque (m) de mágica	**kouzlo** (s)	[kouzlo]
ilusionista (m)	**kouzelník** (m)	[kouzɛlni:k]
malabarista (m)	**žonglér** (m)	[ʒonglɛ:r]
fazer malabarismos	**žonglovat**	[ʒonglovat]
adestrador (m)	**cvičitel** (m)	[ʦvɪʧɪtɛl]
adestramento (m)	**drezůra** (ž)	[drɛzu:ra]
adestrar (vt)	**cvičit**	[ʦvɪʧɪt]

154. Música. Música popular

música (f)	**hudba** (ž)	[hudba]
músico (m)	**hudebník** (m)	[hudɛbni:k]
instrumento (m) musical	**hudební nástroj** (m)	[hudɛbni: na:stroj]
tocar ...	**hrát na ...**	[hra:t na]
guitarra (f)	**kytara** (ž)	[kɪtara]
violino (m)	**housle** (ž mn)	[houslɛ]
violoncelo (m)	**violoncello** (s)	[vɪolonʧelo]
contrabaixo (m)	**basa** (ž)	[basa]
harpa (f)	**harfa** (ž)	[harfa]
piano (m)	**pianino** (s)	[pɪanɪno]
piano (m) de cauda	**klavír** (m)	[klavi:r]
órgão (m)	**varhany** (ž mn)	[varhanɪ]
instrumentos (m pl) de sopro	**dechové nástroje** (m mn)	[dɛxovɛ: na:strojɛ]
oboé (m)	**hoboj** (m)	[hoboj]
saxofone (m)	**saxofon** (m)	[saksofon]
clarinete (m)	**klarinet** (m)	[klarɪnɛt]
flauta (f)	**flétna** (ž)	[flɛ:tna]
trompete (m)	**trubka** (ž)	[trupka]
acordeão (m)	**akordeon** (m)	[akordɛon]
tambor (m)	**buben** (m)	[bubɛn]
dueto (m)	**duo** (s)	[duo]

trio (m) **trio** (s) [trɪo]
quarteto (m) **kvarteto** (s) [kvartɛto]
coro (m) **sbor** (m) [zbor]
orquestra (f) **orchestr** (m) [orxɛstr]

música (f) pop **populární hudba** (ž) [popula:rni: hudba]
música (f) rock **rocková hudba** (ž) [rokova: hudba]
grupo (m) de rock **roková kapela** (ž) [rokova: kapɛla]
jazz (m) **jazz** (m) [ʤɛs]

ídolo (m) **idol** (m) [ɪdol]
fã, admirador (m) **ctitel** (m) [ʦtɪtɛl]

concerto (m) **koncert** (m) [konʦɛrt]
sinfonia (f) **symfonie** (ž) [sɪmfonɪe]
composição (f) **skladba** (ž) [skladba]
compor (vt) **složit** [sloʒɪt]

canto (m) **zpěv** (m) [spef]
canção (f) **píseň** (ž) [pi:sɛnʲ]
melodia (f) **melodie** (ž) [mɛlodɪe]
ritmo (m) **rytmus** (m) [rɪtmus]
blues (m) **blues** (s) [blu:s]

notas (f pl) **noty** (ž mn) [notɪ]
batuta (f) **taktovka** (ž) [taktofka]
arco (m) **smyčec** (m) [smɪʧɛʦ]
corda (f) **struna** (ž) [struna]
estojo (m) **pouzdro** (s) [pouzdro]

Descanso. Entretenimento. Viagens

155. Viagens

turismo (m)	**turistika** (ž)	[turɪstɪka]
turista (m)	**turista** (m)	[turɪsta]
viagem (f)	**cestování** (s)	[ʦɛstova:ni:]
aventura (f)	**příhoda** (ž)	[prʃi:hoda]
percurso (curta viagem)	**cesta** (ž)	[ʦɛsta]
férias (f pl)	**dovolená** (ž)	[dovolɛna:]
estar de férias	**mít dovolenou**	[mi:t dovolɛnou]
descanso (m)	**odpočinek** (m)	[otpoʧɪnɛk]
trem (m)	**vlak** (m)	[vlak]
de trem (chegar ~)	**vlakem**	[vlakɛm]
avião (m)	**letadlo** (s)	[lɛtadlo]
de avião	**letadlem**	[lɛtadlɛm]
de carro	**autem**	[autɛm]
de navio	**lodí**	[lodi:]
bagagem (f)	**zavazadla** (s mn)	[zavazadla]
mala (f)	**kufr** (m)	[kufr]
carrinho (m)	**vozík** (m) **na zavazadla**	[vozi:k na zavazadla]
passaporte (m)	**pas** (m)	[pas]
visto (m)	**vízum** (s)	[vi:zum]
passagem (f)	**jízdenka** (ž)	[ji:zdɛŋka]
passagem (f) aérea	**letenka** (ž)	[lɛtɛŋka]
guia (m) de viagem	**průvodce** (m)	[pru:vodʦɛ]
mapa (m)	**mapa** (ž)	[mapa]
área (f)	**krajina** (ž)	[krajɪna]
lugar (m)	**místo** (s)	[mi:sto]
exotismo (m)	**exotika** (ž)	[ɛgzotɪka]
exótico (adj)	**exotický**	[ɛgzotɪʦki:]
surpreendente (adj)	**podivuhodný**	[podɪvuhodni:]
grupo (m)	**skupina** (ž)	[skupɪna]
excursão (f)	**výlet** (m)	[vi:lɛt]
guia (m)	**průvodce** (m)	[pru:vodʦɛ]

156. Hotel

hotel (m)	**hotel** (m)	[hotɛl]
motel (m)	**motel** (m)	[motɛl]
três estrelas	**tři hvězdy**	[trʃɪ hvezdɪ]

cinco estrelas	**pět hvězd**	[pet hvezt]
ficar (vi, vt)	**ubytovat se**	[ubɪtovat sɛ]
quarto (m)	**pokoj** (m)	[pokoj]
quarto (m) individual	**jednolůžkový pokoj** (m)	[jɛdnolu:ʃkovi: pokoj]
quarto (m) duplo	**dvoulůžkový pokoj** (m)	[dvoulu:ʃkovi: pokoj]
reservar um quarto	**rezervovat pokoj**	[rɛzɛrvovat pokoj]
meia pensão (f)	**polopenze** (ž)	[polopɛnzɛ]
pensão (f) completa	**plná penze** (ž)	[plna: pɛnzɛ]
com banheira	**s koupelnou**	[s koupɛlnou]
com chuveiro	**se sprchou**	[sɛ sprxou]
televisão (m) por satélite	**satelitní televize** (ž)	[satɛlɪtni: tɛlɛvɪzɛ]
ar (m) condicionado	**klimatizátor** (m)	[klɪmatɪza:tor]
toalha (f)	**ručník** (m)	[ruʧni:k]
chave (f)	**klíč** (m)	[kli:ʧ]
administrador (m)	**recepční** (m)	[rɛʦɛpʧni:]
camareira (f)	**pokojská** (ž)	[pokojska:]
bagageiro (m)	**nosič** (m)	[nosɪʧ]
porteiro (m)	**vrátný** (m)	[vra:tni:]
restaurante (m)	**restaurace** (ž)	[rɛstauraʦɛ]
bar (m)	**bar** (m)	[bar]
café (m) da manhã	**snídaně** (ž)	[sni:dane]
jantar (m)	**večeře** (ž)	[vɛʧɛrʒɛ]
bufê (m)	**obložený stůl** (m)	[oblozeni: stu:l]
saguão (m)	**vstupní hala** (ž)	[vstupni: hala]
elevador (m)	**výtah** (m)	[vi:tax]
NÃO PERTURBE	**NERUŠIT**	[nɛruʃɪt]
PROIBIDO FUMAR!	**ZÁKAZ KOUŘENÍ**	[za:kaz kourʒɛni:]

157. Livros. Leitura

livro (m)	**kniha** (ž)	[knɪha]
autor (m)	**autor** (m)	[autor]
escritor (m)	**spisovatel** (m)	[spɪsovatɛl]
escrever (~ um livro)	**napsat**	[napsat]
leitor (m)	**čtenář** (m)	[ʧtɛna:rʃ]
ler (vt)	**číst**	[ʧi:st]
leitura (f)	**četba** (ž)	[ʧɛtba]
para si	**pro sebe**	[pro sɛbɛ]
em voz alta	**nahlas**	[nahlas]
publicar (vt)	**vydávat**	[vɪda:vat]
publicação (f)	**vydání** (s)	[vɪda:ni:]
editor (m)	**vydavatel** (m)	[vɪdavatɛl]
editora (f)	**nakladatelství** (s)	[nakladatɛlstvi:]
sair (vi)	**vyjít**	[vɪji:t]

lançamento (m)	**vydání** (s)	[vɪda:ni:]
tiragem (f)	**náklad** (m)	[na:klat]
livraria (f)	**knihkupectví** (s)	[knɪxkupɛt͡stvi:]
biblioteca (f)	**knihovna** (ž)	[knɪhovna]
novela (f)	**novela** (ž)	[novɛla]
conto (m)	**povídka** (ž)	[povi:tka]
romance (m)	**román** (m)	[roma:n]
romance (m) policial	**detektivka** (ž)	[dɛtɛktɪfka]
memórias (f pl)	**paměti** (ž mn)	[pamnetɪ]
lenda (f)	**legenda** (ž)	[lɛgɛnda]
mito (m)	**mýtus** (m)	[mi:tus]
poesia (f)	**básně** (ž mn)	[ba:sne]
autobiografia (f)	**vlastní životopis** (m)	[vlastni: ʒɪvotopɪs]
obras (f pl) escolhidas	**výbor** (m) **z díla**	[vi:bor z di:la]
ficção (f) científica	**fantastika** (ž)	[fantastɪka]
título (m)	**název** (m)	[na:zɛf]
introdução (f)	**úvod** (m)	[u:vot]
folha (f) de rosto	**titulní list** (m)	[tɪtulni: lɪst]
capítulo (m)	**kapitola** (ž)	[kapɪtola]
excerto (m)	**úryvek** (m)	[u:rɪvɛk]
episódio (m)	**epizoda** (ž)	[ɛpɪzoda]
enredo (m)	**námět** (m)	[na:mnet]
conteúdo (m)	**obsah** (m)	[opsax]
índice (m)	**obsah** (m)	[opsax]
protagonista (m)	**hlavní hrdina** (m)	[hlavni: hrdɪna]
volume (m)	**svazek** (m)	[svazɛk]
capa (f)	**obálka** (ž)	[oba:lka]
encadernação (f)	**vazba** (ž)	[vazba]
marcador (m) de página	**záložka** (ž)	[za:loʃka]
página (f)	**stránka** (ž)	[stra:ŋka]
folhear (vt)	**listovat**	[lɪstovat]
margem (f)	**okraj** (m)	[okraj]
anotação (f)	**poznámka** (ž) **na okraj**	[pozna:mka na okraj]
nota (f) de rodapé	**poznámka** (ž)	[pozna:mka]
texto (m)	**text** (m)	[tɛkst]
fonte (f)	**písmo** (s)	[pi:smo]
falha (f) de impressão	**chyba** (ž) **tisku**	[xɪba tɪsku]
tradução (f)	**překlad** (m)	[prʃɛklat]
traduzir (vt)	**překládat**	[prʃɛkla:dat]
original (m)	**originál** (m)	[orɪgɪna:l]
famoso (adj)	**slavný**	[slavni:]
desconhecido (adj)	**neznámý**	[nɛzna:mi:]
interessante (adj)	**zajímavý**	[zaji:mavi:]
best-seller (m)	**bestseller** (m)	[bɛstsɛlɛr]

dicionário (m)	**slovník** (m)	[slovni:k]
livro (m) didático	**učebnice** (ž)	[utʃɛbnɪtsɛ]
enciclopédia (f)	**encyklopedie** (ž)	[ɛntsɪklopɛdɪe]

158. Caça. Pesca

caça (f)	**lov** (m)	[lof]
caçar (vi)	**lovit**	[lovɪt]
caçador (m)	**lovec** (m)	[lovɛts]
disparar, atirar (vi)	**střílet**	[strʃi:lɛt]
rifle (m)	**puška** (ž)	[puʃka]
cartucho (m)	**náboj** (m)	[na:boj]
chumbo (m) de caça	**broky** (m mn)	[brokɪ]
armadilha (f)	**past** (ž)	[past]
armadilha (com corda)	**léčka** (ž)	[lɛ:tʃka]
pôr a armadilha	**líčit past**	[li:tʃɪt past]
caçador (m) furtivo	**pytlák** (m)	[pɪtla:k]
caça (animais)	**zvěřina** (ž)	[zverʒɪna]
cão (m) de caça	**lovecký pes** (m)	[lovɛtski: pɛs]
safári (m)	**safari** (s)	[safarɪ]
animal (m) empalhado	**vycpané zvíře** (s)	[vɪtspanɛ: zvi:rʒɛ]
pescador (m)	**rybář** (m)	[rɪba:rʃ]
pesca (f)	**rybaření** (s)	[rɪbarʒɛni:]
pescar (vt)	**lovit ryby**	[lovɪt rɪbɪ]
vara (f) de pesca	**udice** (ž)	[udɪtsɛ]
linha (f) de pesca	**vlas** (m)	[vlas]
anzol (m)	**háček** (m)	[ha:tʃɛk]
boia (f), flutuador (m)	**splávek** (m)	[spla:vɛk]
isca (f)	**návnada** (ž)	[na:vnada]
lançar a linha	**hodit udici**	[hodɪt udɪtsɪ]
morder (peixe)	**brát**	[bra:t]
pesca (f)	**úlovek** (m)	[u:lovɛk]
buraco (m) no gelo	**otvor** (m) **v ledu**	[otvor v lɛdu]
rede (f)	**síť** (ž)	[si:tʲ]
barco (m)	**loďka** (ž)	[lotʲka]
pescar com rede	**lovit sítí**	[lovɪt si:ti:]
lançar a rede	**házet síť**	[ha:zɛt si:tʲ]
puxar a rede	**vytahovat síť**	[vɪtahovat si:tʲ]
baleeiro (m)	**velrybář** (m)	[vɛlrɪba:rʃ]
baleeira (f)	**velrybářská loď** (ž)	[vɛlrɪba:rʃska: lotʲ]
arpão (m)	**harpuna** (ž)	[harpuna]

159. Jogos. Bilhar

bilhar (m)	**kulečník** (m)	[kulɛtʃni:k]
sala (f) de bilhar	**kulečníková herna** (ž)	[kulɛtʃni:kova: hɛrna]

bola (f) de bilhar	**kulečníková koule** (ž)	[kulɛtʃni:kova: koulɛ]
embolsar uma bola	**strefit se koulí**	[strɛfɪt sɛ kouli:]
taco (m)	**tágo** (s)	[ta:go]
caçapa (f)	**otvor** (m) **v kulečníku**	[otvor v kulɛtʃni:ku]

160. Jogos. Jogar cartas

ouros (m pl)	**kára** (s mn)	[ka:ra]
espadas (f pl)	**piky** (m mn)	[pɪkɪ]
copas (f pl)	**srdce** (s mn)	[srdʦɛ]
paus (m pl)	**kříže** (m mn)	[krʃi:ʒe]
ás (m)	**eso** (s)	[ɛso]
rei (m)	**král** (m)	[kra:l]
dama (f), rainha (f)	**dáma** (ž)	[da:ma]
valete (m)	**kluk** (m)	[kluk]
carta (f) de jogar	**karta** (ž)	[karta]
cartas (f pl)	**karty** (ž mn)	[kartɪ]
trunfo (m)	**trumf** (m)	[trumf]
baralho (m)	**karty** (ž mn)	[kartɪ]
dar, distribuir (vt)	**rozdávat**	[rozda:vat]
embaralhar (vt)	**míchat**	[mi:xat]
vez, jogada (f)	**vynášení** (s)	[vɪna:ʃɛni:]
trapaceiro (m)	**falešný hráč** (m)	[falɛʃni: hra:tʃ]

161. Casino. Roleta

cassino (m)	**kasino** (s)	[kasi:no]
roleta (f)	**ruleta** (ž)	[rulɛta]
aposta (f)	**sázka** (ž)	[sa:ska]
apostar (vt)	**sázet**	[sa:zɛt]
vermelho (m)	**červené** (s)	[tʃɛrvɛnɛ:]
preto (m)	**černé** (s)	[tʃɛrnɛ:]
apostar no vermelho	**sázet na červené**	[sa:zɛt na tʃɛrvɛnɛ:]
apostar no preto	**sázet na černé**	[sa:zɛt na tʃɛrnɛ:]
croupier (m, f)	**krupiér** (m)	[krupjɛ:r]
girar da roleta	**otáčet buben**	[ota:tʃɛt bubɛn]
regras (f pl) do jogo	**pravidla** (s mn) **hry**	[pravɪdla hrɪ]
ficha (f)	**žeton** (m)	[ʒeton]
ganhar (vi, vt)	**vyhrát**	[vɪhra:t]
ganho (m)	**výhra** (ž)	[vi:hra]
perder (dinheiro)	**prohrát**	[prohra:t]
perda (f)	**prohra** (ž)	[prohra]
jogador (m)	**hráč** (m)	[hra:tʃ]
blackjack, vinte-e-um (m)	**hra** (ž) **jednadvacet**	[hra jɛdnadvaʦɛt]

jogo (m) de dados	**hra** (ž) **v kostky**	[hra v kostkɪ]
caça-níqueis (m)	**hrací automat** (m)	[hraʦi: automat]

162. Descanso. Jogos. Diversos

passear (vi)	**procházet se**	[proxa:zɛt sɛ]
passeio (m)	**procházka** (ž)	[proxa:ska]
viagem (f) de carro	**vyjížďka** (ž)	[vɪji:ʒtʲka]
aventura (f)	**příhoda** (ž)	[prʃi:hoda]
piquenique (m)	**piknik** (m)	[pɪknɪk]
jogo (m)	**hra** (ž)	[hra]
jogador (m)	**hráč** (m)	[hra:ʧ]
partida (f)	**partie** (ž)	[partɪe]
colecionador (m)	**sběratel** (m)	[zberatɛl]
colecionar (vt)	**sbírat**	[zbi:rat]
coleção (f)	**sbírka** (ž)	[zbi:rka]
palavras (f pl) cruzadas	**křížovka** (ž)	[krʃi:ʒofka]
hipódromo (m)	**hipodrom** (m)	[hɪpodrom]
discoteca (f)	**diskotéka** (ž)	[dɪskotɛ:ka]
sauna (f)	**sauna** (ž)	[sauna]
loteria (f)	**loterie** (ž)	[lotɛrɪe]
campismo (m)	**túra** (ž)	[tu:ra]
acampamento (m)	**tábor** (m)	[ta:bor]
barraca (f)	**stan** (m)	[stan]
bússola (f)	**kompas** (m)	[kompas]
campista (m)	**turista** (m)	[turɪsta]
ver (vt), assistir à ...	**dívat se na ...**	[di:vat sɛ na]
telespectador (m)	**televizní divák** (m)	[tɛlɛvɪzni: dɪva:k]
programa (m) de TV	**televizní pořad** (m)	[tɛlevɪzni: porʒat]

163. Fotografia

máquina (f) fotográfica	**fotoaparát** (m)	[fotoapara:t]
foto, fotografia (f)	**fotografie** (ž)	[fotografɪe]
fotógrafo (m)	**fotograf** (m)	[fotograf]
estúdio (m) fotográfico	**fotografický salón** (m)	[fotografɪʦki: salo:n]
álbum (m) de fotografias	**fotoalbum** (s)	[fotoalbum]
lente (f) fotográfica	**objektiv** (m)	[objɛktɪf]
lente (f) teleobjetiva	**teleobjektiv** (m)	[tɛlɛobjɛktɪf]
filtro (m)	**filtr** (m)	[fɪltr]
lente (f)	**čočka** (ž)	[ʧoʧka]
ótica (f)	**optika** (ž)	[optɪka]
abertura (f)	**clona** (ž)	[ʦlona]

exposição (f)	**expozice** (ž)	[ɛkspozɪtsɛ]
visor (m)	**hledáček** (m)	[hlɛda:tʃɛk]
câmera (f) digital	**digitální kamera** (ž)	[dɪgɪta:lni: kamɛra]
tripé (m)	**stativ** (m)	[statɪf]
flash (m)	**blesk** (m)	[blɛsk]
fotografar (vt)	**fotografovat**	[fotografovat]
tirar fotos	**fotografovat**	[fotografovat]
fotografar-se (vr)	**fotografovat se**	[fotografovat sɛ]
foco (m)	**ostrost** (ž)	[ostrost]
focar (vt)	**zaostřovat**	[zaostrʃovat]
nítido (adj)	**ostrý**	[ostri:]
nitidez (f)	**ostrost** (ž)	[ostrost]
contraste (m)	**kontrast** (m)	[kontrast]
contrastante (adj)	**kontrastní**	[kontrastni:]
retrato (m)	**snímek** (m)	[sni:mɛk]
negativo (m)	**negativ** (m)	[nɛgatɪf]
filme (m)	**film** (m)	[fɪlm]
fotograma (m)	**záběr** (m)	[za:ber]
imprimir (vt)	**tisknout**	[tɪsknout]

164. Praia. Natação

praia (f)	**pláž** (ž)	[pla:ʃ]
areia (f)	**písek** (m)	[pi:sɛk]
deserto (adj)	**pustý**	[pusti:]
bronzeado (m)	**opálení** (s)	[opa:lɛni:]
bronzear-se (vr)	**opalovat se**	[opalovat sɛ]
bronzeado (adj)	**opálený**	[opa:lɛni:]
protetor (m) solar	**krém** (m) **na opalování**	[krɛ:m na opalova:ni:]
biquíni (m)	**bikiny** (mn)	[bɪkɪnɪ]
maiô (m)	**dámské plavky** (ž mn)	[damske plafkɪ]
calção (m) de banho	**plavky** (ž mn)	[plafkɪ]
piscina (f)	**bazén** (m)	[bazɛ:n]
nadar (vi)	**plavat**	[plavat]
chuveiro (m), ducha (f)	**sprcha** (ž)	[sprxa]
mudar, trocar (vt)	**převlékat se**	[prʃɛvlɛ:kat sɛ]
toalha (f)	**ručník** (m)	[rutʃni:k]
barco (m)	**loďka** (ž)	[lotʲka]
lancha (f)	**motorový člun** (m)	[motorovi: tʃlun]
esqui (m) aquático	**vodní lyže** (ž mn)	[vodni: lɪʒe]
barco (m) de pedais	**vodní bicykl** (m)	[vodni: bɪtsɪkl]
surf, surfe (m)	**surfování** (s)	[surfova:ni:]
surfista (m)	**surfař** (m)	[surfarʃ]
equipamento (m) de mergulho	**potápěčský dýchací přístroj** (m)	[pota:petʃski: di:xatsi: prʃi:stroj]

pé (m pl) de pato	**ploutve** (ž mn)	[ploutvɛ]
máscara (f)	**maska** (ž)	[maska]
mergulhador (m)	**potápěč** (m)	[pota:petʃ]
mergulhar (vi)	**potápět se**	[pota:pet sɛ]
debaixo d'água	**pod vodou**	[pod vodou]
guarda-sol (m)	**slunečník** (m)	[slunɛtʃni:k]
espreguiçadeira (f)	**rozkládací lehátko** (s)	[roskla:datsi: lɛha:tko]
óculos (m pl) de sol	**sluneční brýle** (mn)	[slunɛtʃni: bri:lɛ]
colchão (m) de ar	**nafukovací matrace** (ž)	[nafukovatsi: matratsɛ]
brincar (vi)	**hrát**	[hra:t]
ir nadar	**koupat se**	[koupat sɛ]
bola (f) de praia	**míč** (m)	[mi:tʃ]
encher (vt)	**nafukovat**	[nafukovat]
inflável (adj)	**nafukovací**	[nafukovatsi:]
onda (f)	**vlna** (ž)	[vlna]
boia (f)	**bóje** (ž)	[bo:jɛ]
afogar-se (vr)	**topit se**	[topɪt sɛ]
salvar (vt)	**zachraňovat**	[zaxranʲovat]
colete (m) salva-vidas	**záchranná vesta** (ž)	[za:xranna: vɛsta]
observar (vt)	**pozorovat**	[pozorovat]
salva-vidas (pessoa)	**záchranář** (m)	[za:xrana:rʃ]

EQUIPAMENTO TÉCNICO. TRANSPORTES

Equipamento técnico. Transportes

165. Computador

computador (m)	**počítač** (m)	[poʧi:taʧ]
computador (m) portátil	**notebook** (m)	[noutbu:k]
ligar (vt)	**zapnout**	[zapnout]
desligar (vt)	**vypnout**	[vɪpnout]
teclado (m)	**klávesnice** (ž)	[kla:vɛsnɪʦɛ]
tecla (f)	**klávesa** (ž)	[kla:vɛsa]
mouse (m)	**myš** (ž)	[mɪʃ]
tapete (m) para mouse	**podložka** (ž) **pro myš**	[podloʃka pro mɪʃ]
botão (m)	**tlačítko** (s)	[tlaʧi:tko]
cursor (m)	**kurzor** (m)	[kurzor]
monitor (m)	**monitor** (m)	[monɪtor]
tela (f)	**obrazovka** (ž)	[obrazofka]
disco (m) rígido	**pevný disk** (m)	[pɛvni: dɪsk]
capacidade (f) do disco rígido	**rozměr** (m) **disku**	[rozmner dɪsku]
memória (f)	**paměť** (ž)	[pamnetʲ]
memória RAM (f)	**operační paměť** (ž)	[opɛraʧni: pamnetʲ]
arquivo (m)	**soubor** (m)	[soubor]
pasta (f)	**složka** (ž)	[sloʃka]
abrir (vt)	**otevřít**	[otɛvrʒi:t]
fechar (vt)	**zavřít**	[zavrʒi:t]
salvar (vt)	**uložit**	[uloʒɪt]
deletar (vt)	**vymazat**	[vɪmazat]
copiar (vt)	**zkopírovat**	[skopi:rovat]
ordenar (vt)	**uspořádat**	[usporʒa:dat]
copiar (vt)	**zkopírovat**	[skopi:rovat]
programa (m)	**program** (m)	[program]
software (m)	**programové vybavení** (s)	[programovɛ: vɪbavɛni:]
programador (m)	**programátor** (m)	[programa:tor]
programar (vt)	**programovat**	[programovat]
hacker (m)	**hacker** (m)	[hɛkr]
senha (f)	**heslo** (s)	[hɛslo]
vírus (m)	**virus** (m)	[vɪrus]
detectar (vt)	**zjistit**	[zjɪstɪt]
byte (m)	**byte** (m)	[bajt]

megabyte (m)	**megabyte** (m)	[mɛgabajt]
dados (m pl)	**data** (s mn)	[data]
base (f) de dados	**databáze** (ž)	[databa:zɛ]
cabo (m)	**kabel** (m)	[kabɛl]
desconectar (vt)	**odpojit**	[otpojɪt]
conectar (vt)	**připojit**	[prʃɪpojɪt]

166. Internet. E-mail

internet (f)	**internet** (m)	[ɪntɛrnɛt]
browser (m)	**prohlížeč** (m)	[prohli:ʒɛʧ]
motor (m) de busca	**vyhledávací zdroj** (m)	[vɪhlɛda:vaʦi: zdroj]
provedor (m)	**dodavatel** (m)	[dodavatɛl]
webmaster (m)	**web-master** (m)	[vɛb-mastɛr]
website (m)	**webové stránky** (ž mn)	[vɛbovɛ: stra:ŋkɪ]
web page (f)	**webová stránka** (ž)	[vɛbova: stra:ŋka]
endereço (m)	**adresa** (ž)	[adrɛsa]
livro (m) de endereços	**adresář** (m)	[adrɛsa:rʃ]
caixa (f) de correio	**e-mailová schránka** (ž)	[i:mɛjlova: sxra:ŋka]
correio (m)	**pošta** (ž)	[poʃta]
mensagem (f)	**zpráva** (ž)	[spra:va]
remetente (m)	**odesílatel** (m)	[odɛsi:latɛl]
enviar (vt)	**odeslat**	[odɛslat]
envio (m)	**odeslání** (s)	[odɛsla:ni:]
destinatário (m)	**příjemce** (m)	[prʃi:jɛmʦɛ]
receber (vt)	**dostat**	[dostat]
correspondência (f)	**korespondence** (ž)	[korɛspondɛnʦɛ]
corresponder-se (vr)	**korespondovat**	[korɛspondovat]
arquivo (m)	**soubor** (m)	[soubor]
fazer download, baixar (vt)	**stáhnout**	[sta:hnout]
criar (vt)	**vytvořit**	[vɪtvorʒɪt]
deletar (vt)	**vymazat**	[vɪmazat]
deletado (adj)	**vymazaný**	[vɪmazani:]
conexão (f)	**spojení** (s)	[spojɛni:]
velocidade (f)	**rychlost** (ž)	[rɪxlost]
modem (m)	**modem** (m)	[modɛm]
acesso (m)	**přístup** (m)	[prʃi:stup]
porta (f)	**port** (m)	[port]
conexão (f)	**připojení** (s)	[prʃɪpojɛni:]
conectar (vi)	**připojit se**	[prʃɪpojɪt sɛ]
escolher (vt)	**vybrat**	[vɪbrat]
buscar (vt)	**hledat**	[hlɛdat]

167. Eletricidade

eletricidade (f)	**elektřina** (ž)	[ɛlɛktrʃɪna]
elétrico (adj)	**elektrický**	[ɛlɛktrɪtski:]
planta (f) elétrica	**elektrárna** (ž)	[ɛlɛktra:rna]
energia (f)	**energie** (ž)	[ɛnɛrgɪe]
energia (f) elétrica	**elektrická energie** (ž)	[ɛlɛktrɪtska: ɛnɛrgɪe]
lâmpada (f)	**žárovka** (ž)	[ʒa:rofka]
lanterna (f)	**baterka** (ž)	[batɛrka]
poste (m) de iluminação	**pouliční lampa** (ž)	[poulɪtʃni: lampa]
luz (f)	**světlo** (s)	[svetlo]
ligar (vt)	**zapínat**	[zapi:nat]
desligar (vt)	**vypínat**	[vɪpi:nat]
apagar a luz	**zhasnout světlo**	[zhasnout svetlo]
queimar (vi)	**přepálit se**	[prʃɛpa:lɪt sɛ]
curto-circuito (m)	**krátké spojení** (s)	[kra:tkɛ: spojɛni:]
ruptura (f)	**přetržení** (s)	[prʃɛtrʒeni:]
contato (m)	**kontakt** (m)	[kontakt]
interruptor (m)	**vypínač** (m)	[vɪpi:natʃ]
tomada (de parede)	**zásuvka** (ž)	[za:sufka]
plugue (m)	**zástrčka** (ž)	[za:strtʃka]
extensão (f)	**prodlužovák** (m)	[prodluʒova:k]
fusível (m)	**pojistka** (ž)	[pojɪstka]
fio, cabo (m)	**vodič** (m)	[vodɪtʃ]
instalação (f) elétrica	**vedení** (s)	[vɛdɛni:]
ampère (m)	**ampér** (m)	[ampɛ:r]
amperagem (f)	**intenzita** (ž) **proudu**	[ɪntɛnzɪta proudu]
volt (m)	**volt** (m)	[volt]
voltagem (f)	**napětí** (s)	[napeti:]
aparelho (m) elétrico	**elektrický přístroj** (m)	[ɛlɛktrɪtski: prʃi:stroj]
indicador (m)	**indikátor** (m)	[ɪndɪka:tor]
eletricista (m)	**elektrotechnik** (m)	[ɛlɛktrotɛxnɪk]
soldar (vt)	**letovat**	[lɛtovat]
soldador (m)	**letovačka** (ž)	[lɛtovatʃka]
corrente (f) elétrica	**proud** (m)	[prout]

168. Ferramentas

ferramenta (f)	**nářadí** (s)	[na:rʒadi:]
ferramentas (f pl)	**nástroje** (m mn)	[nastrojɛ]
equipamento (m)	**zařízení** (s)	[zarʒi:zɛni:]
martelo (m)	**kladivo** (s)	[kladɪvo]
chave (f) de fenda	**šroubovák** (m)	[ʃroubova:k]
machado (m)	**sekera** (ž)	[sɛkɛra]

serra (f)	**pila** (ž)	[pɪla]
serrar (vt)	**řezat**	[rʒɛzat]
plaina (f)	**hoblík** (m)	[hobli:k]
aplainar (vt)	**hoblovat**	[hoblovat]
soldador (m)	**letovačka** (ž)	[lɛtovatʃka]
soldar (vt)	**letovat**	[lɛtovat]
lima (f)	**pilník** (m)	[pɪlni:k]
tenaz (f)	**kleště** (ž mn)	[klɛʃte]
alicate (m)	**ploché kleště** (ž mn)	[ploxɛ: klɛʃte]
formão (m)	**dláto** (s)	[dla:to]
broca (f)	**vrták** (m)	[vrta:k]
furadeira (f) elétrica	**svidřík** (m)	[svɪdrʒi:k]
furar (vt)	**vrtat**	[vrtat]
faca (f)	**nůž** (m)	[nu:ʃ]
lâmina (f)	**čepel** (ž)	[tʃɛpɛl]
afiado (adj)	**ostrý**	[ostri:]
cego (adj)	**tupý**	[tupi:]
embotar-se (vr)	**ztupit se**	[stupɪt sɛ]
afiar, amolar (vt)	**ostřit**	[ostrʃɪt]
parafuso (m)	**šroub** (m)	[ʃroup]
porca (f)	**matice** (ž)	[matɪtsɛ]
rosca (f)	**závit** (m)	[za:vɪt]
parafuso (para madeira)	**vrut** (m)	[vrut]
prego (m)	**hřebík** (m)	[hrʒɛbi:k]
cabeça (f) do prego	**hlavička** (ž)	[hlavɪtʃka]
régua (f)	**pravítko** (s)	[pravi:tko]
fita (f) métrica	**měřicí pásmo** (s)	[mnerʒɪtsi: pa:smo]
nível (m)	**libela** (ž)	[lɪbɛla]
lupa (f)	**lupa** (ž)	[lupa]
medidor (m)	**měřicí přístroj** (m)	[mnerʒɪtsi: prʃi:stroj]
medir (vt)	**měřit**	[mnerʒɪt]
escala (f)	**stupnice** (ž)	[stupnɪtsɛ]
indicação (f), registro (m)	**údaje** (m mn)	[u:dajɛ]
compressor (m)	**kompresor** (m)	[komprɛsor]
microscópio (m)	**mikroskop** (m)	[mɪkroskop]
bomba (f)	**pumpa** (ž)	[pumpa]
robô (m)	**robot** (m)	[robot]
laser (m)	**laser** (m)	[lɛjzr]
chave (f) de boca	**maticový klíč** (m)	[matɪtsovi: kli:tʃ]
fita (f) adesiva	**lepicí páska** (ž)	[lɛpɪtsi: pa:ska]
cola (f)	**lepidlo** (s)	[lɛpɪdlo]
lixa (f)	**smirkový papír** (m)	[smɪrkovi: papi:r]
mola (f)	**pružina** (ž)	[pruʒɪna]
ímã (m)	**magnet** (m)	[magnɛt]

luva (f)	**rukavice** (ž mn)	[rukavɪʦɛ]
corda (f)	**provaz** (m)	[provaz]
cabo (~ de nylon, etc.)	**šňůra** (ž)	[ʃnu:ra]
fio (m)	**vodič** (m)	[vodɪʧ]
cabo (~ elétrico)	**kabel** (m)	[kabɛl]
marreta (f)	**palice** (ž)	[palɪʦɛ]
pé de cabra (m)	**sochor** (m)	[soxor]
escada (f) de mão	**žebřík** (m)	[ʒebrʒi:k]
escada (m)	**dvojitý žebřík** (m)	[dvojɪti: ʒebrʒi:k]
enroscar (vt)	**zakroutit**	[zakroutɪt]
desenroscar (vt)	**odšroubovávat**	[otʃroubova:vat]
apertar (vt)	**svírat**	[svi:rat]
colar (vt)	**přilepit**	[prʃɪlɛpɪt]
cortar (vt)	**řezat**	[rʒɛzat]
falha (f)	**porucha** (ž)	[poruxa]
conserto (m)	**oprava** (ž)	[oprava]
consertar, reparar (vt)	**opravovat**	[opravovat]
regular, ajustar (vt)	**seřizovat**	[sɛrʒɪzovat]
verificar (vt)	**zkoušet**	[skouʃɛt]
verificação (f)	**kontrola** (ž)	[kontrola]
indicação (f), registro (m)	**údaj** (m)	[u:daj]
seguro (adj)	**spolehlivý**	[spolɛhlɪvi:]
complicado (adj)	**složitý**	[sloʒɪti:]
enferrujar (vi)	**rezavět**	[rɛzavet]
enferrujado (adj)	**rezavý**	[rɛzavi:]
ferrugem (f)	**rez** (ž)	[rɛz]

Transportes

169. Avião

avião (m)	**letadlo** (s)	[lɛtadlo]
passagem (f) aérea	**letenka** (ž)	[lɛtɛŋka]
companhia (f) aérea	**letecká společnost** (ž)	[lɛtɛtska: spolɛtʃnost]
aeroporto (m)	**letiště** (s)	[lɛtɪʃtе]
supersônico (adj)	**nadzvukový**	[nadzvukovi:]
comandante (m) do avião	**velitel** (m) **posádky**	[vɛlɪtɛl posa:tkɪ]
tripulação (f)	**posádka** (ž)	[posa:tka]
piloto (m)	**pilot** (m)	[pɪlot]
aeromoça (f)	**letuška** (ž)	[lɛtuʃka]
copiloto (m)	**navigátor** (m)	[navɪga:tor]
asas (f pl)	**křídla** (s mn)	[krʃi:dla]
cauda (f)	**ocas** (m)	[otsas]
cabine (f)	**kabina** (ž)	[kabɪna]
motor (m)	**motor** (m)	[motor]
trem (m) de pouso	**podvozek** (m)	[podvozɛk]
turbina (f)	**turbína** (ž)	[turbi:na]
hélice (f)	**vrtule** (ž)	[vrtulɛ]
caixa-preta (f)	**černá skříňka** (ž)	[tʃɛrna: skrʃi:nʲka]
coluna (f) de controle	**řídicí páka** (ž)	[rʒi:dɪtsi: pa:ka]
combustível (m)	**palivo** (s)	[palɪvo]
instruções (f pl) de segurança	**předpis** (m)	[prʃɛtpɪs]
máscara (f) de oxigênio	**kyslíková maska** (ž)	[kɪsli:kova: maska]
uniforme (m)	**uniforma** (ž)	[unɪforma]
colete (m) salva-vidas	**záchranná vesta** (ž)	[za:xranna: vɛsta]
paraquedas (m)	**padák** (m)	[pada:k]
decolagem (f)	**start** (m) **letadla**	[start lɛtadla]
descolar (vi)	**vzlétat**	[vzlɛ:tat]
pista (f) de decolagem	**rozjezdová dráha** (ž)	[rozjɛzdova: dra:ha]
visibilidade (f)	**viditelnost** (ž)	[vɪdɪtɛlnost]
voo (m)	**let** (m)	[lɛt]
altura (f)	**výška** (ž)	[vi:ʃka]
poço (m) de ar	**vzdušná jáma** (ž)	[vzduʃna: jama]
assento (m)	**místo** (s)	[mi:sto]
fone (m) de ouvido	**sluchátka** (s mn)	[sluxa:tka]
mesa (f) retrátil	**odklápěcí stolek** (m)	[otkla:pɛtsi: stolɛk]
janela (f)	**okénko** (s)	[okɛ:ŋko]
corredor (m)	**chodba** (ž)	[xodba]

170. Comboio

trem (m)	**vlak** (m)	[vlak]
trem (m) elétrico	**elektrický vlak** (m)	[ɛlɛktrɪʦki: vlak]
trem (m)	**rychlík** (m)	[rɪxli:k]
locomotiva (f) diesel	**motorová lokomotiva** (ž)	[motorova: lokomotɪva]
locomotiva (f) a vapor	**parní lokomotiva** (ž)	[parni: lokomotɪva]
vagão (f) de passageiros	**vůz** (m)	[vu:z]
vagão-restaurante (m)	**jídelní vůz** (m)	[ji:dɛlni: vu:z]
carris (m pl)	**koleje** (ž mn)	[kolɛjɛ]
estrada (f) de ferro	**železnice** (ž mn)	[ʒelɛznɪʦɛ]
travessa (f)	**pražec** (m)	[praʒeʦ]
plataforma (f)	**nástupiště** (s)	[na:stupɪʃte]
linha (f)	**kolej** (ž)	[kolɛj]
semáforo (m)	**návěstidlo** (s)	[na:vestɪdlo]
estação (f)	**stanice** (ž)	[stanɪʦɛ]
maquinista (m)	**strojvůdce** (m)	[strojvu:dʦɛ]
bagageiro (m)	**nosič** (m)	[nosɪʧ]
hospedeiro, -a (m, f)	**průvodčí** (m)	[pru:vodʧi:]
passageiro (m)	**cestující** (m)	[ʦɛstuji:ʦi:]
revisor (m)	**revizor** (m)	[rɛvɪzor]
corredor (m)	**chodba** (ž)	[xodba]
freio (m) de emergência	**záchranná brzda** (ž)	[za:xranna: brzda]
compartimento (m)	**oddělení** (s)	[oddelɛni:]
cama (f)	**lůžko** (s)	[lu:ʃko]
cama (f) de cima	**horní lůžko** (s)	[horni: lu:ʃko]
cama (f) de baixo	**dolní lůžko** (s)	[dolni: lu:ʃko]
roupa (f) de cama	**lůžkoviny** (ž mn)	[lu:ʃkovɪnɪ]
passagem (f)	**jízdenka** (ž)	[ji:zdɛŋka]
horário (m)	**jízdní řád** (m)	[ji:zdni: rʒa:t]
painel (m) de informação	**tabule** (ž)	[tabulɛ]
partir (vt)	**odjíždět**	[odji:ʒdet]
partida (f)	**odjezd** (m)	[odjɛst]
chegar (vi)	**přijíždět**	[prʃɪji:ʒdet]
chegada (f)	**příjezd** (m)	[prʃi:jɛst]
chegar de trem	**přijet vlakem**	[prʃɪɛt vlakɛm]
pegar o trem	**nastoupit do vlaku**	[nastoupɪt do vlaku]
descer de trem	**vystoupit z vlaku**	[vɪstoupɪt z vlaku]
acidente (m) ferroviário	**železniční neštěstí** (s)	[ʒelɛznɪʧni: nɛʃtesti:]
locomotiva (f) a vapor	**parní lokomotiva** (ž)	[parni: lokomotɪva]
foguista (m)	**topič** (m)	[topɪʧ]
fornalha (f)	**topeniště** (s)	[topɛnɪʃte]
carvão (m)	**uhlí** (s)	[uhli:]

171. Barco

navio (m) **loď** (ž) [lotʲ]
embarcação (f) **loď** (ž) [lotʲ]

barco (m) a vapor **parník** (m) [parni:k]
barco (m) fluvial **říční loď** (ž) [riʧni lotʲ]
transatlântico (m) **linková loď** (ž) [lɪŋkova: lotʲ]
cruzeiro (m) **křižník** (m) [krʒɪʒni:k]

iate (m) **jachta** (ž) [jaxta]
rebocador (m) **vlek** (m) [vlɛk]
barcaça (f) **vlečná nákladní loď** (ž) [vlɛʧna: na:kladni: lotʲ]
ferry (m) **prám** (m) [pra:m]

veleiro (m) **plachetnice** (ž) [plaxɛtnɪʦɛ]
bergantim (m) **brigantina** (ž) [brɪganti:na]

quebra-gelo (m) **ledoborec** (m) [lɛdoborɛʦ]
submarino (m) **ponorka** (ž) [ponorka]

bote, barco (m) **loďka** (ž) [lotʲka]
baleeira (bote salva-vidas) **člun** (m) [ʧlun]
bote (m) salva-vidas **záchranný člun** (m) [za:xranni: ʧlun]
lancha (f) **motorový člun** (m) [motorovi: ʧlun]

capitão (m) **kapitán** (m) [kapɪta:n]
marinheiro (m) **námořník** (m) [na:morʒni:k]
marujo (m) **námořník** (m) [na:morʒni:k]
tripulação (f) **posádka** (ž) [posa:tka]

contramestre (m) **loďmistr** (m) [lodʲmɪstr]
grumete (m) **plavčík** (m) [plavʧi:k]
cozinheiro (m) de bordo **lodní kuchař** (m) [lodni: kuxarʃ]
médico (m) de bordo **lodní lékař** (m) [lodni: lɛ:karʃ]

convés (m) **paluba** (ž) [paluba]
mastro (m) **stěžeň** (m) [steʒenʲ]
vela (f) **plachta** (ž) [plaxta]

porão (m) **podpalubí** (s) [potpalubi:]
proa (f) **příď** (ž) [prʃi:tʲ]
popa (f) **záď** (ž) [za:tʲ]
remo (m) **veslo** (s) [vɛslo]
hélice (f) **lodní šroub** (m) [lodni: ʃroup]

cabine (m) **kajuta** (ž) [kajuta]
sala (f) dos oficiais **společenská místnost** (ž) [spolɛʧɛnska: mi:stnost]
sala (f) das máquinas **strojovna** (ž) [strojovna]
ponte (m) de comando **kapitánský můstek** (m) [kapɪta:nski: mu:stɛk]
sala (f) de comunicações **rádiová kabina** (ž) [ra:dɪova: kabɪna]
onda (f) **vlna** (ž) [vlna]
diário (m) de bordo **lodní deník** (m) [lodni: dɛni:k]
luneta (f) **dalekohled** (m) [dalɛkohlet]
sino (m) **zvon** (m) [zvon]

bandeira (f)	**vlajka** (ž)	[vlajka]
cabo (m)	**lano** (s)	[lano]
nó (m)	**uzel** (m)	[uzɛl]
corrimão (m)	**zábradlí** (s)	[za:bradli:]
prancha (f) de embarque	**schůdky** (m mn)	[sxu:tkɪ]
âncora (f)	**kotva** (ž)	[kotva]
recolher a âncora	**zvednout kotvy**	[zvɛdnout kotvɪ]
jogar a âncora	**spustit kotvy**	[spustɪt kotvɪ]
amarra (corrente de âncora)	**kotevní řetěz** (m)	[kotɛvni: rʒɛtez]
porto (m)	**přístav** (m)	[prʃi:staf]
cais, amarradouro (m)	**přístaviště** (s)	[prʃi:stavɪʃte]
atracar (vi)	**přistávat**	[prʃɪsta:vat]
desatracar (vi)	**vyplouvat**	[vɪplouvat]
viagem (f)	**cestování** (s)	[ʦɛstova:ni:]
cruzeiro (m)	**výletní plavba** (ž)	[vi:letni: plavba]
rumo (m)	**kurz** (m)	[kurs]
itinerário (m)	**trasa** (ž)	[trasa]
canal (m) de navegação	**plavební dráha** (ž)	[plavɛbni: dra:ha]
banco (m) de areia	**mělčina** (ž)	[mnelʧɪna]
encalhar (vt)	**najet na mělčinu**	[najɛt na mnelʧɪnu]
tempestade (f)	**bouřka** (ž)	[bourʃka]
sinal (m)	**signál** (m)	[sɪgna:l]
afundar-se (vr)	**potápět se**	[pota:pet sɛ]
SOS	**SOS**	[ɛs o: ɛs]
boia (f) salva-vidas	**záchranný kruh** (m)	[za:xranni: krux]

172. Aeroporto

aeroporto (m)	**letiště** (s)	[lɛtɪʃte]
avião (m)	**letadlo** (s)	[lɛtadlo]
companhia (f) aérea	**letecká společnost** (ž)	[lɛtɛʦka: spolɛʧnost]
controlador (m) de tráfego aéreo	**dispečer** (m)	[dɪspɛʧɛr]
partida (f)	**odlet** (m)	[odlɛt]
chegada (f)	**přílet** (m)	[prʃi:lɛt]
chegar (vi)	**přiletět**	[prʃɪlɛtet]
hora (f) de partida	**čas** (m) **odletu**	[ʧas odlɛtu]
hora (f) de chegada	**čas** (m) **příletu**	[ʧas prʃilɛtu]
estar atrasado	**mít zpoždění**	[mi:t spoʒdɛni:]
atraso (m) de voo	**zpoždění** (s) **odletu**	[spoʒdeni: odlɛtu]
painel (m) de informação	**informační tabule** (ž)	[ɪnformaʧni: tabulɛ]
informação (f)	**informace** (ž)	[ɪnformaʦɛ]
anunciar (vt)	**hlásit**	[hla:sɪt]
voo (m)	**let** (m)	[lɛt]

alfândega (f)	**celnice** (ž)	[ʦɛlnɪʦɛ]
funcionário (m) da alfândega	**celník** (m)	[ʦɛlni:k]
declaração (f) alfandegária	**prohlášení** (s)	[prohla:ʃɛni:]
preencher a declaração	**vyplnit prohlášení**	[vɪplnɪt prohla:ʃɛni:]
controle (m) de passaporte	**pasová kontrola** (ž)	[pasova: kontrola]
bagagem (f)	**zavazadla** (s mn)	[zavazadla]
bagagem (f) de mão	**příruční zavazadlo** (s)	[prʃi:ruʧni: zavazadlo]
carrinho (m)	**vozík** (m) **na zavazadla**	[vozi:k na zavazadla]
pouso (m)	**přistání** (s)	[prʃɪsta:ni:]
pista (f) de pouso	**přistávací dráha** (ž)	[prʃɪsta:vaʦi: dra:ha]
aterrissar (vi)	**přistávat**	[prʃɪsta:vat]
escada (f) de avião	**pojízdné schůdky** (m mn)	[poji:zdnɛ: sxu:tkɪ]
check-in (m)	**registrace** (ž)	[rɛgɪstraʦɛ]
balcão (m) do check-in	**přepážka** (ž) **registrace**	[prʃɛpa:ʃka rɛgɪstraʦɛ]
fazer o check-in	**zaregistrovat se**	[zarɛgɪstrovat sɛ]
cartão (m) de embarque	**palubní lístek** (m)	[palubni: li:stɛk]
portão (m) de embarque	**příchod** (m) **k nástupu**	[prʃi:xot k na:stupu]
trânsito (m)	**tranzit** (m)	[tranzɪt]
esperar (vi, vt)	**čekat**	[ʧɛkat]
sala (f) de espera	**čekárna** (ž)	[ʧɛka:rna]
despedir-se (acompanhar)	**doprovázet**	[doprova:zɛt]
despedir-se (dizer adeus)	**loučit se**	[louʧɪt sɛ]

173. Bicicleta. Motocicleta

bicicleta (f)	**kolo** (s)	[kolo]
lambreta (f)	**skútr** (m)	[sku:tr]
moto (f)	**motocykl** (m)	[motoʦɪkl]
ir de bicicleta	**jet na kole**	[jɛt na kolɛ]
guidão (m)	**řídítka** (s mn)	[rʒi:di:tka]
pedal (m)	**pedál** (m)	[pɛda:l]
freios (m pl)	**brzdy** (ž mn)	[brzdɪ]
banco, selim (m)	**sedlo** (s)	[sɛdlo]
bomba (f)	**pumpa** (ž)	[pumpa]
bagageiro (m) de teto	**nosič** (m)	[nosɪʧ]
lanterna (f)	**světlo** (s)	[svetlo]
capacete (m)	**helma** (ž)	[hɛlma]
roda (f)	**kolo** (s)	[kolo]
para-choque (m)	**blatník** (m)	[blatni:k]
aro (m)	**věnec** (m)	[venɛʦ]
raio (m)	**paprsek** (m)	[paprsɛk]

Carros

174. Tipos de carros

carro, automóvel (m)	**auto** (s)	[auto]
carro (m) esportivo	**sportovní auto** (s)	[sportovni: auto]
limusine (f)	**limuzína** (ž)	[lɪmuzi:na]
todo o terreno (m)	**terénní vozidlo** (s)	[tɛrɛ:nni: vozɪdlo]
conversível (m)	**kabriolet** (m)	[kabrɪolɛt]
minibus (m)	**mikrobus** (m)	[mɪkrobus]
ambulância (f)	**sanitka** (ž)	[sanɪtka]
limpa-neve (m)	**sněžný pluh** (m)	[sneʒni: plux]
caminhão (m)	**náklaďák** (m)	[na:kladʲa:k]
caminhão-tanque (m)	**cisterna** (ž)	[ʦɪstɛrna]
perua, van (f)	**dodávka** (ž)	[doda:fka]
caminhão-trator (m)	**tahač** (m)	[tahaʧ]
reboque (m)	**přívěs** (m)	[prʃi:ves]
confortável (adj)	**komfortní**	[komfortni:]
usado (adj)	**ojetý**	[oeti:]

175. Carros. Carroçaria

capô (m)	**kapota** (ž)	[kapota]
para-choque (m)	**blatník** (m)	[blatni:k]
teto (m)	**střecha** (ž)	[strʃɛxa]
para-brisa (m)	**ochranné sklo** (s)	[oxrannɛ: sklo]
retrovisor (m)	**zpětné zrcátko** (s)	[spetnɛ: zrʦa:tko]
esguicho (m)	**ostřikovač** (m)	[ostrʃɪkovaʧ]
limpadores (m) de para-brisas	**stírače** (m mn)	[sti:raʧɛ]
vidro (m) lateral	**boční sklo** (s)	[boʧni: sklo]
elevador (m) do vidro	**stahování okna** (s)	[stahova:ni: okna]
antena (f)	**anténa** (ž)	[antɛ:na]
teto (m) solar	**střešní okno** (s)	[strʃɛʃni: okno]
para-choque (m)	**nárazník** (m)	[na:razni:k]
porta-malas (f)	**kufr** (m)	[kufr]
bagageira (f)	**nosič** (m)	[nosɪʧ]
porta (f)	**dveře** (ž mn)	[dvɛrʒɛ]
maçaneta (f)	**klika** (ž)	[klɪka]
fechadura (f)	**zámek** (m)	[za:mɛk]
placa (f)	**statní poznávací značka** (ž)	[statni: pozna:vaʦi: znaʧka]
silenciador (m)	**tlumič** (m)	[tlumɪʧ]

tanque (m) de gasolina	**nádržka** (ž) **na benzín**	[na:drʃka na bɛnzi:n]
tubo (m) de exaustão	**výfuková trubka** (ž)	[vi:fukova: trupka]
acelerador (m)	**plyn** (m)	[plɪn]
pedal (m)	**pedál** (m)	[pɛda:l]
pedal (m) do acelerador	**plynový pedál** (m)	[plɪnovi: pɛda:l]
freio (m)	**brzda** (ž)	[brzda]
pedal (m) do freio	**brzdový pedál** (m)	[brzdovi: pɛda:l]
frear (vt)	**brzdit**	[brzdɪt]
freio (m) de mão	**parkovací brzda** (ž)	[parkovaʦi: brzda]
embreagem (f)	**spojka** (ž)	[spojka]
pedal (m) da embreagem	**spojkový pedál** (m)	[spojkovi: pɛda:l]
disco (m) de embreagem	**spojkový kotouč** (m)	[spojkovi: kotouʧ]
amortecedor (m)	**tlumič** (m)	[tlumɪʧ]
roda (f)	**kolo** (s)	[kolo]
pneu (m) estepe	**náhradní kolo** (s)	[na:hradni: kolo]
calota (f)	**poklice** (ž)	[poklɪʦɛ]
rodas (f pl) motrizes	**hnací kola** (s mn)	[hnaʦi: kola]
de tração dianteira	**s pohonem předních kol**	[s pohonɛm prʃɛdni:x kol]
de tração traseira	**s pohonem zadních kol**	[s pohonɛm zadni:x kol]
de tração às 4 rodas	**s pohonem všech kol**	[s pohonɛm vʃɛx kol]
caixa (f) de mudanças	**převodová skříň** (ž)	[prʃɛvodova: skrʃi:nʲ]
automático (adj)	**samočinný**	[samoʧɪnni:]
mecânico (adj)	**mechanický**	[mɛxanɪʦki:]
alavanca (f) de câmbio	**převodová páka** (ž)	[prʃɛvodova: pa:ka]
farol (m)	**světlo** (s)	[svetlo]
faróis (m pl)	**světla** (s mn)	[svetla]
farol (m) baixo	**potkávací světla** (s mn)	[potka:vaʦi: svetla]
farol (m) alto	**dálková světla** (s mn)	[da:lkova: svetla]
luzes (f pl) de parada	**brzdová světla** (s mn)	[brzdova: svetla]
luzes (f pl) de posição	**obrysová světla** (s mn)	[obrɪsova: svetla]
luzes (f pl) de emergência	**havarijní světla** (s mn)	[havarɪjni: svetla]
faróis (m pl) de neblina	**mlhovky** (ž mn)	[mlhofkɪ]
pisca-pisca (m)	**směrové světlo** (s)	[smnerovɛ: svetlo]
luz (f) de marcha ré	**zpětné světlo** (s)	[spetnɛ svetlo]

176. Carros. Habitáculo

interior (do carro)	**interiér** (m)	[ɪntɛrjɛ:r]
de couro	**kožený**	[koʒeni:]
de veludo	**velurový**	[vɛlurovi:]
estofamento (m)	**potah** (m)	[potax]
indicador (m)	**přístroj** (m)	[prʃi:stroj]
painel (m)	**přístrojová deska** (ž)	[prʃi:strojova: dɛska]
velocímetro (m)	**rychloměr** (m)	[rɪxlomner]

ponteiro (m)	**ručička** (ž)	[rutʃɪtʃka]
hodômetro, odômetro (m)	**počítač** (m) **kilometrů**	[potʃi:tatʃ kɪlomɛtru:]
indicador (m)	**snímač** (m)	[sni:matʃ]
nível (m)	**hladina** (ž)	[hladɪna]
luz (f) de aviso	**lampička** (ž)	[lampɪtʃka]
volante (m)	**volant** (m)	[volant]
buzina (f)	**houkačka** (ž)	[houkatʃka]
botão (m)	**tlačítko** (s)	[tlatʃi:tko]
interruptor (m)	**přepínač** (m)	[prʃɛpi:natʃ]
assento (m)	**sedadlo** (s)	[sɛdadlo]
costas (f pl) do assento	**opěradlo** (m)	[operadlo]
cabeceira (f)	**podhlavník** (m)	[pothlavni:k]
cinto (m) de segurança	**bezpečnostní pás** (m)	[bɛzpɛtʃnostni: pa:s]
apertar o cinto	**připásat se**	[prʃɪpa:sat sɛ]
ajuste (m)	**regulování** (s)	[rɛgulova:ni:]
airbag (m)	**nafukovací vak** (m)	[nafukovatsi: vak]
ar (m) condicionado	**klimatizátor** (m)	[klɪmatɪza:tor]
rádio (m)	**rádio** (s)	[ra:dɪo]
leitor (m) de CD	**CD přehrávač** (m)	[tsɛ:dɛ: prʃɛhra:vatʃ]
ligar (vt)	**zapnout**	[zapnout]
antena (f)	**anténa** (ž)	[antɛ:na]
porta-luvas (m)	**přihrádka** (ž)	[prʃɪhra:tka]
cinzeiro (m)	**popelník** (m)	[popɛlni:k]

177. Carros. Motor

motor (m)	**motor** (m)	[motor]
a diesel	**dieselový**	[dɪzɪlovi:]
a gasolina	**benzínový**	[bɛnzi:novi:]
cilindrada (f)	**obsah** (m) **motoru**	[opsax motoru]
potência (f)	**výkon** (m)	[vi:kon]
cavalo (m) de potência	**koňská síla** (ž)	[konʲska: si:la]
pistão (m)	**píst** (m)	[pi:st]
cilindro (m)	**cylindr** (m)	[tsɪlɪndr]
válvula (f)	**ventil** (m)	[vɛntɪl]
injetor (m)	**injektor** (m)	[ɪnjɛktor]
gerador (m)	**generátor** (m)	[genera:tor]
carburador (m)	**karburátor** (m)	[karbura:tor]
óleo (m) de motor	**motorový olej** (m)	[motorovi: olɛj]
radiador (m)	**chladič** (m)	[xladɪtʃ]
líquido (m) de arrefecimento	**chladicí kapalina** (ž)	[xladɪtsi: kapalɪna]
ventilador (m)	**ventilátor** (m)	[vɛntɪla:tor]
bateria (f)	**akumulátor** (m)	[akumula:tor]
dispositivo (m) de arranque	**startér** (m)	[startɛ:r]
ignição (f)	**zapalování** (s)	[zapalova:ni:]
vela (f) de ignição	**zapalovací svíčka** (ž)	[zapalovatsi: svi:tʃka]

terminal (m)	**svorka** (ž)	[svorka]
terminal (m) positivo	**plus** (m)	[plus]
terminal (m) negativo	**minus** (m)	[mi:nus]
fusível (m)	**pojistka** (ž)	[pojɪstka]
filtro (m) de ar	**vzduchový filtr** (m)	[vzduxovi: fɪltr]
filtro (m) de óleo	**olejový filtr** (m)	[olɛjovi: fɪltr]
filtro (m) de combustível	**palivový filtr** (m)	[palɪvovi: fɪltr]

178. Carros. Batidas. Reparação

acidente (m) de carro	**havárie** (ž)	[hava:rɪe]
acidente (m) rodoviário	**dopravní nehoda** (ž)	[dopravni: nɛhoda]
bater (~ num muro)	**narazit**	[narazɪt]
sofrer um acidente	**rozbít se**	[rozbi:t sɛ]
dano (m)	**poškození** (s)	[poʃkozɛni:]
intato	**celý**	[ʦɛli:]
pane (f)	**porucha** (ž)	[poruxa]
avariar (vi)	**porouchat se**	[porouxat sɛ]
cabo (m) de reboque	**vlečné lano** (s)	[vlɛʧnɛ: lano]
furo (m)	**píchnutí** (s)	[pi:xnuti:]
estar furado	**splasknout**	[splasknout]
encher (vt)	**nafukovat**	[nafukovat]
pressão (f)	**tlak** (m)	[tlak]
verificar (vt)	**prověřit**	[proverʒɪt]
reparo (m)	**oprava** (ž)	[oprava]
oficina (f) automotiva	**opravna** (ž)	[opravna]
peça (f) de reposição	**náhradní díl** (m)	[na:hradni: di:l]
peça (f)	**díl** (m)	[di:l]
parafuso (com porca)	**šroub** (m)	[ʃroup]
parafuso (m)	**šroub** (m)	[ʃroup]
porca (f)	**matice** (ž)	[matɪʦɛ]
arruela (f)	**podložka** (ž)	[podloʃka]
rolamento (m)	**ložisko** (s)	[loʒɪsko]
tubo (m)	**trubka** (ž)	[trupka]
junta, gaxeta (f)	**vložka** (ž)	[vloʃka]
fio, cabo (m)	**vodič** (m)	[vodɪʧ]
macaco (m)	**zvedák** (m)	[zvɛda:k]
chave (f) de boca	**francouzský klíč** (m)	[franʦouski: kli:ʧ]
martelo (m)	**kladivo** (s)	[kladɪvo]
bomba (f)	**pumpa** (ž)	[pumpa]
chave (f) de fenda	**šroubovák** (m)	[ʃroubova:k]
extintor (m)	**hasicí přístroj** (m)	[hasɪʦi: prʃi:stroj]
triângulo (m) de emergência	**výstražný trojúhelník** (ž)	[vi:straʒni: troju:hɛlnik]
morrer (motor)	**zhasínat**	[zhasi:nat]
paragem, "morte" (f)	**zastavení** (s)	[zastavɛni:]

estar quebrado	**být porouchaný**	[bi:t porouxani:]
superaquecer-se (vr)	**přehřát se**	[prʃɛhrʒa:t sɛ]
congelar-se (vr)	**zamrznout**	[zamrznout]
rebentar (vi)	**puknout**	[puknout]
pressão (f)	**tlak** (m)	[tlak]
nível (m)	**hladina** (ž)	[hladɪna]
frouxo (adj)	**slabý**	[slabi:]
batida (f)	**promáčknutí** (s)	[proma:ʧknuti:]
ruído (m)	**klapot** (m)	[klapot]
fissura (f)	**prasklina** (ž)	[prasklɪna]
arranhão (m)	**rýha** (ž)	[ri:ha]

179. Carros. Estrada

estrada (f)	**cesta** (ž)	[ʦɛsta]
autoestrada (f)	**dálnice** (ž)	[da:lnɪʦɛ]
rodovia (f)	**silnice** (ž)	[sɪlnɪʦɛ]
direção (f)	**směr** (m)	[smner]
distância (f)	**vzdálenost** (ž)	[vzda:lɛnost]
ponte (f)	**most** (m)	[most]
parque (m) de estacionamento	**parkoviště** (s)	[parkovɪʃte]
praça (f)	**náměstí** (s)	[na:mnesti:]
nó (m) rodoviário	**nadjezd** (m)	[nadjɛzt]
túnel (m)	**podjezd** (m)	[podjɛzt]
posto (m) de gasolina	**benzínová stanice** (ž)	[bɛnzi:nova: stanɪʦɛ]
parque (m) de estacionamento	**parkoviště** (s)	[parkovɪʃte]
bomba (f) de gasolina	**benzínová pumpa** (ž)	[bɛnzi:nova: pumpa]
oficina (f) automotiva	**autoopravna** (ž)	[autoopravna]
abastecer (vt)	**natankovat**	[nataŋkovat]
combustível (m)	**palivo** (s)	[palɪvo]
galão (m) de gasolina	**kanystr** (m)	[kanɪstr]
asfalto (m)	**asfalt** (m)	[asfalt]
marcação (f) de estradas	**označení** (s)	[oznaʧɛni:]
meio-fio (m)	**obrubník** (m)	[obrubni:k]
guard-rail (m)	**ochranné zábradlí** (s)	[oxrannɛ: za:bradli:]
valeta (f)	**příkop** (m)	[prʃi:kop]
acostamento (m)	**krajnice** (ž)	[krajnɪʦɛ]
poste (m) de luz	**sloup** (m)	[sloup]
dirigir (vt)	**řídit**	[rʒi:dɪt]
virar (~ para a direita)	**zatáčet**	[zata:ʧɛt]
dar retorno	**otáčet se**	[ota:ʧɛt sɛ]
ré (f)	**zpáteční rychlost** (ž)	[spa:tɛʧni: rɪxlost]
buzinar (vi)	**houkat**	[houkat]
buzina (f)	**houkání** (s)	[houka:ni:]
atolar-se (vr)	**uváznout**	[uva:znout]
patinar (na lama)	**prokluzovat**	[prokluzovat]
desligar (vt)	**zastavovat**	[zastavovat]

velocidade (f)	**rychlost** (ž)	[rɪxlost]
exceder a velocidade	**překročit dovolenou rychlost**	[prʃɛkrotʃɪt dovolɛnou rɪxlost]
multar (vt)	**pokutovat**	[pokutovat]
semáforo (m)	**semafor** (m)	[sɛmafor]
carteira (f) de motorista	**řidičský průkaz** (m)	[rʒɪdɪtʃski: pru:kaz]
passagem (f) de nível	**přejezd** (m)	[prʃɛjɛzt]
cruzamento (m)	**křižovatka** (ž)	[krʃɪʒovatka]
faixa (f)	**přechod** (m) **pro chodce**	[prʃɛxot pro xodtsɛ]
curva (f)	**zatáčka** (ž)	[zata:tʃka]
zona (f) de pedestres	**pěší zóna** (ž)	[peʃi: zo:na]

180. Sinais de trânsito

código (m) de trânsito	**dopravní předpisy** (m mn)	[dopravni: prʃɛtpɪsɪ]
sinal (m) de trânsito	**značka** (ž)	[znatʃka]
ultrapassagem (f)	**předjíždění** (s)	[prʃɛdji:ʒdeni:]
curva (f)	**zatáčka** (ž)	[zata:tʃka]
retorno (m)	**otáčení** (s)	[ota:tʃɛni:]
rotatória (f)	**kruhový objezd** (m)	[kruhovi: objɛzt]
sentido proibido	**zákaz vjezdu**	[za:kaz vjɛzdu]
trânsito proibido	**zákaz provozu**	[za:kaz provozu]
proibido de ultrapassar	**zákaz předjíždění**	[za:kaz prʃɛdji:ʒdeni:]
estacionamento proibido	**zákaz stání**	[za:kaz sta:ni:]
paragem proibida	**zákaz zastavení**	[za:kaz zastavɛni:]
curva (f) perigosa	**ostrá zatáčka** (ž)	[ostra: zata:tʃka]
descida (f) perigosa	**nebezpečné klesání** (s)	[nebɛspɛtʃnɛ: klesa:ni:]
trânsito de sentido único	**jednosměrný provoz** (m)	[jɛdnosmnerni: provoz]
faixa (f)	**přechod** (m) **pro chodce**	[prʃɛxot pro xodtsɛ]
pavimento (m) escorregadio	**nebezpečí smyku** (ž)	[nɛbɛspɛtʃi: smɪku]
conceder passagem	**dej přednost v jízdě**	[dɛj prʃɛdnost v ji:zde]

PESSOAS. EVENTOS

Eventos

181. Férias. Evento

festa (f)	**svátek** (m)	[sva:tɛk]
feriado (m) nacional	**národní svátek** (m)	[na:rodni: sva:tɛk]
feriado (m)	**sváteční den** (m)	[sva:tɛtʃni: dɛn]
festejar (vt)	**oslavovat**	[oslavovat]
evento (festa, etc.)	**událost** (ž)	[uda:lost]
evento (banquete, etc.)	**akce** (ž)	[aktsɛ]
banquete (m)	**banket** (m)	[baŋkɛt]
recepção (f)	**recepce** (ž)	[rɛtsɛptsɛ]
festim (m)	**hostina** (ž)	[hostɪna]
aniversário (m)	**výročí** (s)	[vi:rotʃi:]
jubileu (m)	**jubileum** (s)	[jubɪlɛjum]
celebrar (vt)	**oslavit**	[oslavɪt]
Ano (m) Novo	**Nový rok** (m)	[novi: rok]
Feliz Ano Novo!	**Šťastný nový rok!**	[ʃtʲastni: novi: rok]
Natal (m)	**Vánoce** (ž mn)	[va:notsɛ]
Feliz Natal!	**Veselé Vánoce!**	[vɛsɛlɛ: va:notsɛ]
árvore (f) de Natal	**vánoční stromek** (m)	[va:notʃni: stromɛk]
fogos (m pl) de artifício	**ohňostroj** (m)	[ohnʲostroj]
casamento (m)	**svatba** (ž)	[svatba]
noivo (m)	**ženich** (m)	[ʒenɪx]
noiva (f)	**nevěsta** (ž)	[nɛvesta]
convidar (vt)	**zvát**	[zva:t]
convite (m)	**pozvánka** (ž)	[pozva:ŋka]
convidado (m)	**host** (m)	[host]
visitar (vt)	**jít na návštěvu**	[ji:t na na:vʃtevu]
receber os convidados	**vítat hosty**	[vitat hostɪ]
presente (m)	**dárek** (m)	[da:rɛk]
oferecer, dar (vt)	**darovat**	[darovat]
receber presentes	**dostávat dárky**	[dosta:vat da:rkɪ]
buquê (m) de flores	**kytice** (ž)	[kɪtɪtsɛ]
felicitações (f pl)	**blahopřání** (s)	[blahoprʃa:ni:]
felicitar (vt)	**blahopřát**	[blahoprʃa:t]
cartão (m) de parabéns	**blahopřejný lístek** (m)	[blahoprʃɛjni: li:stɛk]
enviar um cartão postal	**poslat lístek**	[poslat li:stɛk]

receber um cartão postal	**dostat lístek**	[dostat li:stɛk]
brinde (m)	**přípitek** (m)	[prʃi:pɪtɛk]
oferecer (vt)	**častovat**	[ʧastovat]
champanhe (m)	**šampaňské** (s)	[ʃampanʲskɛ:]
divertir-se (vr)	**bavit se**	[bavɪt sɛ]
diversão (f)	**zábava** (ž)	[za:bava]
alegria (f)	**radost** (ž)	[radost]
dança (f)	**tanec** (m)	[tanɛʦ]
dançar (vi)	**tančit**	[tanʧɪt]
valsa (f)	**valčík** (m)	[valʧi:k]
tango (m)	**tango** (s)	[tango]

182. Funerais. Enterro

cemitério (m)	**hřbitov** (m)	[hrʒbɪtof]
sepultura (f), túmulo (m)	**hrob** (m)	[hrop]
cruz (f)	**kříž** (m)	[krʃi:ʃ]
lápide (f)	**náhrobek** (m)	[na:hrobɛk]
cerca (f)	**ohrádka** (ž)	[ohra:tka]
capela (f)	**kaple** (ž)	[kaplɛ]
morte (f)	**úmrtí** (s)	[u:mrti:]
morrer (vi)	**umřít**	[umrʒi:t]
defunto (m)	**zemřelý** (m)	[zɛmrʒɛli:]
luto (m)	**smutek** (m)	[smutɛk]
enterrar, sepultar (vt)	**pohřbívat**	[pohrʒbi:vat]
funerária (f)	**pohřební ústav** (m)	[pohrʒɛbni: u:staf]
funeral (m)	**pohřeb** (m)	[pohrʒɛp]
coroa (f) de flores	**věnec** (m)	[venɛʦ]
caixão (m)	**rakev** (ž)	[rakɛf]
carro (m) funerário	**katafalk** (m)	[katafalk]
mortalha (f)	**pohřební roucho** (m)	[pohrʒɛbni: rouxo]
urna (f) funerária	**popelnice** (ž)	[popɛlnɪʦɛ]
crematório (m)	**krematorium** (s)	[krɛmatorɪum]
obituário (m), necrologia (f)	**nekrolog** (m)	[nɛkrolog]
chorar (vi)	**plakat**	[plakat]
soluçar (vi)	**vzlykat**	[vzlɪkat]

183. Guerra. Soldados

pelotão (m)	**četa** (ž)	[ʧɛta]
companhia (f)	**rota** (ž)	[rota]
regimento (m)	**pluk** (m)	[pluk]
exército (m)	**armáda** (ž)	[arma:da]
divisão (f)	**divize** (ž)	[dɪvɪzɛ]

esquadrão (m)	**oddíl** (m)	[oddi:l]
hoste (f)	**vojsko** (s)	[vojsko]
soldado (m)	**voják** (m)	[voja:k]
oficial (m)	**důstojník** (m)	[du:stojni:k]
soldado (m) raso	**vojín** (m)	[voji:n]
sargento (m)	**seržant** (m)	[sɛrʒant]
tenente (m)	**poručík** (m)	[porutʃi:k]
capitão (m)	**kapitán** (m)	[kapɪta:n]
major (m)	**major** (m)	[major]
coronel (m)	**plukovník** (m)	[plukovni:k]
general (m)	**generál** (m)	[gɛnɛra:l]
marujo (m)	**námořník** (m)	[na:morʒni:k]
capitão (m)	**kapitán** (m)	[kapɪta:n]
contramestre (m)	**loďmistr** (m)	[lodʲmɪstr]
artilheiro (m)	**dělostřelec** (m)	[delostrʃɛlɛts]
soldado (m) paraquedista	**výsadkář** (m)	[vi:satka:rʃ]
piloto (m)	**letec** (m)	[lɛtɛts]
navegador (m)	**navigátor** (m)	[navɪga:tor]
mecânico (m)	**mechanik** (m)	[mɛxanɪk]
sapador-mineiro (m)	**ženista** (m)	[ʒenɪsta]
paraquedista (m)	**parašutista** (m)	[paraʃutɪsta]
explorador (m)	**rozvědčík** (m)	[rozvedtʃi:k]
atirador (m) de tocaia	**odstřelovač** (m)	[otstrʃɛlovatʃ]
patrulha (f)	**hlídka** (ž)	[hli:tka]
patrulhar (vt)	**hlídkovat**	[hli:tkovat]
sentinela (f)	**strážný** (m)	[stra:ʒni:]
guerreiro (m)	**vojín** (m)	[voji:n]
patriota (m)	**vlastenec** (m)	[vlastɛnɛts]
herói (m)	**hrdina** (m)	[hrdɪna]
heroína (f)	**hrdinka** (ž)	[hrdɪŋka]
traidor (m)	**zrádce** (m)	[zra:dtsɛ]
desertor (m)	**zběh** (m)	[zbex]
desertar (vt)	**dezertovat**	[dɛzɛrtovat]
mercenário (m)	**žoldnéř** (m)	[ʒoldnɛ:rʃ]
recruta (m)	**branec** (m)	[branɛts]
voluntário (m)	**dobrovolník** (m)	[dobrovolni:k]
morto (m)	**zabitý** (m)	[zabɪti:]
ferido (m)	**raněný** (m)	[raneni:]
prisioneiro (m) de guerra	**zajatec** (m)	[zajatɛts]

184. Guerra. Ações militares. Parte 1

guerra (f)	**válka** (ž)	[va:lka]
guerrear (vt)	**bojovat**	[bojovat]

guerra (f) civil	**občanská válka** (ž)	[obtʃanska: va:lka]
perfidamente	**věrolomně**	[verolomne]
declaração (f) de guerra	**vyhlášení** (s)	[vɪhla:ʃɛni:]
declarar guerra	**vyhlásit**	[vɪhla:sɪt]
agressão (f)	**agrese** (ž)	[agrɛsɛ]
atacar (vt)	**přepadat**	[prʃɛpadat]
invadir (vt)	**uchvacovat**	[uxvaʦovat]
invasor (m)	**uchvatitel** (m)	[uxvatɪtɛl]
conquistador (m)	**dobyvatel** (m)	[dobɪvatɛl]
defesa (f)	**obrana** (ž)	[obrana]
defender (vt)	**bránit**	[bra:nɪt]
defender-se (vr)	**bránit se**	[bra:nɪt sɛ]
inimigo, adversário (m)	**nepřítel** (m)	[nɛprʃi:tɛl]
inimigo (adj)	**nepřátelský**	[nɛprʃa:tɛlski:]
estratégia (f)	**strategie** (ž)	[stratɛgɪe]
tática (f)	**taktika** (ž)	[taktɪka]
ordem (f)	**rozkaz** (m)	[roskas]
comando (m)	**povel** (m)	[povɛl]
ordenar (vt)	**rozkazovat**	[roskazovat]
missão (f)	**úkol** (m)	[u:kol]
secreto (adj)	**tajný**	[tajni:]
batalha (f)	**bitva** (ž)	[bɪtva]
combate (m)	**boj** (m)	[boj]
ataque (m)	**útok** (m)	[u:tok]
assalto (m)	**útok** (m)	[u:tok]
assaltar (vt)	**dobývat útokem**	[dobi:vat u:tokɛm]
assédio, sítio (m)	**obležení** (s)	[oblɛʒeni:]
ofensiva (f)	**ofenzíva** (ž)	[ofɛnzi:va]
tomar à ofensiva	**zahájit ofenzivu**	[zaha:jɪt ofɛnzivu]
retirada (f)	**ústup** (m)	[u:stup]
retirar-se (vr)	**ustupovat**	[ustupovat]
cerco (m)	**obklíčení** (s)	[opkli:ʧɛni:]
cercar (vt)	**obkličovat**	[opklɪʧovat]
bombardeio (m)	**bombardování** (s)	[bombardova:ni:]
lançar uma bomba	**shodit pumu**	[sxodɪt pumu]
bombardear (vt)	**bombardovat**	[bombardovat]
explosão (f)	**výbuch** (m)	[vi:bux]
tiro (m)	**výstřel** (m)	[vi:strʃɛl]
dar um tiro	**vystřelit**	[vɪstrʒɛlɪt]
tiroteio (m)	**střelba** (ž)	[strʃɛlba]
apontar para …	**mířit**	[mi:rʒɪt]
apontar (vt)	**zamířit**	[zami:rʒɪt]
acertar (vt)	**zasáhnout**	[zasa:hnout]

afundar (~ um navio, etc.)	**potopit**	[potopɪt]
brecha (f)	**trhlina** (ž)	[trhlɪna]
afundar-se (vr)	**topit se**	[topɪt sɛ]
frente (m)	**fronta** (ž)	[fronta]
evacuação (f)	**evakuace** (ž)	[ɛvakuaʦɛ]
evacuar (vt)	**evakuovat**	[ɛvakuovat]
arame (m) enfarpado	**ostnatý drát** (m)	[ostnati: dra:t]
barreira (f) anti-tanque	**zátaras** (m)	[za:taras]
torre (f) de vigia	**věž** (ž)	[veʃ]
hospital (m) militar	**vojenská nemocnice** (ž)	[vojɛnska: nɛmoʦnɪʦɛ]
ferir (vt)	**zranit**	[zranɪt]
ferida (f)	**rána** (ž)	[ra:na]
ferido (m)	**raněný** (m)	[raneni:]
ficar ferido	**utrpět zranění**	[utrpet zraneni:]
grave (ferida ~)	**těžký**	[teʃki:]

185. Guerra. Ações militares. Parte 2

cativeiro (m)	**zajetí** (s)	[zajɛti:]
capturar (vt)	**zajmout**	[zajmout]
estar em cativeiro	**být v zajetí**	[bi:t v zajɛti:]
ser aprisionado	**dostat se do zajetí**	[dostat sɛ do zajɛti:]
campo (m) de concentração	**koncentrační tábor** (m)	[konʦɛntraʧni: ta:bor]
prisioneiro (m) de guerra	**zajatec** (m)	[zajatɛʦ]
escapar (vi)	**utéci**	[utɛ:ʦɪ]
trair (vt)	**zradit**	[zradɪt]
traidor (m)	**zrádce** (m)	[zra:dʦɛ]
traição (f)	**zrada** (ž)	[zrada]
fuzilar, executar (vt)	**zastřelit**	[zastrʃɛlɪt]
fuzilamento (m)	**smrt** (ž) **zastřelením**	[smrt zastrʃɛlɛni:m]
equipamento (m)	**výstroj** (ž)	[vi:stroj]
insígnia (f) de ombro	**náramenik** (m)	[na:ramɛni:k]
máscara (f) de gás	**plynová maska** (ž)	[plɪnova: maska]
rádio (m)	**vysílačka** (ž)	[vɪsi:laʧka]
cifra (f), código (m)	**šifra** (ž)	[ʃɪfra]
conspiração (f)	**konspirace** (ž)	[konspɪraʦɛ]
senha (f)	**heslo** (s)	[hɛslo]
mina (f)	**mina** (ž)	[mɪna]
minar (vt)	**zaminovat**	[zamɪnovat]
campo (m) minado	**minové pole** (s)	[mɪnovɛ: polɛ]
alarme (m) aéreo	**letecký poplach** (m)	[lɛtɛʦki: poplax]
alarme (m)	**poplach** (m)	[poplax]
sinal (m)	**signál** (m)	[sɪgna:l]
sinalizador (m)	**světlice** (ž)	[svetlɪʦɛ]

quartel-general (m)	**štáb** (m)	[ʃta:p]
reconhecimento (m)	**rozvědka** (ž)	[rozvetka]
situação (f)	**situace** (ž)	[sɪtuaʦɛ]
relatório (m)	**hlášení** (s)	[hla:ʃɛni:]
emboscada (f)	**záloha** (ž)	[za:loha]
reforço (m)	**posila** (ž)	[posɪla]
alvo (m)	**terč** (m)	[tɛrʧ]
campo (m) de tiro	**střelnice** (ž)	[strʃɛlnɪʦɛ]
manobras (f pl)	**manévry** (m mn)	[manɛ:vrɪ]
pânico (m)	**panika** (ž)	[panɪka]
devastação (f)	**rozvrat** (m)	[rozvrat]
ruínas (f pl)	**zpustošení** (s)	[spustoʃɛni:]
destruir (vt)	**zpustošit**	[spustoʃɪt]
sobreviver (vi)	**přežít**	[prʃɛʒi:t]
desarmar (vt)	**odzbrojit**	[odzbrojɪt]
manusear (vt)	**zacházet**	[zaxa:zɛt]
Sentido!	**Pozor!**	[pozor]
Descansar!	**Pohov!**	[pohof]
façanha (f)	**hrdinský čin** (m)	[hrdɪnski: ʧɪn]
juramento (m)	**přísaha** (ž)	[prʃi:saha]
jurar (vi)	**přísahat**	[prʃi:sahat]
condecoração (f)	**vyznamenání** (s)	[vɪznamɛna:ni:]
condecorar (vt)	**vyznamenávat**	[vɪznamɛna:vat]
medalha (f)	**medaile** (ž)	[mɛdajlɛ]
ordem (f)	**řád** (m)	[rʒa:t]
vitória (f)	**vítězství** (s)	[vi:tezstvi:]
derrota (f)	**porážka** (ž)	[pora:ʃka]
armistício (m)	**příměří** (s)	[prʃi:mnerʒi:]
bandeira (f)	**prapor** (m)	[prapor]
glória (f)	**sláva** (ž)	[sla:va]
parada (f)	**vojenská přehlídka** (ž)	[vojɛnska: prʃɛhli:tka]
marchar (vi)	**pochodovat**	[poxodovat]

186. Armas

arma (f)	**zbraň** (ž)	[zbranʲ]
arma (f) de fogo	**střelná zbraň** (ž)	[strʃɛlna: zbranʲ]
arma (f) branca	**bodná a sečná zbraň** (ž)	[bodna: a sɛʧna: zbranʲ]
arma (f) química	**chemická zbraň** (ž)	[xɛmɪʦka: zbranʲ]
nuclear (adj)	**jaderný**	[jadɛrni:]
arma (f) nuclear	**jaderná zbraň** (ž)	[jadɛrna: zbranʲ]
bomba (f)	**puma** (ž)	[puma]
bomba (f) atômica	**atomová puma** (ž)	[atomova: puma]
pistola (f)	**pistole** (ž)	[pɪstolɛ]

rifle (m)	**puška** (ž)	[puʃka]
semi-automática (f)	**samopal** (m)	[samopal]
metralhadora (f)	**kulomet** (m)	[kulomɛt]
boca (f)	**ústí** (s) **hlavně**	[u:sti: hlavne]
cano (m)	**hlaveň** (ž)	[hlavɛnʲ]
calibre (m)	**ráž** (ž)	[ra:ʃ]
gatilho (m)	**kohoutek** (m)	[kohoutɛk]
mira (f)	**hledí** (s)	[hlɛdi:]
carregador (m)	**zásobník** (m)	[za:sobni:k]
coronha (f)	**pažba** (ž)	[paʒba]
granada (f) de mão	**granát** (m)	[grana:t]
explosivo (m)	**výbušnina** (ž)	[vi:buʃnɪna]
bala (f)	**kulka** (ž)	[kulka]
cartucho (m)	**náboj** (m)	[na:boj]
carga (f)	**nálož** (ž)	[na:loʃ]
munições (f pl)	**střelivo** (s)	[strʃɛlɪvo]
bombardeiro (m)	**bombardér** (m)	[bombardɛ:r]
avião (m) de caça	**stíhačka** (ž)	[sti:haʧka]
helicóptero (m)	**vrtulník** (m)	[vrtulni:k]
canhão (m) antiaéreo	**protiletadlové dělo** (s)	[protɪlɛtadlovɛ: delo]
tanque (m)	**tank** (m)	[taŋk]
canhão (de um tanque)	**tankové dělo** (s)	[taŋkovɛ: delo]
artilharia (f)	**dělostřelectvo** (s)	[delostrʃɛlɛʦtvo]
canhão (m)	**dělo** (s)	[delo]
fazer a pontaria	**zamířit**	[zami:rʒɪt]
projétil (m)	**střela** (ž)	[strʃɛla]
granada (f) de morteiro	**mina** (ž)	[mɪna]
morteiro (m)	**minomet** (m)	[mɪnomɛt]
estilhaço (m)	**střepina** (ž)	[strʃɛpɪna]
submarino (m)	**ponorka** (ž)	[ponorka]
torpedo (m)	**torpédo** (s)	[torpɛ:do]
míssil (m)	**raketa** (ž)	[rakɛta]
carregar (uma arma)	**nabíjet**	[nabi:jɛt]
disparar, atirar (vi)	**střílet**	[strʃi:lɛt]
apontar para ...	**mířit**	[mi:rʒɪt]
baioneta (f)	**bodák** (m)	[boda:k]
espada (f)	**kord** (m)	[kort]
sabre (m)	**šavle** (ž)	[ʃavlɛ]
lança (f)	**kopí** (s)	[kopi:]
arco (m)	**luk** (m)	[luk]
flecha (f)	**šíp** (m)	[ʃi:p]
mosquete (m)	**mušketa** (ž)	[muʃkɛta]
besta (f)	**samostříl** (m)	[samostrʃi:l]

187. Povos da antiguidade

primitivo (adj)	**prvobytný**	[prvobɪtni:]
pré-histórico (adj)	**prehistorický**	[prɛhɪstorɪʦki:]
antigo (adj)	**starobylý**	[starobɪli:]
Idade (f) da Pedra	**Doba** (ž) **kamenná**	[doba kamɛnna:]
Idade (f) do Bronze	**Doba** (ž) **bronzová**	[doba bronzova:]
Era (f) do Gelo	**Doba** (ž) **ledová**	[doba lɛdova:]
tribo (f)	**kmen** (m)	[kmɛn]
canibal (m)	**lidojed** (m)	[lɪdojɛt]
caçador (m)	**lovec** (m)	[lovɛʦ]
caçar (vi)	**lovit**	[lovɪt]
mamute (m)	**mamut** (m)	[mamut]
caverna (f)	**jeskyně** (ž)	[jɛskɪne]
fogo (m)	**oheň** (m)	[ohɛnʲ]
fogueira (f)	**táborák** (m)	[taborak]
pintura (f) rupestre	**jeskynní malba** (ž)	[jɛskɪnni: malba]
ferramenta (f)	**pracovní nástroje** (m mn)	[praʦovni: na:strojɛ]
lança (f)	**oštěp** (m)	[oʃtep]
machado (m) de pedra	**kamenná sekera** (ž)	[kamɛnna: sɛkɛra]
guerrear (vt)	**bojovat**	[bojovat]
domesticar (vt)	**ochočovat**	[oxoʧovat]
ídolo (m)	**modla** (ž)	[modla]
adorar, venerar (vt)	**klanět se**	[klanet sɛ]
superstição (f)	**pověra** (ž)	[povera]
evolução (f)	**evoluce** (ž)	[ɛvoluʦɛ]
desenvolvimento (m)	**rozvoj** (m)	[rozvoj]
extinção (f)	**vymizení** (s)	[vɪmɪzɛni:]
adaptar-se (vr)	**přizpůsobovat se**	[prʃɪspu:sobovat sɛ]
arqueologia (f)	**archeologie** (ž)	[arxɛologɪɛ]
arqueólogo (m)	**archeolog** (m)	[arxɛolog]
arqueológico (adj)	**archeologický**	[arxɛologɪʦki:]
escavação (sítio)	**vykopávky** (ž mn)	[vɪkopa:fkɪ]
escavações (f pl)	**vykopávky** (ž mn)	[vɪkopa:fkɪ]
achado (m)	**objev** (m)	[objɛf]
fragmento (m)	**část** (ž)	[ʧa:st]

188. Idade média

povo (m)	**lid, národ** (m)	[lɪt], [na:rot]
povos (m pl)	**národy** (m mn)	[na:rodɪ]
tribo (f)	**kmen** (m)	[kmɛn]
tribos (f pl)	**kmeny** (m mn)	[kmɛnɪ]
bárbaros (pl)	**barbaři** (m mn)	[barbarʒɪ]
galeses (pl)	**Galové** (m mn)	[galovɛ:]

godos (pl)	**Gótové** (m mn)	[go:tovɛ:]
eslavos (pl)	**Slované** (m mn)	[slovanɛ:]
viquingues (pl)	**Vikingové** (m mn)	[vɪkɪngovɛ:]
romanos (pl)	**Římané** (m mn)	[rʒi:manɛ:]
romano (adj)	**římský**	[rʒi:mski:]
bizantinos (pl)	**obyvatelé** (m mn) **Byzantské říše**	[obɪvatɛlɛ: bɪzantskɛ: rʃi:ʃɛ]
Bizâncio	**Byzantská říše** (ž)	[bɪzantska: rʃi:ʃɛ]
bizantino (adj)	**byzantský**	[bɪzantski:]
imperador (m)	**císař** (m)	[tsi:sarʃ]
líder (m)	**vůdce** (m)	[vu:dtsɛ]
poderoso (adj)	**mocný**	[motsni:]
rei (m)	**král** (m)	[kra:l]
governante (m)	**vladař** (m)	[vladarʃ]
cavaleiro (m)	**rytíř** (m)	[rɪti:rʃ]
senhor feudal (m)	**feudál** (m)	[fɛuda:l]
feudal (adj)	**feudální**	[fɛuda:lni:]
vassalo (m)	**vasal** (m)	[vasal]
duque (m)	**vévoda** (m)	[vɛ:voda]
conde (m)	**hrabě** (m)	[hrabe]
barão (m)	**barel** (m)	[barɛl]
bispo (m)	**biskup** (m)	[bɪskup]
armadura (f)	**brnění** (s)	[brneni:]
escudo (m)	**štít** (m)	[ʃti:t]
espada (f)	**meč** (m)	[mɛtʃ]
viseira (f)	**hledí** (s)	[hlɛdi:]
cota (f) de malha	**kroužková košile** (ž)	[krouʃkova: koʃɪlɛ]
cruzada (f)	**křižácká výprava** (ž)	[krʃɪʒa:tska: vi:prava]
cruzado (m)	**křižák** (m)	[krʃɪʒa:k]
território (m)	**území** (s)	[u:zɛmi:]
atacar (vt)	**přepadat**	[prʃɛpadat]
conquistar (vt)	**dobýt**	[dobi:t]
ocupar, invadir (vt)	**zmocnit se**	[zmotsnɪt sɛ]
assédio, sítio (m)	**obležení** (s)	[oblɛʒeni:]
sitiado (adj)	**obklíčený**	[opkli:tʃɛni:]
assediar, sitiar (vt)	**obkličovat**	[opklɪtʃovat]
inquisição (f)	**inkvizice** (ž)	[ɪŋkvɪzɪtsɛ]
inquisidor (m)	**inkvizitor** (m)	[ɪŋkvɪzɪtor]
tortura (f)	**mučení** (s)	[mutʃɛni:]
cruel (adj)	**krutý**	[kruti:]
herege (m)	**kacíř** (m)	[katsi:rʃ]
heresia (f)	**bludařství** (s)	[bludarʃstvi:]
navegação (f) marítima	**mořeplavba** (ž)	[morʒɛplavba]
pirata (m)	**pirát** (m)	[pɪra:t]
pirataria (f)	**pirátství** (s)	[pɪra:tstvi:]

abordagem (f)	**abordáž** (ž)	[aborda:ʃ]
presa (f), butim (m)	**kořist** (ž)	[korʒɪst]
tesouros (m pl)	**bohatství** (s)	[bohatstvi:]
descobrimento (m)	**objevení** (s)	[objɛvɛni:]
descobrir (novas terras)	**objevit**	[objɛvɪt]
expedição (f)	**výprava** (ž)	[vi:prava]
mosqueteiro (m)	**mušketýr** (m)	[muʃkɛti:r]
cardeal (m)	**kardinál** (m)	[kardɪna:l]
heráldica (f)	**heraldika** (ž)	[hɛraldɪka]
heráldico (adj)	**heraldický**	[hɛraldɪtski:]

189. Líder. Chefe. Autoridades

rei (m)	**král** (m)	[kra:l]
rainha (f)	**královna** (ž)	[kra:lovna]
real (adj)	**královský**	[kra:lovski:]
reino (m)	**království** (s)	[kra:lovstvi:]
príncipe (m)	**princ** (m)	[prɪnts]
princesa (f)	**princezna** (ž)	[prɪntsɛzna]
presidente (m)	**prezident** (m)	[prɛzɪdɛnt]
vice-presidente (m)	**viceprezident** (m)	[vɪtsɛprɛzɪdɛnt]
senador (m)	**senátor** (m)	[sɛna:tor]
monarca (m)	**monarcha** (m)	[monarxa]
governante (m)	**vladař** (m)	[vladarʃ]
ditador (m)	**diktátor** (m)	[dɪkta:tor]
tirano (m)	**tyran** (m)	[tɪran]
magnata (m)	**magnát** (m)	[magna:t]
diretor (m)	**ředitel** (m)	[rʒɛdɪtɛl]
chefe (m)	**šéf** (m)	[ʃɛ:f]
gerente (m)	**správce** (m)	[spra:vtsɛ]
patrão (m)	**bos** (m)	[bos]
dono (m)	**majitel** (m)	[majɪtɛl]
chefe (m)	**hlava** (m)	[hlava]
autoridades (f pl)	**úřady** (m mn)	[u:rʒadɪ]
superiores (m pl)	**vedení** (s)	[vɛdɛni:]
governador (m)	**gubernátor** (m)	[gubɛrna:tor]
cônsul (m)	**konzul** (m)	[konzul]
diplomata (m)	**diplomat** (m)	[dɪplomat]
Presidente (m) da Câmara	**primátor** (m)	[prɪma:tor]
xerife (m)	**šerif** (m)	[ʃɛrɪf]
imperador (m)	**císař** (m)	[tsi:sarʃ]
czar (m)	**car** (m)	[tsar]
faraó (m)	**faraón** (m)	[farao:n]
cã, khan (m)	**chán** (m)	[xa:n]

190. Estrada. Caminho. Direções

estrada (f)	**cesta** (ž)	[tsɛsta]
via (f)	**cesta** (ž)	[tsɛsta]
rodovia (f)	**silnice** (ž)	[sɪlnɪtsɛ]
autoestrada (f)	**dálnice** (ž)	[da:lnɪtsɛ]
estrada (f) nacional	**národní trasa** (ž)	[na:rodni: trasa]
estrada (f) principal	**hlavní silnice** (ž)	[hlavni: sɪlnɪtsɛ]
estrada (f) de terra	**polní cesta** (ž)	[polni: tsɛsta]
trilha (f)	**stezka** (ž)	[stɛska]
pequena trilha (f)	**stezka** (ž)	[stɛska]
Onde?	**Kde?**	[gdɛ]
Para onde?	**Kam?**	[kam]
De onde?	**Odkud?**	[otkut]
direção (f)	**směr** (m)	[smner]
indicar (~ o caminho)	**ukázat**	[uka:zat]
para a esquerda	**vlevo**	[vlɛvo]
para a direita	**vpravo**	[vpravo]
em frente	**rovně**	[rovne]
para trás	**zpátky**	[spa:tkɪ]
curva (f)	**zatáčka** (ž)	[zata:tʃka]
virar (~ para a direita)	**zatáčet**	[zata:tʃɛt]
dar retorno	**otáčet se**	[ota:tʃɛt sɛ]
estar visível	**být vidět**	[bi:t vɪdet]
aparecer (vi)	**ukázat se**	[uka:zat sɛ]
paragem (pausa)	**zastávka** (ž)	[zasta:fka]
descansar (vi)	**odpočinout**	[otpotʃɪnout]
descanso, repouso (m)	**odpočinek** (m)	[otpotʃɪnɛk]
perder-se (vr)	**zabloudit**	[zabloudɪt]
conduzir a ... (caminho)	**vést k ...**	[vɛ:st k]
chegar a ...	**dostat se k ...**	[dostat sɛ k]
trecho (m)	**úsek** (m)	[u:sɛk]
asfalto (m)	**asfalt** (m)	[asfalt]
meio-fio (m)	**obrubník** (m)	[obrubni:k]
valeta (f)	**příkop** (m)	[prʃi:kop]
tampa (f) de esgoto	**poklop** (m)	[poklop]
acostamento (m)	**krajnice** (ž)	[krajnɪtsɛ]
buraco (m)	**jáma** (ž)	[ja:ma]
ir (a pé)	**jít**	[ji:t]
ultrapassar (vt)	**předejít**	[prʃɛdɛji:t]
passo (m)	**krok** (m)	[krok]
a pé	**pěšky**	[peʃkɪ]

bloquear (vt)	**zatarasit**	[zatarasɪt]
cancela (f)	**závory** (ž mn)	[za:vorɪ]
beco (m) sem saída	**slepá ulice** (ž)	[slɛpa: ulɪʦɛ]

191. Violação da lei. Criminosos. Parte 1

bandido (m)	**bandita** (m)	[bandɪta]
crime (m)	**zločin** (m)	[zloʧɪn]
criminoso (m)	**zločinec** (m)	[zloʧɪnɛʦ]
ladrão (m)	**zloděj** (m)	[zlodej]
roubar (vt)	**krást**	[kra:st]
roubo (atividade)	**loupež** (ž)	[loupɛʃ]
furto (m)	**krádež** (ž)	[kra:dɛʃ]
raptar, sequestrar (vt)	**unést**	[unɛ:st]
sequestro (m)	**únos** (m)	[u:nos]
sequestrador (m)	**únosce** (m)	[u:nosʦɛ]
resgate (m)	**výkupné** (s)	[vi:kupnɛ:]
pedir resgate	**žádat výkupné**	[ʒa:dat vi:kupnɛ:]
roubar (vt)	**loupit**	[loupɪt]
assalto, roubo (m)	**loupež** (ž)	[loupɛʃ]
assaltante (m)	**lupič** (m)	[lupɪʧ]
extorquir (vt)	**vydírat**	[vɪdi:rat]
extorsionário (m)	**vyděrač** (m)	[vɪderaʧ]
extorsão (f)	**vyděračství** (s)	[vɪderaʧstvi:]
matar, assassinar (vt)	**zabít**	[zabi:t]
homicídio (m)	**vražda** (ž)	[vraʒda]
homicida, assassino (m)	**vrah** (m)	[vrax]
tiro (m)	**výstřel** (m)	[vi:strʃɛl]
dar um tiro	**vystřelit**	[vɪstrʒɛlɪt]
matar a tiro	**zastřelit**	[zastrʃɛlɪt]
disparar, atirar (vi)	**střílet**	[strʃi:lɛt]
tiroteio (m)	**střelba** (ž)	[strʃɛlba]
incidente (m)	**nehoda** (ž)	[nɛhoda]
briga (~ de rua)	**rvačka** (ž)	[rvaʧka]
Socorro!	**Pomoc!**	[pomoʦ]
vítima (f)	**oběť** (ž)	[obetʲ]
danificar (vt)	**poškodit**	[poʃkodɪt]
dano (m)	**škoda** (ž)	[ʃkoda]
cadáver (m)	**mrtvola** (ž)	[mrtvola]
grave (adj)	**těžký**	[teʃki:]
atacar (vt)	**napadnout**	[napadnout]
bater (espancar)	**bít**	[bi:t]
espancar (vt)	**zbít**	[zbi:t]
tirar, roubar (dinheiro)	**odebrat**	[odɛbrat]

esfaquear (vt)	**zabít**	[zabi:t]
mutilar (vt)	**zmrzačit**	[zmrzatʃɪt]
ferir (vt)	**zranit**	[zranɪt]
chantagem (f)	**vyděračství** (s)	[vɪderatʃstvi:]
chantagear (vt)	**vydírat**	[vɪdi:rat]
chantagista (m)	**vyděrač** (m)	[vɪderatʃ]
extorsão (f)	**vyděračství** (s)	[vɪderatʃstvi:]
extorsionário (m)	**vyděrač** (m)	[vɪderatʃ]
gângster (m)	**gangster** (m)	[gangstɛr]
máfia (f)	**mafie** (ž)	[mafɪe]
punguista (m)	**kapsář** (m)	[kapsa:rʃ]
assaltante, ladrão (m)	**kasař** (m)	[kasarʃ]
contrabando (m)	**pašování** (s)	[paʃova:ni:]
contrabandista (m)	**pašerák** (m)	[paʃɛra:k]
falsificação (f)	**padělání** (s)	[padela:ni:]
falsificar (vt)	**padělat**	[padelat]
falsificado (adj)	**padělaný**	[padelani:]

192. Violação da lei. Criminosos. Parte 2

estupro (m)	**znásilnění** (s)	[zna:sɪlneni:]
estuprar (vt)	**znásilnit**	[zna:sɪlnɪt]
estuprador (m)	**násilník** (m)	[na:sɪlni:k]
maníaco (m)	**maniak** (m)	[manɪak]
prostituta (f)	**prostitutka** (ž)	[prostɪtutka]
prostituição (f)	**prostituce** (ž)	[prostɪtutsɛ]
cafetão (m)	**kuplíř** (m)	[kupli:rʃ]
drogado (m)	**narkoman** (m)	[narkoman]
traficante (m)	**drogový dealer** (m)	[drogovi: di:lɛr]
explodir (vt)	**vyhodit do povětří**	[vɪhodɪt do povetrʃi:]
explosão (f)	**výbuch** (m)	[vi:bux]
incendiar (vt)	**zapálit**	[zapa:lɪt]
incendiário (m)	**žhář** (m)	[ʒha:rʃ]
terrorismo (m)	**terorismus** (m)	[tɛrorɪzmus]
terrorista (m)	**terorista** (m)	[tɛrorɪsta]
refém (m)	**rukojmí** (m)	[rukojmi:]
enganar (vt)	**oklamat**	[oklamat]
engano (m)	**podvod** (m)	[podvot]
vigarista (m)	**podvodník** (m)	[podvodni:k]
subornar (vt)	**podplatit**	[potplatɪt]
suborno (atividade)	**podplácení** (s)	[potpla:tsɛni:]
suborno (dinheiro)	**úplatek** (m)	[u:platɛk]
veneno (m)	**jed** (m)	[jɛt]
envenenar (vt)	**otrávit**	[otra:vɪt]

envenenar-se (vr)	**otrávit se**	[otra:vɪt sɛ]
suicídio (m)	**sebevražda** (ž)	[sɛbɛvraʒda]
suicida (m)	**sebevrah** (m)	[sɛbɛvrax]
ameaçar (vt)	**vyhrožovat**	[vɪhroʒovat]
ameaça (f)	**vyhrůžka** (ž)	[vɪhru:ʃka]
atentar contra a vida de ...	**páchat atentát**	[pa:xat atenta:t]
atentado (m)	**atentát** (m)	[atɛnta:t]
roubar (um carro)	**unést**	[unɛ:st]
sequestrar (um avião)	**unést**	[unɛ:st]
vingança (f)	**pomsta** (ž)	[pomsta]
vingar (vt)	**mstít se**	[msti:t sɛ]
torturar (vt)	**mučit**	[mutʃɪt]
tortura (f)	**mučení** (s)	[mutʃɛni:]
atormentar (vt)	**trápit**	[tra:pɪt]
pirata (m)	**pirát** (m)	[pɪra:t]
desordeiro (m)	**chuligán** (m)	[xulɪga:n]
armado (adj)	**ozbrojený**	[ozbrojɛni:]
violência (f)	**násilí** (s)	[na:sɪli:]
espionagem (f)	**špionáž** (ž)	[ʃpɪona:ʃ]
espionar (vi)	**špehovat**	[ʃpɛhovat]

193. Polícia. Lei. Parte 1

justiça (sistema de ~)	**justice** (ž)	[justitsɛ]
tribunal (m)	**soud** (m)	[sout]
juiz (m)	**soudce** (m)	[soudtsɛ]
jurados (m pl)	**porotci** (m mn)	[porottsɪ]
tribunal (m) do júri	**porota** (ž)	[porota]
julgar (vt)	**soudit**	[soudɪt]
advogado (m)	**advokát** (m)	[advoka:t]
réu (m)	**obžalovaný** (m)	[obʒalovani:]
banco (m) dos réus	**lavice** (ž) **obžalovaných**	[lavɪtsɛ obʒalovani:x]
acusação (f)	**žaloba** (ž)	[ʒaloba]
acusado (m)	**obžalovaný** (m)	[obʒalovani:]
sentença (f)	**rozsudek** (m)	[rozsudɛk]
sentenciar (vt)	**odsoudit**	[otsoudɪt]
culpado (m)	**viník** (m)	[vɪni:k]
punir (vt)	**potrestat**	[potrɛstat]
punição (f)	**trest** (m)	[trɛst]
multa (f)	**pokuta** (ž)	[pokuta]
prisão (f) perpétua	**doživotní vězení** (s)	[doʒɪvotni: vezɛni:]
pena (f) de morte	**trest** (m) **smrti**	[trɛst smrtɪ]

cadeira (f) elétrica	**elektrické křeslo** (s)	[ɛlɛktrɪʦkɛ: krʃɛslo]
forca (f)	**šibenice** (ž)	[ʃɪbɛnɪʦɛ]
executar (vt)	**popravit**	[popravɪt]
execução (f)	**poprava** (ž)	[poprava]
prisão (f)	**vězení** (s)	[vezɛni:]
cela (f) de prisão	**cela** (ž)	[ʦɛla]
escolta (f)	**ozbrojený doprovod** (m)	[ozbrojɛni: doprovot]
guarda (m) prisional	**dozorce** (m)	[dozorʦɛ]
preso, prisioneiro (m)	**vězeň** (m)	[vezɛnʲ]
algemas (f pl)	**pouta** (s mn)	[pouta]
algemar (vt)	**nasadit pouta**	[nasadɪt pouta]
fuga, evasão (f)	**útěk** (m)	[u:tek]
fugir (vi)	**uprchnout**	[uprxnout]
desaparecer (vi)	**zmizet**	[zmɪzɛt]
soltar, libertar (vt)	**propustit**	[propustɪt]
anistia (f)	**amnestie** (ž)	[amnɛstɪe]
polícia (instituição)	**policie** (ž)	[polɪʦɪe]
polícia (m)	**policista** (m)	[polɪʦɪsta]
delegacia (f) de polícia	**policejní stanice** (ž)	[polɪʦɛjni: stanɪʦɛ]
cassetete (m)	**gumový obušek** (m)	[gumovi: obuʃɛk]
megafone (m)	**hlásná trouba** (ž)	[hla:sna: trouba]
carro (m) de patrulha	**policejní vůz** (m)	[polɪʦɛjni: vu:z]
sirene (f)	**houkačka** (ž)	[houkaʧka]
ligar a sirene	**zapnout houkačku**	[zapnout houkaʧku]
toque (m) da sirene	**houkání** (s)	[houka:ni:]
cena (f) do crime	**místo** (s) **činu**	[mi:sto ʧɪnu]
testemunha (f)	**svědek** (m)	[svedɛk]
liberdade (f)	**svoboda** (ž)	[svoboda]
cúmplice (m)	**spolupachatel** (m)	[spolupaxatɛl]
escapar (vi)	**zmizet**	[zmɪzɛt]
traço (não deixar ~s)	**stopa** (ž)	[stopa]

194. Polícia. Lei. Parte 2

procura (f)	**pátrání** (s)	[pa:tra:ni:]
procurar (vt)	**pátrat**	[pa:trat]
suspeita (f)	**podezření** (s)	[podɛzrʒɛni:]
suspeito (adj)	**podezřelý**	[podɛzrʒɛli:]
parar (veículo, etc.)	**zastavit**	[zastavɪt]
deter (fazer parar)	**zadržet**	[zadrʒet]
caso (~ criminal)	**případ** (m)	[prʃi:pat]
investigação (f)	**vyšetřování** (s)	[vɪʃɛtrʃova:ni:]
detetive (m)	**detektiv** (m)	[dɛtɛktɪf]
investigador (m)	**vyšetřovatel** (m)	[vɪʃɛtrʃovatɛl]
versão (f)	**verze** (ž)	[vɛrzɛ]

motivo (m)	**motiv** (m)	[motɪf]
interrogatório (m)	**výslech** (m)	[vi:slɛx]
interrogar (vt)	**vyslýchat**	[vɪsli:xat]
questionar (vt)	**vyslýchat**	[vɪsli:xat]
verificação (f)	**kontrola** (ž)	[kontrola]
batida (f) policial	**zátah** (m)	[za:tax]
busca (f)	**prohlídka** (ž)	[prohli:tka]
perseguição (f)	**stíhání** (s)	[sti:ha:ni:]
perseguir (vt)	**pronásledovat**	[prona:slɛdovat]
seguir, rastrear (vt)	**sledovat**	[slɛdovat]
prisão (f)	**zatčení** (s)	[zaʧɛni:]
prender (vt)	**zatknout**	[zatknout]
pegar, capturar (vt)	**chytit**	[xɪtɪt]
captura (f)	**chycení** (s)	[xɪʦɛni:]
documento (m)	**dokument** (m)	[dokumɛnt]
prova (f)	**důkaz** (m)	[du:kaz]
provar (vt)	**dokazovat**	[dokazovat]
pegada (f)	**stopa** (ž)	[stopa]
impressões (f pl) digitais	**otisky** (m mn) **prstů**	[otɪskɪ prstu:]
prova (f)	**důkaz** (m)	[du:kaz]
álibi (m)	**alibi** (s)	[alɪbɪ]
inocente (adj)	**nevinný**	[nɛvɪnni:]
injustiça (f)	**nespravedlivost** (ž)	[nɛspravɛdlɪvost]
injusto (adj)	**nespravedlivý**	[nɛspra:vɛdlɪvi:]
criminal (adj)	**kriminální**	[krɪmɪna:lni:]
confiscar (vt)	**konfiskovat**	[konfɪskovat]
droga (f)	**droga** (ž)	[droga]
arma (f)	**zbraň** (ž)	[zbranʲ]
desarmar (vt)	**odzbrojit**	[odzbrojɪt]
ordenar (vt)	**rozkazovat**	[roskazovat]
desaparecer (vi)	**zmizet**	[zmɪzɛt]
lei (f)	**zákon** (m)	[za:kon]
legal (adj)	**zákonný**	[za:konni:]
ilegal (adj)	**nezákonný**	[nɛza:konni:]
responsabilidade (f)	**odpovědnost** (ž)	[otpovednost]
responsável (adj)	**odpovědný**	[otpovedni:]

NATUREZA

A Terra. Parte 1

195. Espaço sideral

espaço, cosmo (m)	**kosmos** (m)	[kosmos]
espacial, cósmico (adj)	**kosmický**	[kosmɪʦki:]
espaço (m) cósmico	**kosmický prostor** (m)	[kosmɪʦki: prostor]
mundo, universo (m)	**vesmír** (m)	[vɛsmi:r]
galáxia (f)	**galaxie** (ž)	[galaksɪe]
estrela (f)	**hvězda** (ž)	[hvezda]
constelação (f)	**souhvězdí** (s)	[souhvezdi:]
planeta (m)	**planeta** (ž)	[planɛta]
satélite (m)	**družice** (ž)	[druʒɪʦɛ]
meteorito (m)	**meteorit** (m)	[mɛtɛorɪt]
cometa (m)	**kometa** (ž)	[komɛta]
asteroide (m)	**asteroid** (m)	[astɛroɪt]
órbita (f)	**oběžná dráha** (ž)	[obeʒna: dra:ha]
girar (vi)	**otáčet se**	[ota:ʧɛt sɛ]
atmosfera (f)	**atmosféra** (ž)	[atmosfɛ:ra]
Sol (m)	**Slunce** (s)	[sluntsɛ]
Sistema (m) Solar	**sluneční soustava** (ž)	[slunɛʧni: soustava]
eclipse (m) solar	**sluneční zatmění** (s)	[slunɛʧni: zatmneni:]
Terra (f)	**Země** (ž)	[zɛmnɛ]
Lua (f)	**Měsíc** (m)	[mnesi:ʦ]
Marte (m)	**Mars** (m)	[mars]
Vênus (f)	**Venuše** (ž)	[vɛnuʃɛ]
Júpiter (m)	**Jupiter** (m)	[jupɪtɛr]
Saturno (m)	**Saturn** (m)	[saturn]
Mercúrio (m)	**Merkur** (m)	[mɛrkur]
Urano (m)	**Uran** (m)	[uran]
Netuno (m)	**Neptun** (m)	[nɛptun]
Plutão (m)	**Pluto** (s)	[pluto]
Via Láctea (f)	**Mléčná dráha** (ž)	[mlɛ:ʧna: dra:ha]
Ursa Maior (f)	**Velká medvědice** (ž)	[vɛlka: mɛdvedɪʦɛ]
Estrela Polar (f)	**Polárka** (ž)	[pola:rka]
marciano (m)	**Marťan** (m)	[martʲan]
extraterrestre (m)	**mimozemšťan** (m)	[mɪmozɛmʃtʲan]

alienígena (m)	**vetřelec** (m)	[vɛtrʃɛlɛʦ]
disco (m) voador	**létající talíř** (m)	[lɛ:taji:ʦi: tali:rʃ]
espaçonave (f)	**kosmická loď** (ž)	[kosmɪʦka: lotʲ]
estação (f) orbital	**orbitální stanice** (ž)	[orbɪta:lni: stanɪʦɛ]
lançamento (m)	**start** (m)	[start]
motor (m)	**motor** (m)	[motor]
bocal (m)	**tryska** (ž)	[trɪska]
combustível (m)	**palivo** (s)	[palɪvo]
cabine (f)	**kabina** (ž)	[kabɪna]
antena (f)	**anténa** (ž)	[antɛ:na]
vigia (f)	**okénko** (s)	[okɛ:ŋko]
bateria (f) solar	**sluneční baterie** (ž)	[slunɛʧni: batɛrɪɛ]
traje (m) espacial	**skafandr** (m)	[skafandr]
imponderabilidade (f)	**beztížný stav** (m)	[bɛzti:ʒni: staf]
oxigênio (m)	**kyslík** (m)	[kɪsli:k]
acoplagem (f)	**spojení** (s)	[spojɛni:]
fazer uma acoplagem	**spojovat se**	[spojovat sɛ]
observatório (m)	**observatoř** (ž)	[opsɛrvatorʃ]
telescópio (m)	**teleskop** (m)	[tɛlɛskop]
observar (vt)	**pozorovat**	[pozorovat]
explorar (vt)	**zkoumat**	[skoumat]

196. A Terra

Terra (f)	**Země** (ž)	[zɛmnɛ]
globo terrestre (Terra)	**zeměkoule** (ž)	[zɛmnekoulɛ]
planeta (m)	**planeta** (ž)	[planɛta]
atmosfera (f)	**atmosféra** (ž)	[atmosfɛ:ra]
geografia (f)	**zeměpis** (m)	[zɛmnepɪs]
natureza (f)	**příroda** (ž)	[prʃi:roda]
globo (mapa esférico)	**glóbus** (m)	[glo:bus]
mapa (m)	**mapa** (ž)	[mapa]
atlas (m)	**atlas** (m)	[atlas]
Europa (f)	**Evropa** (ž)	[ɛvropa]
Ásia (f)	**Asie** (ž)	[azɪe]
África (f)	**Afrika** (ž)	[afrɪka]
Austrália (f)	**Austrálie** (ž)	[austra:lɪe]
América (f)	**Amerika** (ž)	[amɛrɪka]
América (f) do Norte	**Severní Amerika** (ž)	[sɛvɛrni: amɛrɪka]
América (f) do Sul	**Jižní Amerika** (ž)	[jɪʒni: amɛrɪka]
Antártida (f)	**Antarktida** (ž)	[antarkti:da]
Ártico (m)	**Arktida** (ž)	[arktɪda]

197. Pontos cardeais

norte (m)	**sever** (m)	[sɛvɛr]
para norte	**na sever**	[na sɛvɛr]
no norte	**na severu**	[na sɛvɛru]
do norte (adj)	**severní**	[sɛvɛrni:]
sul (m)	**jih** (m)	[jɪx]
para sul	**na jih**	[na jɪx]
no sul	**na jihu**	[na jɪhu]
do sul (adj)	**jižní**	[jɪʒni:]
oeste, ocidente (m)	**západ** (m)	[za:pat]
para oeste	**na západ**	[na za:pat]
no oeste	**na západě**	[na za:pade]
ocidental (adj)	**západní**	[za:padni:]
leste, oriente (m)	**východ** (m)	[vi:xot]
para leste	**na východ**	[na vi:xot]
no leste	**na východě**	[na vi:xode]
oriental (adj)	**východní**	[vi:xodni:]

198. Mar. Oceano

mar (m)	**moře** (s)	[morʒɛ]
oceano (m)	**oceán** (m)	[ot͡sɛa:n]
golfo (m)	**záliv** (m)	[za:lɪf]
estreito (m)	**průliv** (m)	[pru:lɪf]
continente (m)	**pevnina** (ž)	[pɛvnɪna]
ilha (f)	**ostrov** (m)	[ostrof]
península (f)	**poloostrov** (m)	[poloostrof]
arquipélago (m)	**souostroví** (s)	[souostrovi:]
baía (f)	**zátoka** (ž)	[za:toka]
porto (m)	**přístav** (m)	[prʃi:staf]
lagoa (f)	**laguna** (ž)	[lagu:na]
cabo (m)	**mys** (m)	[mɪs]
atol (m)	**atol** (m)	[atol]
recife (m)	**útes** (m)	[u:tɛs]
coral (m)	**korál** (m)	[kora:l]
recife (m) de coral	**korálový útes** (m)	[kora:lovi: u:tɛs]
profundo (adj)	**hluboký**	[hluboki:]
profundidade (f)	**hloubka** (ž)	[hloupka]
abismo (m)	**hlubina** (ž)	[hlubɪna]
fossa (f) oceânica	**prohlubeň** (ž)	[prohlubɛnʲ]
corrente (f)	**proud** (m)	[prout]
banhar (vt)	**omývat**	[omi:vat]
litoral (m)	**břeh** (m)	[brʒɛx]
costa (f)	**pobřeží** (s)	[pobrʒɛʒi:]

maré (f) alta | **příliv** (m) | [prʃi:lɪf]
refluxo (m) | **odliv** (m) | [odlɪf]
restinga (f) | **mělčina** (ž) | [mnelʧɪna]
fundo (m) | **dno** (s) | [dno]

onda (f) | **vlna** (ž) | [vlna]
crista (f) da onda | **hřbet** (m) **vlny** | [hrʒbɛt vlnɪ]
espuma (f) | **pěna** (ž) | [pena]

tempestade (f) | **bouřka** (ž) | [bourʃka]
furacão (m) | **hurikán** (m) | [hurɪka:n]
tsunami (m) | **tsunami** (s) | [tsunamɪ]
calmaria (f) | **bezvětří** (s) | [bɛzvetrʃi:]
calmo (adj) | **klidný** | [klɪdni:]

polo (m) | **pól** (m) | [po:l]
polar (adj) | **polární** | [pola:rni:]

latitude (f) | **šířka** (ž) | [ʃi:rʃka]
longitude (f) | **délka** (ž) | [dɛ:lka]
paralela (f) | **rovnoběžka** (ž) | [rovnobeʃka]
equador (m) | **rovník** (m) | [rovni:k]

céu (m) | **obloha** (ž) | [obloha]
horizonte (m) | **horizont** (m) | [horɪzont]
ar (m) | **vzduch** (m) | [vzdux]

farol (m) | **maják** (m) | [maja:k]
mergulhar (vi) | **potápět se** | [pota:pet sɛ]
afundar-se (vr) | **potopit se** | [potopɪt sɛ]
tesouros (m pl) | **bohatství** (s) | [bohatstvi:]

199. Nomes de Mares e Oceanos

Oceano (m) Atlântico | **Atlantický oceán** (m) | [atlantɪʦki: oʦɛa:n]
Oceano (m) Índico | **Indický oceán** (m) | [ɪndɪʦki: oʦɛa:n]
Oceano (m) Pacífico | **Tichý oceán** (m) | [tɪxi: oʦɛa:n]
Oceano (m) Ártico | **Severní ledový oceán** (m) | [sɛvɛrni: lɛdovi: oʦɛa:n]

Mar (m) Negro | **Černé moře** (s) | [ʧɛrnɛ: morʒɛ]
Mar (m) Vermelho | **Rudé moře** (s) | [rudɛ: morʒɛ]
Mar (m) Amarelo | **Žluté moře** (s) | [ʒlutɛ: morʒɛ]
Mar (m) Branco | **Bílé moře** (s) | [bi:lɛ: morʒɛ]

Mar (m) Cáspio | **Kaspické moře** (s) | [kaspɪʦkɛ: morʒɛ]
Mar (m) Morto | **Mrtvé moře** (s) | [mrtvɛ: morʒɛ]
Mar (m) Mediterrâneo | **Středozemní moře** (s) | [strʃɛdozɛmni: morʒɛ]

Mar (m) Egeu | **Egejské moře** (s) | [ɛgɛjskɛ: morʒɛ]
Mar (m) Adriático | **Jaderské moře** (s) | [jadɛrskɛ: morʒɛ]

Mar (m) Arábico | **Arabské moře** (s) | [arapskɛ: morʒɛ]
Mar (m) do Japão | **Japonské moře** (s) | [japonskɛ: morʒɛ]
Mar (m) de Bering | **Beringovo moře** (s) | [bɛrɪngovo morʒɛ]

Mar (m) da China Meridional	**Jihočínské moře** (s)	[jɪhoʧi:nskɛ: morʒɛ]
Mar (m) de Coral	**Korálové moře** (s)	[kora:lovɛ: morʒɛ]
Mar (m) de Tasman	**Tasmanovo moře** (s)	[tasmanovo morʒɛ]
Mar (m) do Caribe	**Karibské moře** (s)	[karɪpskɛ: morʒɛ]
Mar (m) de Barents	**Barentsovo moře** (s)	[barɛntsovo morʒɛ]
Mar (m) de Kara	**Karské moře** (s)	[karskɛ: morʒɛ]
Mar (m) do Norte	**Severní moře** (s)	[sɛvɛrni: morʒɛ]
Mar (m) Báltico	**Baltské moře** (s)	[baltskɛ: morʒɛ]
Mar (m) da Noruega	**Norské moře** (s)	[norskɛ: morʒɛ]

200. Montanhas

montanha (f)	**hora** (ž)	[hora]
cordilheira (f)	**horské pásmo** (s)	[horskɛ: pa:smo]
serra (f)	**horský hřbet** (m)	[horski: hrʒbɛt]
cume (m)	**vrchol** (m)	[vrxol]
pico (m)	**štít** (m)	[ʃti:t]
pé (m)	**úpatí** (s)	[u:pati:]
declive (m)	**svah** (m)	[svax]
vulcão (m)	**sopka** (ž)	[sopka]
vulcão (m) ativo	**činná sopka** (ž)	[ʧɪnna: sopka]
vulcão (m) extinto	**vyhaslá sopka** (ž)	[vɪhasla: sopka]
erupção (f)	**výbuch** (m)	[vi:bux]
cratera (f)	**kráter** (m)	[kra:tɛr]
magma (m)	**magma** (ž)	[magma]
lava (f)	**láva** (ž)	[la:va]
fundido (lava ~a)	**rozžhavený**	[rozʒhavɛni:]
cânion, desfiladeiro (m)	**kaňon** (m)	[kanʲon]
garganta (f)	**soutěska** (ž)	[souteska]
fenda (f)	**rozsedlina** (ž)	[rozsɛdlɪna]
passo, colo (m)	**průsmyk** (m)	[pru:smɪk]
planalto (m)	**plató** (s)	[plato:]
falésia (f)	**skála** (ž)	[ska:la]
colina (f)	**kopec** (m)	[kopɛʦ]
geleira (f)	**ledovec** (m)	[lɛdovɛʦ]
cachoeira (f)	**vodopád** (m)	[vodopa:t]
gêiser (m)	**vřídlo** (s)	[vrʒi:dlo]
lago (m)	**jezero** (s)	[jɛzɛro]
planície (f)	**rovina** (ž)	[rovɪna]
paisagem (f)	**krajina** (ž)	[krajɪna]
eco (m)	**ozvěna** (ž)	[ozvena]
alpinista (m)	**horolezec** (m)	[horolɛzɛʦ]
escalador (m)	**horolezec** (m)	[horolɛzɛʦ]
conquistar (vt)	**dobývat**	[dobi:vat]
subida, escalada (f)	**výstup** (m)	[vi:stup]

201. Nomes de montanhas

Alpes (m pl)	**Alpy** (mn)	[alpɪ]
Monte Branco (m)	**Mont Blanc** (m)	[monblaŋ]
Pirineus (m pl)	**Pyreneje** (mn)	[pɪrɛnɛjɛ]
Cárpatos (m pl)	**Karpaty** (mn)	[karpatɪ]
Urais (m pl)	**Ural** (m)	[ural]
Cáucaso (m)	**Kavkaz** (m)	[kafkaz]
Elbrus (m)	**Elbrus** (m)	[ɛlbrus]
Altai (m)	**Altaj** (m)	[altaj]
Tian Shan (m)	**Ťan-šan** (ž)	[tʲan-ʃan]
Pamir (m)	**Pamír** (m)	[pami:r]
Himalaia (m)	**Himaláje** (mn)	[hɪmala:jɛ]
monte Everest (m)	**Mount Everest** (m)	[mount ɛvɛrɛst]
Cordilheira (f) dos Andes	**Andy** (mn)	[andɪ]
Kilimanjaro (m)	**Kilimandžáro** (s)	[kɪlɪmandʒa:ro]

202. Rios

rio (m)	**řeka** (ž)	[rʒɛka]
fonte, nascente (f)	**pramen** (m)	[pramɛn]
leito (m) de rio	**koryto** (s)	[korɪto]
bacia (f)	**povodí** (s)	[povodi:]
desaguar no ...	**vlévat se**	[vlɛ:vat sɛ]
afluente (m)	**přítok** (m)	[prʃi:tok]
margem (do rio)	**břeh** (m)	[brʒɛx]
corrente (f)	**proud** (m)	[prout]
rio abaixo	**po proudu**	[po proudu]
rio acima	**proti proudu**	[protɪ proudu]
inundação (f)	**povodeň** (ž)	[povodɛnʲ]
cheia (f)	**záplava** (ž)	[za:plava]
transbordar (vi)	**rozlévat se**	[rozlɛ:vat sɛ]
inundar (vt)	**zaplavovat**	[zaplavovat]
banco (m) de areia	**mělčina** (ž)	[mnelʧɪna]
corredeira (f)	**peřej** (ž)	[pɛrʒɛj]
barragem (f)	**přehrada** (ž)	[prʃɛhrada]
canal (m)	**průplav** (m)	[pru:plaf]
reservatório (m) de água	**vodní nádrž** (ž)	[vodni: na:drʃ]
eclusa (f)	**zdymadlo** (s)	[zdɪmadlo]
corpo (m) de água	**vodojem** (m)	[vodojɛm]
pântano (m)	**bažina** (ž)	[baʒɪna]
lamaçal (m)	**slať** (ž)	[slatʲ]
redemoinho (m)	**vír** (m)	[vi:r]
riacho (m)	**potok** (m)	[potok]

potável (adj)	**pitný**	[pɪtni:]
doce (água)	**sladký**	[slatki:]
gelo (m)	**led** (m)	[lɛt]
congelar-se (vr)	**zamrznout**	[zamrznout]

203. Nomes de rios

rio Sena (m)	**Seina** (ž)	[se:na]
rio Loire (m)	**Loira** (ž)	[loa:ra]
rio Tâmisa (m)	**Temže** (ž)	[tɛmʒe]
rio Reno (m)	**Rýn** (m)	[ri:n]
rio Danúbio (m)	**Dunaj** (m)	[dunaj]
rio Volga (m)	**Volha** (ž)	[volha]
rio Don (m)	**Don** (m)	[don]
rio Lena (m)	**Lena** (ž)	[lɛna]
rio Amarelo (m)	**Chuang-chež** (ž)	[xuan-xɛ]
rio Yangtzé (m)	**Jang-c'-ťiang** (ž)	[jang-ʦɛ-tʲang]
rio Mekong (m)	**Mekong** (m)	[mɛkong]
rio Ganges (m)	**Ganga** (ž)	[ganga]
rio Nilo (m)	**Nil** (m)	[nɪl]
rio Congo (m)	**Kongo** (s)	[kongo]
rio Cubango (m)	**Okavango** (s)	[okavango]
rio Zambeze (m)	**Zambezi** (ž)	[zambɛzɪ]
rio Limpopo (m)	**Limpopo** (s)	[lɪmpopo]
rio Mississippi (m)	**Mississippi** (ž)	[mɪsɪsɪpɪ]

204. Floresta

floresta (f), bosque (m)	**les** (m)	[lɛs]
florestal (adj)	**lesní**	[lɛsni:]
mata (f) fechada	**houština** (ž)	[houʃtɪna]
arvoredo (m)	**háj** (m)	[ha:j]
clareira (f)	**mýtina** (ž)	[mi:tɪna]
matagal (m)	**houští** (s)	[houʃti:]
mato (m), caatinga (f)	**křoví** (s)	[krʃovi:]
pequena trilha (f)	**stezka** (ž)	[stɛska]
ravina (f)	**rokle** (ž)	[roklɛ]
árvore (f)	**strom** (m)	[strom]
folha (f)	**list** (m)	[lɪst]
folhagem (f)	**listí** (s)	[lɪsti:]
queda (f) das folhas	**padání** (s) **listí**	[pada:ni: lɪsti:]
cair (vi)	**opadávat**	[opada:vat]

topo (m)	**vrchol** (m)	[vrxol]
ramo (m)	**větev** (ž)	[vetɛf]
galho (m)	**suk** (m)	[suk]
botão (m)	**pupen** (m)	[pupɛn]
agulha (f)	**jehla** (ž)	[jɛhla]
pinha (f)	**šiška** (ž)	[ʃɪʃka]
buraco (m) de árvore	**dutina** (ž)	[dutɪna]
ninho (m)	**hnízdo** (s)	[hni:zdo]
toca (f)	**doupě** (s)	[doupe]
tronco (m)	**kmen** (m)	[kmɛn]
raiz (f)	**kořen** (m)	[korʒɛn]
casca (f) de árvore	**kůra** (ž)	[ku:ra]
musgo (m)	**mech** (m)	[mɛx]
arrancar pela raiz	**klučit**	[klutʃɪt]
cortar (vt)	**kácet**	[ka:tsɛt]
desflorestar (vt)	**odlesnit**	[odlesnɪt]
toco, cepo (m)	**pařez** (m)	[parʒɛz]
fogueira (f)	**oheň** (m)	[ohɛnʲ]
incêndio (m) florestal	**požár** (m)	[poʒa:r]
apagar (vt)	**hasit**	[hasɪt]
guarda-parque (m)	**hajný** (m)	[hajni:]
proteção (f)	**ochrana** (ž)	[oxrana]
proteger (a natureza)	**chránit**	[xra:nɪt]
caçador (m) furtivo	**pytlák** (m)	[pɪtla:k]
armadilha (f)	**past** (ž)	[past]
colher (cogumelos, bagas)	**sbírat**	[zbi:rat]
perder-se (vr)	**zabloudit**	[zabloudɪt]

205. Recursos naturais

recursos (m pl) naturais	**přírodní zdroje** (m mn)	[prʃi:rodni: zdrojɛ]
minerais (m pl)	**užitkové nerosty** (m mn)	[uʒɪtkovɛ: nɛrostɪ]
depósitos (m pl)	**ložisko** (s)	[loʒɪsko]
jazida (f)	**naleziště** (s)	[nalezɪʃte]
extrair (vt)	**dobývat**	[dobi:vat]
extração (f)	**těžba** (ž)	[teʒba]
minério (m)	**ruda** (ž)	[ruda]
mina (f)	**důl** (m)	[du:l]
poço (m) de mina	**šachta** (ž)	[ʃaxta]
mineiro (m)	**horník** (m)	[horni:k]
gás (m)	**plyn** (m)	[plɪn]
gasoduto (m)	**plynovod** (m)	[plɪnovot]
petróleo (m)	**ropa** (ž)	[ropa]
oleoduto (m)	**ropovod** (m)	[ropovot]
poço (m) de petróleo	**ropová věž** (ž)	[ropova: veʃ]

torre (f) petrolífera	**vrtná věž** (ž)	[vrtna: veʃ]
petroleiro (m)	**tanková loď** (ž)	[taŋkova: lotʲ]
areia (f)	**písek** (m)	[pi:sɛk]
calcário (m)	**vápenec** (m)	[va:pɛnɛʦ]
cascalho (m)	**štěrk** (m)	[ʃterk]
turfa (f)	**rašelina** (ž)	[raʃɛlɪna]
argila (f)	**hlína** (ž)	[hli:na]
carvão (m)	**uhlí** (s)	[uhli:]
ferro (m)	**železo** (s)	[ʒelɛzo]
ouro (m)	**zlato** (s)	[zlato]
prata (f)	**stříbro** (s)	[strʃi:bro]
níquel (m)	**nikl** (m)	[nɪkl]
cobre (m)	**měď** (ž)	[mnetʲ]
zinco (m)	**zinek** (m)	[zɪnɛk]
manganês (m)	**mangan** (m)	[mangan]
mercúrio (m)	**rtuť** (ž)	[rtutʲ]
chumbo (m)	**olovo** (s)	[olovo]
mineral (m)	**minerál** (m)	[mɪnɛra:l]
cristal (m)	**krystal** (m)	[krɪstal]
mármore (m)	**mramor** (m)	[mramor]
urânio (m)	**uran** (m)	[uran]

A Terra. Parte 2

206. Tempo

tempo (m)	**počasí** (s)	[potʃasi:]
previsão (f) do tempo	**předpověď** (ž) **počasí**	[prʃɛtpovetʲ potʃasi:]
temperatura (f)	**teplota** (ž)	[tɛplota]
termômetro (m)	**teploměr** (m)	[tɛplomner]
barômetro (m)	**barometr** (m)	[baromɛtr]
umidade (f)	**vlhkost** (ž)	[vlxkost]
calor (m)	**horko** (s)	[horko]
tórrido (adj)	**horký**	[horki:]
está muito calor	**horko**	[horko]
está calor	**teplo**	[tɛplo]
quente (morno)	**teplý**	[tɛpli:]
está frio	**je zima**	[jɛ zɪma]
frio (adj)	**studený**	[studɛni:]
sol (m)	**slunce** (s)	[sluntsɛ]
brilhar (vi)	**svítit**	[svi:tɪt]
de sol, ensolarado	**slunečný**	[slunɛtʃni:]
nascer (vi)	**vzejít**	[vzɛji:t]
pôr-se (vr)	**zapadnout**	[zapadnout]
nuvem (f)	**mrak** (m)	[mrak]
nublado (adj)	**oblačný**	[oblatʃni:]
nuvem (f) preta	**mračno** (s)	[mratʃno]
escuro, cinzento (adj)	**pochmurný**	[poxmurni:]
chuva (f)	**déšť** (m)	[dɛ:ʃtʲ]
está a chover	**prší**	[prʃi:]
chuvoso (adj)	**deštivý**	[dɛʃtɪvi:]
chuviscar (vi)	**mrholit**	[mrholɪt]
chuva (f) torrencial	**liják** (m)	[lɪja:k]
aguaceiro (m)	**liják** (m)	[lɪja:k]
forte (chuva, etc.)	**silný**	[sɪlni:]
poça (f)	**kaluž** (ž)	[kaluʃ]
molhar-se (vr)	**moknout**	[moknout]
nevoeiro (m)	**mlha** (ž)	[mlha]
de nevoeiro	**mlhavý**	[mlhavi:]
neve (f)	**sníh** (m)	[sni:x]
está nevando	**sněží**	[snɛʒi:]

207. Tempo extremo. Catástrofes naturais

trovoada (f)	**bouřka** (ž)	[bourʃka]
relâmpago (m)	**blesk** (m)	[blɛsk]
relampejar (vi)	**blýskat se**	[bli:skat sɛ]
trovão (m)	**hřmění** (s)	[hrʒmneni:]
trovejar (vi)	**hřmít**	[hrʒmi:t]
está trovejando	**hřmí**	[hrʒmi:]
granizo (m)	**kroupy** (ž mn)	[kroupɪ]
está caindo granizo	**padají kroupy**	[padaji: kroupɪ]
inundar (vt)	**zaplavit**	[zaplavɪt]
inundação (f)	**povodeň** (ž)	[povodɛnʲ]
terremoto (m)	**zemětřesení** (s)	[zɛmnetrʃɛsɛni:]
abalo, tremor (m)	**otřes** (m)	[otrʃɛs]
epicentro (m)	**epicentrum** (s)	[ɛpɪʦɛntrum]
erupção (f)	**výbuch** (m)	[vi:bux]
lava (f)	**láva** (ž)	[la:va]
tornado (m)	**smršť** (ž)	[smrʃtʲ]
tornado (m)	**tornádo** (s)	[torna:do]
tufão (m)	**tajfun** (m)	[tajfun]
furacão (m)	**hurikán** (m)	[hurɪka:n]
tempestade (f)	**bouřka** (ž)	[bourʃka]
tsunami (m)	**tsunami** (s)	[tsunamɪ]
ciclone (m)	**cyklón** (m)	[ʦiklo:n]
mau tempo (m)	**nečas** (m)	[nɛʧas]
incêndio (m)	**požár** (m)	[poʒa:r]
catástrofe (f)	**katastrofa** (ž)	[katastrofa]
meteorito (m)	**meteorit** (m)	[mɛtɛorɪt]
avalanche (f)	**lavina** (ž)	[lavɪna]
deslizamento (m) de neve	**lavina** (ž)	[lavɪna]
nevasca (f)	**metelice** (ž)	[mɛtɛlɪʦɛ]
tempestade (f) de neve	**vánice** (ž)	[va:nɪʦɛ]

208. Ruídos. Sons

silêncio (m)	**ticho** (s)	[tɪxo]
som (m)	**zvuk** (m)	[zvuk]
ruído, barulho (m)	**hluk** (m)	[hluk]
fazer barulho	**hlučet**	[hluʧɛt]
ruidoso, barulhento (adj)	**hlučný**	[hluʧni:]
alto	**hlasitě**	[hlasɪte]
alto (ex. voz ~a)	**hlasitý**	[hlasɪti:]
constante (ruído, etc.)	**neustálý**	[nɛusta:li:]

grito (m)	**křik** (m)	[krʃɪk]
gritar (vi)	**křičet**	[krʃɪʧɛt]
sussurro (m)	**šepot** (m)	[ʃɛpot]
sussurrar (vi, vt)	**šeptat**	[ʃɛptat]
latido (m)	**štěkot** (m)	[ʃtekot]
latir (vi)	**štěkat**	[ʃtekat]
gemido (m)	**sténání** (s)	[stɛ:na:ni:]
gemer (vi)	**sténat**	[stɛ:nat]
tosse (f)	**kašel** (m)	[kaʃɛl]
tossir (vi)	**kašlat**	[kaʃlat]
assobio (m)	**hvízdání** (s)	[hvi:zda:ni:]
assobiar (vi)	**hvízdat**	[hvi:zdat]
batida (f)	**klepání** (s)	[klɛpa:ni:]
bater (à porta)	**klepat**	[klɛpat]
estalar (vi)	**cvrčet**	[ʦvrʧɛt]
estalido (m)	**třesk** (m)	[trʃɛsk]
sirene (f)	**houkačka** (ž)	[houkaʧka]
apito (m)	**houkání** (s)	[houka:ni:]
apitar (vi)	**hučet**	[huʧɛt]
buzina (f)	**houkačka** (ž)	[houkaʧka]
buzinar (vi)	**houkat**	[houkat]

209. Inverno

inverno (m)	**zima** (ž)	[zɪma]
de inverno	**zimní**	[zɪmni:]
no inverno	**v zimě**	[v zɪmne]
neve (f)	**sníh** (m)	[sni:x]
está nevando	**sněží**	[sneʒi:]
queda (f) de neve	**sněžení** (s)	[sneʒeni:]
amontoado (m) de neve	**závěj** (ž)	[za:vej]
floco (m) de neve	**sněhová vločka** (ž)	[snehova: vloʧka]
bola (f) de neve	**sněhová koule** (ž)	[snehova: koulɛ]
boneco (m) de neve	**sněhulák** (m)	[snehula:k]
sincelo (m)	**rampouch** (m)	[rampoux]
dezembro (m)	**prosinec** (m)	[prosɪnɛʦ]
janeiro (m)	**leden** (m)	[lɛdɛn]
fevereiro (m)	**únor** (m)	[u:nor]
gelo (m)	**mráz** (m)	[mra:z]
gelado (tempo ~)	**mrazivý**	[mrazɪvi:]
abaixo de zero	**pod nulou**	[pod nulou]
primeira geada (f)	**mrazíky** (m mn)	[mrazi:kɪ]
geada (f) branca	**jinovatka** (ž)	[jɪnovatka]
frio (m)	**chlad** (m)	[xlat]

está frio	**chladno**	[xladno]
casaco (m) de pele	**kožich** (m)	[koʒɪx]
mitenes (f pl)	**palčáky** (m mn)	[paltʃa:kɪ]
adoecer (vi)	**onemocnět**	[onɛmotsnet]
resfriado (m)	**nachlazení** (s)	[naxlazɛni:]
ficar resfriado	**nachladit se**	[naxladɪt sɛ]
gelo (m)	**led** (m)	[lɛt]
gelo (m) na estrada	**náledí** (s)	[na:lɛdi:]
congelar-se (vr)	**zamrznout**	[zamrznout]
bloco (m) de gelo	**kra** (ž)	[kra]
esqui (m)	**lyže** (ž mn)	[lɪʒe]
esquiador (m)	**lyžař** (m)	[lɪʒarʃ]
esquiar (vi)	**lyžovat**	[lɪʒovat]
patinar (vi)	**bruslit**	[bruslɪt]

Fauna

210. Mamíferos. Predadores

predador (m)	**šelma** (ž)	[ʃɛlma]
tigre (m)	**tygr** (m)	[tɪgr]
leão (m)	**lev** (m)	[lɛf]
lobo (m)	**vlk** (m)	[vlk]
raposa (f)	**liška** (ž)	[lɪʃka]
jaguar (m)	**jaguár** (m)	[jagua:r]
leopardo (m)	**levhart** (m)	[lɛvhart]
chita (f)	**gepard** (m)	[gɛpart]
pantera (f)	**panter** (m)	[pantɛr]
puma (m)	**puma** (ž)	[puma]
leopardo-das-neves (m)	**pardál** (m)	[parda:l]
lince (m)	**rys** (m)	[rɪs]
coiote (m)	**kojot** (m)	[kojot]
chacal (m)	**šakal** (m)	[ʃakal]
hiena (f)	**hyena** (ž)	[hɪena]

211. Animais selvagens

animal (m)	**zvíře** (s)	[zvi:rʒɛ]
besta (f)	**zvíře** (s)	[zvi:rʒɛ]
esquilo (m)	**veverka** (ž)	[vɛvɛrka]
ouriço (m)	**ježek** (m)	[jɛʒek]
lebre (f)	**zajíc** (m)	[zaji:ʦ]
coelho (m)	**králík** (m)	[kra:li:k]
texugo (m)	**jezevec** (m)	[jɛzɛvɛʦ]
guaxinim (m)	**mýval** (m)	[mi:val]
hamster (m)	**křeček** (m)	[krʃɛʧɛk]
marmota (f)	**svišť** (m)	[svɪʃtʲ]
toupeira (f)	**krtek** (m)	[krtɛk]
rato (m)	**myš** (ž)	[mɪʃ]
ratazana (f)	**krysa** (ž)	[krɪsa]
morcego (m)	**netopýr** (m)	[nɛtopi:r]
arminho (m)	**hranostaj** (m)	[hranostaj]
zibelina (f)	**sobol** (m)	[sobol]
marta (f)	**kuna** (ž)	[kuna]
doninha (f)	**lasice** (ž)	[lasɪʦɛ]
visom (m)	**norek** (m)	[norɛk]

castor (m)	**bobr** (m)	[bobr]
lontra (f)	**vydra** (ž)	[vɪdra]
cavalo (m)	**kůň** (m)	[ku:nʲ]
alce (m)	**los** (m)	[los]
veado (m)	**jelen** (m)	[jɛlɛn]
camelo (m)	**velbloud** (m)	[vɛlblout]
bisão (m)	**bizon** (m)	[bɪzon]
auroque (m)	**zubr** (m)	[zubr]
búfalo (m)	**buvol** (m)	[buvol]
zebra (f)	**zebra** (ž)	[zɛbra]
antílope (m)	**antilopa** (ž)	[antɪlopa]
corça (f)	**srnka** (ž)	[srŋka]
gamo (m)	**daněk** (m)	[danek]
camurça (f)	**kamzík** (m)	[kamzi:k]
javali (m)	**vepř** (m)	[vɛprʃ]
baleia (f)	**velryba** (ž)	[vɛlrɪba]
foca (f)	**tuleň** (m)	[tulɛnʲ]
morsa (f)	**mrož** (m)	[mroʃ]
urso-marinho (m)	**lachtan** (m)	[laxtan]
golfinho (m)	**delfín** (m)	[dɛlfi:n]
urso (m)	**medvěd** (m)	[mɛdvet]
urso (m) polar	**bílý medvěd** (m)	[bi:li: mɛdvet]
panda (m)	**panda** (ž)	[panda]
macaco (m)	**opice** (ž)	[opɪʦɛ]
chimpanzé (m)	**šimpanz** (m)	[ʃɪmpanz]
orangotango (m)	**orangutan** (m)	[orangutan]
gorila (m)	**gorila** (ž)	[gorɪla]
macaco (m)	**makak** (m)	[makak]
gibão (m)	**gibon** (m)	[gɪbon]
elefante (m)	**slon** (m)	[slon]
rinoceronte (m)	**nosorožec** (m)	[nosoroʒeʦ]
girafa (f)	**žirafa** (ž)	[ʒɪrafa]
hipopótamo (m)	**hroch** (m)	[hrox]
canguru (m)	**klokan** (m)	[klokan]
coala (m)	**koala** (ž)	[koala]
mangusto (m)	**promyka** (ž) **indická**	[promɪka ɪndɪʦka:]
chinchila (f)	**činčila** (ž)	[ʧɪnʧɪla]
cangambá (f)	**skunk** (m)	[skuŋk]
porco-espinho (m)	**dikobraz** (m)	[dɪkobras]

212. Animais domésticos

gata (f)	**kočka** (ž)	[koʧka]
gato (m) macho	**kocour** (m)	[koʦour]
cão (m)	**pes** (m)	[pɛs]

cavalo (m)	**kůň** (m)	[ku:nʲ]
garanhão (m)	**hřebec** (m)	[hrʒɛbɛʦ]
égua (f)	**kobyla** (ž)	[kobɪla]
vaca (f)	**kráva** (ž)	[kra:va]
touro (m)	**býk** (m)	[bi:k]
boi (m)	**vůl** (m)	[vu:l]
ovelha (f)	**ovce** (ž)	[ovʦɛ]
carneiro (m)	**beran** (m)	[bɛran]
cabra (f)	**koza** (ž)	[koza]
bode (m)	**kozel** (m)	[kozɛl]
burro (m)	**osel** (m)	[osɛl]
mula (f)	**mul** (m)	[mul]
porco (m)	**prase** (s)	[prasɛ]
leitão (m)	**prasátko** (s)	[prasa:tko]
coelho (m)	**králík** (m)	[kra:li:k]
galinha (f)	**slepice** (ž)	[slɛpɪʦɛ]
galo (m)	**kohout** (m)	[kohout]
pata (f), pato (m)	**kachna** (ž)	[kaxna]
pato (m)	**kačer** (m)	[katʃɛr]
ganso (m)	**husa** (ž)	[husa]
peru (m)	**krocan** (m)	[kroʦan]
perua (f)	**krůta** (ž)	[kru:ta]
animais (m pl) domésticos	**domácí zvířata** (s mn)	[doma:ʦi: zvi:rʒata]
domesticado (adj)	**ochočený**	[oxotʃɛni:]
domesticar (vt)	**ochočovat**	[oxotʃovat]
criar (vt)	**chovat**	[xovat]
fazenda (f)	**farma** (ž)	[farma]
aves (f pl) domésticas	**drůbež** (ž)	[dru:bɛʃ]
gado (m)	**dobytek** (m)	[dobɪtɛk]
rebanho (m), manada (f)	**stádo** (s)	[sta:do]
estábulo (m)	**stáj** (ž)	[sta:j]
chiqueiro (m)	**vepřín** (m)	[vɛprʃi:n]
estábulo (m)	**kravín** (m)	[kravi:n]
coelheira (f)	**králíkárna** (ž)	[kra:li:ka:rna]
galinheiro (m)	**kurník** (m)	[kurni:k]

213. Cães. Raças de cães

cão (m)	**pes** (m)	[pɛs]
cão pastor (m)	**vlčák** (m)	[vlʧa:k]
poodle (m)	**pudl** (m)	[pudl]
linguicinha (m)	**jezevčík** (m)	[ezɛvʧi:k]
buldogue (m)	**buldok** (m)	[buldok]
boxer (m)	**boxer** (m)	[boksɛr]

mastim (m)	**mastif** (m)	[mastɪf]
rottweiler (m)	**rotvajler** (m)	[rotvajlɛr]
dóberman (m)	**dobrman** (m)	[dobrman]
basset (m)	**basset** (m)	[basɛt]
pastor inglês (m)	**bobtail** (m)	[bobtɛjl]
dálmata (m)	**dalmatin** (m)	[dalmatɪn]
cocker spaniel (m)	**kokršpaněl** (m)	[kokrʃpanel]
terra-nova (m)	**novofoundlandský pes** (m)	[novofaundlɛndski: pɛs]
são-bernardo (m)	**bernardýn** (m)	[bɛrnardi:n]
husky (m) siberiano	**husky** (m)	[haskɪ]
Chow-chow (m)	**Čau-čau** (m)	[ʧau-ʧau]
spitz alemão (m)	**špic** (m)	[ʃpɪʦ]
pug (m)	**mopsl** (m)	[mopsl]

214. Sons produzidos pelos animais

latido (m)	**štěkot** (m)	[ʃtekot]
latir (vi)	**štěkat**	[ʃtekat]
miar (vi)	**mňoukat**	[mnʲoukat]
ronronar (vi)	**mručet**	[mruʧɛt]
mugir (vaca)	**bučet**	[buʧɛt]
bramir (touro)	**řvát**	[rʒva:t]
rosnar (vi)	**vrčet**	[vrʧɛt]
uivo (m)	**vytí** (s)	[vɪti:]
uivar (vi)	**výt**	[vi:t]
ganir (vi)	**skučet**	[skuʧɛt]
balir (vi)	**blekotat**	[blɛkotat]
grunhir (vi)	**chrochtat**	[xroxtat]
guinchar (vi)	**vřískat**	[vrʒi:skat]
coaxar (sapo)	**kuňkat**	[kunʲkat]
zumbir (inseto)	**bzučet**	[bzuʧɛt]
ziziar (vi)	**cvrčet**	[ʦvrʧɛt]

215. Animais jovens

cria (f), filhote (m)	**mládě** (s)	[mla:de]
gatinho (m)	**kotě** (s)	[kote]
ratinho (m)	**myší mládě** (s)	[mɪʃi: mla:de]
cachorro (m)	**štěně** (s)	[ʃtene]
filhote (m) de lebre	**zajíček** (m)	[zai:ʧɛk]
coelhinho (m)	**králíček** (m)	[kra:li:ʧɛk]
lobinho (m)	**vlče** (s)	[vlʧɛ]
filhote (m) de raposa	**liščí mládě** (s)	[lɪʃʧi: mla:de]
filhote (m) de urso	**medvídě** (s)	[mɛdvi:de]

filhote (m) de leão	**lvíče** (s)	[lvi:ʧɛ]
filhote (m) de tigre	**tygří mládě** (s)	[tɪgrʒi: mla:de]
filhote (m) de elefante	**slůně** (s)	[slu:ne]
leitão (m)	**prasátko** (s)	[prasa:tko]
bezerro (m)	**tele** (s)	[tɛlɛ]
cabrito (m)	**kůzle** (s)	[ku:zlɛ]
cordeiro (m)	**jehně** (s)	[jɛhne]
filhote (m) de veado	**jelení mládě** (s)	[jɛlɛni: mla:de]
cria (f) de camelo	**velbloudí mládě** (s)	[vɛlbloudi: mla:de]
filhote (m) de serpente	**hádě** (s)	[ha:de]
filhote (m) de rã	**žabička** (ž)	[ʒabɪʧka]
cria (f) de ave	**ptáče** (s)	[pta:ʧɛ]
pinto (m)	**kuře** (s)	[kurʒɛ]
patinho (m)	**kačátko** (s)	[kaʧa:tko]

216. Pássaros

pássaro (m), ave (f)	**pták** (m)	[pta:k]
pombo (m)	**holub** (m)	[holup]
pardal (m)	**vrabec** (m)	[vrabɛʦ]
chapim-real (m)	**sýkora** (ž)	[si:kora]
pega-rabuda (f)	**straka** (ž)	[straka]
corvo (m)	**havran** (m)	[havran]
gralha-cinzenta (f)	**vrána** (ž)	[vra:na]
gralha-de-nuca-cinzenta (f)	**kavka** (ž)	[kafka]
gralha-calva (f)	**polní havran** (m)	[polni: havran]
pato (m)	**kachna** (ž)	[kaxna]
ganso (m)	**husa** (ž)	[husa]
faisão (m)	**bažant** (m)	[baʒant]
águia (f)	**orel** (m)	[orɛl]
açor (m)	**jestřáb** (m)	[jɛstrʃa:p]
falcão (m)	**sokol** (m)	[sokol]
abutre (m)	**sup** (m)	[sup]
condor (m)	**kondor** (m)	[kondor]
cisne (m)	**labuť** (ž)	[labutʲ]
grou (m)	**jeřáb** (m)	[jɛrʒa:p]
cegonha (f)	**čáp** (m)	[ʧa:p]
papagaio (m)	**papoušek** (m)	[papouʃɛk]
beija-flor (m)	**kolibřík** (m)	[kolɪbrʒi:k]
pavão (m)	**páv** (m)	[pa:f]
avestruz (m)	**pštros** (m)	[pʃtros]
garça (f)	**volavka** (ž)	[volafka]
flamingo (m)	**plameňák** (m)	[plamɛnʲa:k]
pelicano (m)	**pelikán** (m)	[pɛlɪka:n]
rouxinol (m)	**slavík** (m)	[slavi:k]

andorinha (f) **vlaštovka** (ž) [vlaʃtofka]
tordo-zornal (m) **drozd** (m) [drozt]
tordo-músico (m) **zpěvný drozd** (m) [spevni: drozt]
melro-preto (m) **kos** (m) [kos]

andorinhão (m) **rorejs** (m) [rorɛjs]
cotovia (f) **skřivan** (m) [skrʃɪvan]
codorna (f) **křepel** (m) [krʃɛpɛl]

pica-pau (m) **datel** (m) [datɛl]
cuco (m) **kukačka** (ž) [kukaʧka]
coruja (f) **sova** (ž) [sova]
bufo-real (m) **výr** (m) [vi:r]
tetraz-grande (m) **tetřev** (m) **hlušec** [tɛtrʃɛv hluʃɛʦ]
tetraz-lira (m) **tetřev** (m) [tɛtrʃɛf]
perdiz-cinzenta (f) **koroptev** (ž) [koroptɛf]

estorninho (m) **špaček** (m) [ʃpaʧɛk]
canário (m) **kanár** (m) [kana:r]
galinha-do-mato (f) **jeřábek** (m) [jɛrʒa:bɛk]
tentilhão (m) **pěnkava** (ž) [peŋkava]
dom-fafe (m) **hejl** (m) [hɛjl]

gaivota (f) **racek** (m) [raʦɛk]
albatroz (m) **albatros** (m) [albatros]
pinguim (m) **tučňák** (m) [tuʧnʲa:k]

217. Pássaros. Canto e sons

cantar (vi) **zpívat** [spi:vat]
gritar, chamar (vi) **křičet** [krʃɪʧɛt]
cantar (o galo) **kokrhat** [kokrhat]
cocorocó (m) **kykyryký** [kɪkɪrɪki:]

cacarejar (vi) **kdákat** [gda:kat]
crocitar (vi) **krákat** [kra:kat]
grasnar (vi) **káchat** [ka:xat]
piar (vi) **kvičet** [kvɪʧɛt]
chilrear, gorjear (vi) **cvrlikat** [ʦvrlɪkat]

218. Peixes. Animais marinhos

brema (f) **cejn** (m) [ʦɛjn]
carpa (f) **kapr** (m) [kapr]
perca (f) **okoun** (m) [okoun]
siluro (m) **sumec** (m) [sumɛʦ]
lúcio (m) **štika** (ž) [ʃtɪka]

salmão (m) **losos** (m) [losos]
esturjão (m) **jeseter** (m) [jɛsɛtɛr]
arenque (m) **sleď** (ž) [slɛtʲ]
salmão (m) do Atlântico **losos** (m) [losos]

cavala, sarda (f)	**makrela** (ž)	[makrɛla]
solha (f), linguado (m)	**platýs** (m)	[plati:s]
lúcio perca (m)	**candát** (m)	[ʦanda:t]
bacalhau (m)	**treska** (ž)	[trɛska]
atum (m)	**tuňák** (m)	[tunʲa:k]
truta (f)	**pstruh** (m)	[pstrux]
enguia (f)	**úhoř** (m)	[u:horʃ]
raia (f) elétrica	**rejnok** (m) **elektrický**	[rɛjnok ɛlɛktrɪʦki:]
moreia (f)	**muréna** (ž)	[murɛ:na]
piranha (f)	**piraňa** (ž)	[pɪranʲja]
tubarão (m)	**žralok** (m)	[ʒralok]
golfinho (m)	**delfín** (m)	[dɛlfi:n]
baleia (f)	**velryba** (ž)	[vɛlrɪba]
caranguejo (m)	**krab** (m)	[krap]
água-viva (f)	**medúza** (ž)	[mɛdu:za]
polvo (m)	**chobotnice** (ž)	[xobotnɪʦɛ]
estrela-do-mar (f)	**hvězdice** (ž)	[hvezdɪʦɛ]
ouriço-do-mar (m)	**ježovka** (ž)	[jɛʒofka]
cavalo-marinho (m)	**mořský koníček** (m)	[morʃski: koni:ʧɛk]
ostra (f)	**ústřice** (ž)	[u:strʃɪʦɛ]
camarão (m)	**kreveta** (ž)	[krɛvɛta]
lagosta (f)	**humr** (m)	[humr]
lagosta (f)	**langusta** (ž)	[langusta]

219. Anfíbios. Répteis

cobra (f)	**had** (m)	[hat]
venenoso (adj)	**jedovatý**	[jɛdovati:]
víbora (f)	**zmije** (ž)	[zmɪjɛ]
naja (f)	**kobra** (ž)	[kobra]
píton (m)	**krajta** (ž)	[krajta]
jiboia (f)	**hroznýš** (m)	[hrozni:ʃ]
cobra-de-água (f)	**užovka** (ž)	[uʒofka]
cascavel (f)	**chřestýš** (m)	[xrʃɛsti:ʃ]
anaconda (f)	**anakonda** (ž)	[anakonda]
lagarto (m)	**ještěrka** (ž)	[jɛʃterka]
iguana (f)	**leguán** (m)	[lɛgua:n]
varano (m)	**varan** (m)	[varan]
salamandra (f)	**mlok** (m)	[mlok]
camaleão (m)	**chameleón** (m)	[xamɛlɛo:n]
escorpião (m)	**štír** (m)	[ʃti:r]
tartaruga (f)	**želva** (ž)	[ʒelva]
rã (f)	**žába** (ž)	[ʒa:ba]
sapo (m)	**ropucha** (ž)	[ropuxa]
crocodilo (m)	**krokodýl** (m)	[krokodi:l]

220. Insetos

inseto (m)	**hmyz** (m)	[hmɪz]
borboleta (f)	**motýl** (m)	[moti:l]
formiga (f)	**mravenec** (m)	[mravɛnɛʦ]
mosca (f)	**moucha** (ž)	[mouxa]
mosquito (m)	**komár** (m)	[koma:r]
escaravelho (m)	**brouk** (m)	[brouk]
vespa (f)	**vosa** (ž)	[vosa]
abelha (f)	**včela** (ž)	[vʧɛla]
mamangaba (f)	**čmelák** (m)	[ʧmɛla:k]
moscardo (m)	**střeček** (m)	[strʃɛʧɛk]
aranha (f)	**pavouk** (m)	[pavouk]
teia (f) de aranha	**pavučina** (ž)	[pavuʧɪna]
libélula (f)	**vážka** (ž)	[va:ʃka]
gafanhoto (m)	**kobylka** (ž)	[kobɪlka]
traça (f)	**motýl** (m)	[moti:l]
barata (f)	**šváb** (m)	[ʃva:p]
carrapato (m)	**klíště** (s)	[kli:ʃte]
pulga (f)	**blecha** (ž)	[blɛxa]
borrachudo (m)	**muška** (ž)	[muʃka]
gafanhoto (m)	**saranče** (ž)	[saranʧɛ]
caracol (m)	**hlemýžď** (m)	[hlɛmi:ʒtʲ]
grilo (m)	**cvrček** (m)	[ʦvrʧɛk]
pirilampo, vaga-lume (m)	**svatojánská muška** (ž)	[svatoja:nska: muʃka]
joaninha (f)	**slunéčko** (s) **sedmitečné**	[slunɛ:ʧko sɛdmɪtɛʧnɛ:]
besouro (m)	**chroust** (m)	[xroust]
sanguessuga (f)	**piavice** (ž)	[pɪavɪʦɛ]
lagarta (f)	**housenka** (ž)	[housɛŋka]
minhoca (f)	**červ** (m)	[ʧɛrf]
larva (f)	**larva** (ž)	[larva]

221. Animais. Partes do corpo

bico (m)	**zobák** (m)	[zoba:k]
asas (f pl)	**křídla** (s mn)	[krʃi:dla]
pata (f)	**běhák** (m)	[beha:k]
plumagem (f)	**opeření** (s)	[opɛrʒɛni:]
pena, pluma (f)	**pero** (s)	[pɛro]
crista (f)	**chochol** (m)	[xoxol]
brânquias, guelras (f pl)	**žábry** (ž mn)	[ʒa:brɪ]
ovas (f pl)	**jikry** (ž mn)	[jɪkrɪ]
larva (f)	**larva** (ž)	[larva]
barbatana (f)	**ploutev** (ž)	[ploutɛf]
escama (f)	**šupiny** (ž mn)	[ʃupɪnɪ]
presa (f)	**kel** (m)	[kɛl]

pata (f)	**tlapa** (ž)	[tlapa]
focinho (m)	**čumák** (m)	[ʧuma:k]
boca (f)	**tlama** (ž)	[tlama]
cauda (f), rabo (m)	**ocas** (m)	[otsas]
bigodes (m pl)	**vousy** (m mn)	[vousɪ]
casco (m)	**kopyto** (s)	[kopɪto]
corno (m)	**roh** (m)	[rox]
carapaça (f)	**krunýř** (m)	[kruni:rʃ]
concha (f)	**škeble** (ž)	[ʃkɛblɛ]
casca (f) de ovo	**skořápka** (ž)	[skorʒa:pka]
pelo (m)	**srst** (ž)	[srst]
pele (f), couro (m)	**kůže** (ž)	[ku:ʒe]

222. Ações dos animais

voar (vi)	**létat**	[lɛ:tat]
dar voltas	**kroužit**	[krouʒɪt]
voar (para longe)	**odletět**	[odlɛtet]
bater as asas	**mávat**	[ma:vat]
bicar (vi)	**zobat**	[zobat]
incubar (vt)	**sedět na vejcích**	[sɛdet na vɛjtsi:x]
sair do ovo	**vyklubávat se**	[vɪkluba:vat sɛ]
fazer o ninho	**hnízdit**	[hni:zdɪt]
rastejar (vi)	**plazit se**	[plazɪt sɛ]
picar (vt)	**štípat**	[ʃti:pat]
morder (cachorro, etc.)	**kousat**	[kousat]
cheirar (vt)	**čenichat**	[ʧɛnɪxat]
latir (vi)	**štěkat**	[ʃtekat]
silvar (vi)	**syčet**	[sɪʧɛt]
assustar (vt)	**strašit**	[straʃɪt]
atacar (vt)	**útočit**	[u:toʧɪt]
roer (vt)	**hryzat**	[hrɪzat]
arranhar (vt)	**škrábat**	[ʃkra:bat]
esconder-se (vr)	**schovávat se**	[sxova:vat sɛ]
brincar (vi)	**hrát si**	[hra:t sɪ]
caçar (vi)	**lovit**	[lovɪt]
hibernar (vi)	**být v spánku**	[bi:t v spa:ŋku]
extinguir-se (vr)	**vymřít**	[vɪmrʒi:t]

223. Animais. Habitats

hábitat (m)	**životní prostředí** (s)	[ʒɪvotni: prostrʃɛdi:]
migração (f)	**stěhování** (s)	[stehova:ni:]
montanha (f)	**hora** (ž)	[hora]

recife (m)	**útes** (m)	[u:tɛs]
falésia (f)	**skála** (ž)	[ska:la]
floresta (f)	**les** (m)	[lɛs]
selva (f)	**džungle** (ž)	[ʤunglɛ]
savana (f)	**savana** (ž)	[savana]
tundra (f)	**tundra** (ž)	[tundra]
estepe (f)	**step** (ž)	[stɛp]
deserto (m)	**poušť** (ž)	[pouʃtʲ]
oásis (m)	**oáza** (ž)	[oa:za]
mar (m)	**moře** (s)	[morʒɛ]
lago (m)	**jezero** (s)	[jɛzɛro]
oceano (m)	**oceán** (m)	[oʦɛa:n]
pântano (m)	**bažina** (ž)	[baʒɪna]
de água doce	**sladkovodní**	[slatkovodni:]
lagoa (f)	**rybník** (m)	[rɪbni:k]
rio (m)	**řeka** (ž)	[rʒɛka]
toca (f) do urso	**brloh** (m)	[brlox]
ninho (m)	**hnízdo** (s)	[hni:zdo]
buraco (m) de árvore	**dutina** (ž)	[dutɪna]
toca (f)	**doupě** (s)	[doupe]
formigueiro (m)	**mraveniště** (s)	[mravɛnɪʃte]

224. Cuidados com os animais

jardim (m) zoológico	**zoologická zahrada** (ž)	[zoologɪʦka: zahrada]
reserva (f) natural	**přírodní rezervace** (ž)	[prʃi:rodni: rɛzɛrvaʦɛ]
viveiro (m)	**obora** (ž)	[obora]
jaula (f) de ar livre	**voliéra** (ž)	[volɪe:ra]
jaula, gaiola (f)	**klec** (ž)	[klɛʦ]
casinha (f) de cachorro	**bouda** (ž)	[bouda]
pombal (m)	**holubník** (m)	[holubni:k]
aquário (m)	**akvárium** (s)	[akva:rɪum]
delfinário (m)	**delfinárium** (s)	[dɛlfɪna:rum]
criar (vt)	**chovat**	[xovat]
cria (f)	**potomstvo** (s)	[potomstvo]
domesticar (vt)	**ochočovat**	[oxoʧovat]
adestrar (vt)	**cvičit**	[ʦvɪʧɪt]
ração (f)	**krmivo** (s)	[krmɪvo]
alimentar (vt)	**krmit**	[krmɪt]
loja (f) de animais	**obchod** (m) **se zvířaty**	[obxot sɛ zvi:rʒatɪ]
focinheira (m)	**košík** (m)	[koʃi:k]
coleira (f)	**obojek** (m)	[obojɛk]
nome (do animal)	**jméno** (s)	[jmɛ:no]
pedigree (m)	**rodokmen** (m)	[rodokmɛn]

225. Animais. Diversos

alcateia (f)	**smečka** (ž)	[smɛʧka]
bando (pássaros)	**hejno** (s)	[hɛjno]
cardume (peixes)	**hejno** (s)	[hɛjno]
manada (cavalos)	**stádo** (s)	[sta:do]
macho (m)	**samec** (m)	[samɛʦ]
fêmea (f)	**samice** (ž)	[samɪʦɛ]
faminto (adj)	**hladový**	[hladovi:]
selvagem (adj)	**divoký**	[dɪvoki:]
perigoso (adj)	**nebezpečný**	[nɛbɛzpɛʧni:]

226. Cavalos

cavalo (m)	**kůň** (m)	[ku:nʲ]
raça (f)	**plemeno** (s)	[plɛmɛno]
potro (m)	**hříbě** (s)	[hrʒi:be]
égua (f)	**kobyla** (ž)	[kobɪla]
mustangue (m)	**mustang** (m)	[mustaŋg]
pônei (m)	**pony** (m)	[ponɪ]
cavalo (m) de tiro	**tahoun** (m)	[tahoun]
crina (f)	**hříva** (ž)	[hrʒi:va]
rabo (m)	**ocas** (m)	[oʦas]
casco (m)	**kopyto** (s)	[kopɪto]
ferradura (f)	**podkova** (ž)	[potkova]
ferrar (vt)	**okovat**	[okovat]
ferreiro (m)	**kovář** (m)	[kova:rʃ]
sela (f)	**sedlo** (s)	[sɛdlo]
estribo (m)	**třmen** (m)	[trʃmɛn]
brida (f)	**uzda** (ž)	[uzda]
rédeas (f pl)	**opratě** (ž mn)	[oprate]
chicote (m)	**bičík** (m)	[bɪʧi:k]
cavaleiro (m)	**jezdec** (m)	[jɛzdɛʦ]
colocar sela	**osedlat**	[osɛdlat]
montar no cavalo	**vsednout**	[vsɛdnout]
galope (m)	**cval** (m)	[ʦval]
galopar (vi)	**jet cvalem**	[jɛt ʦvalɛm]
trote (m)	**klus** (m)	[klus]
a trote	**klusem**	[klusɛm]
cavalo (m) de corrida	**dostihový kůň** (m)	[dostɪhovi: ku:nʲ]
corridas (f pl)	**dostihy** (m mn)	[dostɪhɪ]
estábulo (m)	**stáj** (ž)	[sta:j]
alimentar (vt)	**krmit**	[krmɪt]

feno (m)	**seno** (s)	[sɛno]
dar água	**napájet**	[napa:jɛt]
limpar (vt)	**hřebelcovat**	[hrʒɛbɛlʦovat]
pastar (vi)	**pást se**	[pa:st sɛ]
relinchar (vi)	**řehtat**	[rʒɛxtat]
dar um coice	**kopnout**	[kopnout]

Flora

227. Árvores

árvore (f)	**strom** (m)	[strom]
decídua (adj)	**listnatý**	[lɪstnati:]
conífera (adj)	**jehličnatý**	[jɛhlɪʧnati:]
perene (adj)	**stálezelená**	[sta:lɛzɛlɛna:]
macieira (f)	**jabloň** (ž)	[jablonʲ]
pereira (f)	**hruška** (ž)	[hruʃka]
cerejeira (f)	**třešně** (ž)	[trʃɛʃne]
ginjeira (f)	**višně** (ž)	[vɪʃne]
ameixeira (f)	**švestka** (ž)	[ʃvɛstka]
bétula (f)	**bříza** (ž)	[brʒi:za]
carvalho (m)	**dub** (m)	[dup]
tília (f)	**lípa** (ž)	[li:pa]
choupo-tremedor (m)	**osika** (ž)	[osɪka]
bordo (m)	**javor** (m)	[javor]
espruce (m)	**smrk** (m)	[smrk]
pinheiro (m)	**borovice** (ž)	[borovɪʦɛ]
alerce, lariço (m)	**modřín** (m)	[modrʒi:n]
abeto (m)	**jedle** (ž)	[jɛdlɛ]
cedro (m)	**cedr** (m)	[ʦɛdr]
choupo, álamo (m)	**topol** (m)	[topol]
tramazeira (f)	**jeřáb** (m)	[jɛrʒa:p]
salgueiro (m)	**jíva** (ž)	[ji:va]
amieiro (m)	**olše** (ž)	[olʃɛ]
faia (f)	**buk** (m)	[buk]
ulmeiro, olmo (m)	**jilm** (m)	[jɪlm]
freixo (m)	**jasan** (m)	[jasan]
castanheiro (m)	**kaštan** (m)	[kaʃtan]
magnólia (f)	**magnólie** (ž)	[magno:lɪe]
palmeira (f)	**palma** (ž)	[palma]
cipreste (m)	**cypřiš** (m)	[ʦɪprʃɪʃ]
mangue (m)	**mangróvie** (ž)	[mangro:vɪe]
embondeiro, baobá (m)	**baobab** (m)	[baobap]
eucalipto (m)	**eukalypt** (m)	[ɛukalɪpt]
sequoia (f)	**sekvoje** (ž)	[sɛkvojɛ]

228. Arbustos

arbusto (m)	**keř** (m)	[kɛrʃ]
arbusto (m), moita (f)	**křoví** (s)	[krʃovi:]

videira (f)	**vinná réva** (s)	[vɪnna: re:va]
vinhedo (m)	**vinice** (ž)	[vɪnɪʦɛ]
framboeseira (f)	**maliny** (ž mn)	[malɪnɪ]
groselheira-vermelha (f)	**červený rybíz** (m)	[ʧɛrvɛni: rɪbi:z]
groselheira (f) espinhosa	**angrešt** (m)	[angrɛʃt]
acácia (f)	**akácie** (ž)	[aka:ʦɪe]
bérberis (f)	**dřišťál** (m)	[drʒɪʃtʲa:l]
jasmim (m)	**jasmín** (m)	[jasmi:n]
junípero (m)	**jalovec** (m)	[jalovɛʦ]
roseira (f)	**růžový keř** (m)	[ru:ʒovi: kɛrʃ]
roseira (f) brava	**šípek** (m)	[ʃi:pɛk]

229. Cogumelos

cogumelo (m)	**houba** (ž)	[houba]
cogumelo (m) comestível	**jedlá houba** (ž)	[jɛdla: houba]
cogumelo (m) venenoso	**jedovatá houba** (ž)	[jɛdovata: houba]
chapéu (m)	**klobouk** (m)	[klobouk]
pé, caule (m)	**nožička** (ž)	[noʒɪʧka]
boleto, porcino (m)	**hřib** (m)	[hrʒɪp]
boleto (m) alaranjado	**křemenáč** (m)	[krʃɛmɛna:ʧ]
boleto (m) de bétula	**kozák** (m)	[koza:k]
cantarelo (m)	**liška** (ž)	[lɪʃka]
rússula (f)	**holubinka** (ž)	[holubɪŋka]
morchella (f)	**smrž** (m)	[smrʃ]
agário-das-moscas (m)	**muchomůrka** (ž) **červená**	[muxomu:rka ʧɛrvɛna:]
cicuta (f) verde	**prašivka** (ž)	[praʃɪfka]

230. Frutos. Bagas

maçã (f)	**jablko** (s)	[jablko]
pera (f)	**hruška** (ž)	[hruʃka]
ameixa (f)	**švestka** (ž)	[ʃvɛstka]
morango (m)	**zahradní jahody** (ž mn)	[zahradni: jahodɪ]
ginja (f)	**višně** (ž)	[vɪʃne]
cereja (f)	**třešně** (ž mn)	[trʃɛʃne]
uva (f)	**hroznové víno** (s)	[hroznovɛ: vi:no]
framboesa (f)	**maliny** (ž mn)	[malɪnɪ]
groselha (f) negra	**černý rybíz** (m)	[ʧɛrni: rɪbi:z]
groselha (f) vermelha	**červený rybíz** (m)	[ʧɛrvɛni: rɪbi:z]
groselha (f) espinhosa	**angrešt** (m)	[angrɛʃt]
oxicoco (m)	**klikva** (ž)	[klɪkva]
laranja (f)	**pomeranč** (m)	[pomɛranʧ]
tangerina (f)	**mandarinka** (ž)	[mandarɪŋka]

abacaxi (m)	**ananas** (m)	[ananas]
banana (f)	**banán** (m)	[bana:n]
tâmara (f)	**datle** (ž)	[datlɛ]
limão (m)	**citrón** (m)	[ʦɪtro:n]
damasco (m)	**meruňka** (ž)	[mɛrunʲka]
pêssego (m)	**broskev** (ž)	[broskɛf]
quiuí (m)	**kiwi** (s)	[kɪvɪ]
toranja (f)	**grapefruit** (m)	[grɛjpfru:t]
baga (f)	**bobule** (ž)	[bobulɛ]
bagas (f pl)	**bobule** (ž mn)	[bobulɛ]
arando (m) vermelho	**brusinky** (ž mn)	[brusɪŋkɪ]
morango-silvestre (m)	**jahody** (ž mn)	[jahodɪ]
mirtilo (m)	**borůvky** (ž mn)	[boru:fkɪ]

231. Flores. Plantas

flor (f)	**květina** (ž)	[kvetɪna]
buquê (m) de flores	**kytice** (ž)	[kɪtɪʦɛ]
rosa (f)	**růže** (ž)	[ru:ʒe]
tulipa (f)	**tulipán** (m)	[tulɪpa:n]
cravo (m)	**karafiát** (m)	[karafɪa:t]
gladíolo (m)	**mečík** (m)	[mɛʧi:k]
centáurea (f)	**chrpa** (ž)	[xrpa]
campainha (f)	**zvoneček** (m)	[zvonɛʧɛk]
dente-de-leão (m)	**pampeliška** (ž)	[pampɛlɪʃka]
camomila (f)	**heřmánek** (m)	[hɛrʒma:nɛk]
aloé (m)	**aloe** (s)	[aloɛ]
cacto (m)	**kaktus** (m)	[kaktus]
fícus (m)	**fíkus** (m)	[fi:kus]
lírio (m)	**lilie** (ž)	[lɪlɪe]
gerânio (m)	**geránie** (ž)	[gera:nɪe]
jacinto (m)	**hyacint** (m)	[hɪaʦɪnt]
mimosa (f)	**citlivka** (ž)	[ʦɪtlɪfka]
narciso (m)	**narcis** (m)	[narʦɪs]
capuchinha (f)	**potočnice** (ž)	[potoʧnɪʦɛ]
orquídea (f)	**orchidej** (ž)	[orxɪdɛj]
peônia (f)	**pivoňka** (ž)	[pɪvonʲka]
violeta (f)	**fialka** (ž)	[fɪalka]
amor-perfeito (m)	**maceška** (ž)	[maʦɛʃka]
não-me-esqueças (m)	**pomněnka** (ž)	[pomneŋka]
margarida (f)	**sedmikráska** (ž)	[sɛdmɪkra:ska]
papoula (f)	**mák** (m)	[ma:k]
cânhamo (m)	**konopě** (ž)	[konope]
hortelã, menta (f)	**máta** (ž)	[ma:ta]

lírio-do-vale (m)	**konvalinka** (ž)	[konvalɪŋka]
campânula-branca (f)	**sněženka** (ž)	[sneʒeŋka]
urtiga (f)	**kopřiva** (ž)	[koprʃɪva]
azedinha (f)	**šťovík** (m)	[ʃtʲovi:k]
nenúfar (m)	**leknín** (m)	[lɛkni:n]
samambaia (f)	**kapradí** (s)	[kapradi:]
líquen (m)	**lišejník** (m)	[lɪʃɛjni:k]
estufa (f)	**oranžérie** (ž)	[oranʒe:rɪe]
gramado (m)	**trávník** (m)	[tra:vni:k]
canteiro (m) de flores	**květinový záhonek** (m)	[kvetɪnovi: za:honɛk]
planta (f)	**rostlina** (ž)	[rostlɪna]
grama (f)	**tráva** (ž)	[tra:va]
folha (f) de grama	**stéblo** (s) **trávy**	[stɛ:blo tra:vɪ]
folha (f)	**list** (m)	[lɪst]
pétala (f)	**okvětní lístek** (m)	[okvetni: li:stɛk]
talo (m)	**stéblo** (s)	[stɛ:blo]
tubérculo (m)	**hlíza** (ž)	[hli:za]
broto, rebento (m)	**výhonek** (m)	[vi:honɛk]
espinho (m)	**osten** (m)	[ostɛn]
florescer (vi)	**kvést**	[kvɛ:st]
murchar (vi)	**vadnout**	[vadnout]
cheiro (m)	**vůně** (ž)	[vu:ne]
cortar (flores)	**uříznout**	[urʒi:znout]
colher (uma flor)	**utrhnout**	[utrhnout]

232. Cereais, grãos

grão (m)	**obilí** (s)	[obɪli:]
cereais (plantas)	**obilniny** (ž mn)	[obɪlnɪnɪ]
espiga (f)	**klas** (m)	[klas]
trigo (m)	**pšenice** (ž)	[pʃɛnɪʦɛ]
centeio (m)	**žito** (s)	[ʒɪto]
aveia (f)	**oves** (m)	[ovɛs]
painço (m)	**jáhly** (ž mn)	[ja:hlɪ]
cevada (f)	**ječmen** (m)	[jɛʧmɛn]
milho (m)	**kukuřice** (ž)	[kukurʒɪʦɛ]
arroz (m)	**rýže** (ž)	[ri:ʒe]
trigo-sarraceno (m)	**pohanka** (ž)	[pohaŋka]
ervilha (f)	**hrách** (m)	[hra:x]
feijão (m) roxo	**fazole** (ž)	[fazolɛ]
soja (f)	**sója** (ž)	[so:ja]
lentilha (f)	**čočka** (ž)	[ʧoʧka]
feijão (m)	**boby** (m mn)	[bobɪ]

233. Vegetais. Verduras

vegetais (m pl)	**zelenina** (ž)	[zɛlɛnɪna]
verdura (f)	**zelenina** (ž)	[zɛlɛnɪna]
tomate (m)	**rajské jablíčko** (s)	[rajskɛ: jabli:ʧko]
pepino (m)	**okurka** (ž)	[okurka]
cenoura (f)	**mrkev** (ž)	[mrkɛf]
batata (f)	**brambory** (ž mn)	[bramborɪ]
cebola (f)	**cibule** (ž)	[ʦɪbulɛ]
alho (m)	**česnek** (m)	[ʧɛsnɛk]
couve (f)	**zelí** (s)	[zɛli:]
couve-flor (f)	**květák** (m)	[kveta:k]
couve-de-bruxelas (f)	**růžičková kapusta** (ž)	[ru:ʒɪʧkova: kapusta]
beterraba (f)	**červená řepa** (ž)	[ʧɛrvena: rʒɛpa]
berinjela (f)	**lilek** (m)	[lɪlɛk]
abobrinha (f)	**cukina, cuketa** (ž)	[ʦukɪna], [ʦuketa]
abóbora (f)	**tykev** (ž)	[tɪkɛf]
nabo (m)	**vodní řepa** (ž)	[vodni: rʒɛpa]
salsa (f)	**petržel** (ž)	[pɛtrʒel]
endro, aneto (m)	**kopr** (m)	[kopr]
alface (f)	**salát** (m)	[sala:t]
aipo (m)	**celer** (m)	[ʦɛlɛr]
aspargo (m)	**chřest** (m)	[xrʃɛst]
espinafre (m)	**špenát** (m)	[ʃpɛna:t]
ervilha (f)	**hrách** (m)	[hra:x]
feijão (~ soja, etc.)	**boby** (m mn)	[bobɪ]
milho (m)	**kukuřice** (ž)	[kukurʒɪʦɛ]
feijão (m) roxo	**fazole** (ž)	[fazolɛ]
pimentão (m)	**pepř** (m)	[pɛprʃ]
rabanete (m)	**ředkvička** (ž)	[rʒɛtkvɪʧka]
alcachofra (f)	**artyčok** (m)	[artɪʧok]

GEOGRAFIA REGIONAL

Países. Nacionalidades

234. Europa Ocidental

Europa (f)	**Evropa** (ž)	[ɛvropa]
União (f) Europeia	**Evropská unie** (ž)	[ɛuropska: unɪe]
europeu (m)	**Evropan** (m)	[ɛvropan]
europeu (adj)	**evropský**	[ɛvropski:]
Áustria (f)	**Rakousko** (s)	[rakousko]
austríaco (m)	**Rakušan** (m)	[rakuʃan]
austríaca (f)	**Rakušanka** (ž)	[rakuʃaŋka]
austríaco (adj)	**rakouský**	[rakouski:]
Grã-Bretanha (f)	**Velká Británie** (ž)	[vɛlka: brɪta:nɪe]
Inglaterra (f)	**Anglie** (ž)	[anglɪe]
inglês (m)	**Angličan** (m)	[anglɪʧan]
inglesa (f)	**Angličanka** (ž)	[anglɪʧanka]
inglês (adj)	**anglický**	[anglɪʦki:]
Bélgica (f)	**Belgie** (ž)	[bɛlgɪe]
belga (m)	**Belgičan** (m)	[bɛlgɪʧan]
belga (f)	**Belgičanka** (ž)	[bɛlgɪʧaŋka]
belga (adj)	**belgický**	[bɛlgɪʦki:]
Alemanha (f)	**Německo** (s)	[nemɛʦko]
alemão (m)	**Němec** (m)	[nemɛʦ]
alemã (f)	**Němka** (ž)	[nemka]
alemão (adj)	**německý**	[nemɛʦki:]
Países Baixos (m pl)	**Nizozemí** (s)	[nɪzozɛmi:]
Holanda (f)	**Holandsko** (s)	[holandsko]
holandês (m)	**Holanďan** (m)	[holandʲan]
holandesa (f)	**Holanďanka** (ž)	[holandʲaŋka]
holandês (adj)	**holandský**	[holandski:]
Grécia (f)	**Řecko** (s)	[rʒɛʦko]
grego (m)	**Řek** (m)	[rʒɛk]
grega (f)	**Řekyně** (ž)	[rʒɛkɪne]
grego (adj)	**řecký**	[rʒɛʦki:]
Dinamarca (f)	**Dánsko** (s)	[da:nsko]
dinamarquês (m)	**Dán** (m)	[da:n]
dinamarquesa (f)	**Dánka** (ž)	[da:ŋka]
dinamarquês (adj)	**dánský**	[da:nski:]
Irlanda (f)	**Irsko** (s)	[ɪrsko]
irlandês (m)	**Ir** (m)	[ɪr]

irlandesa (f)	**Irka** (ž)	[ɪrka]
irlandês (adj)	**irský**	[ɪrski:]
Islândia (f)	**Island** (m)	[ɪslant]
islandês (m)	**Islanďan** (m)	[ɪslandʲan]
islandesa (f)	**Islanďanka** (ž)	[ɪslandʲaŋka]
islandês (adj)	**islandský**	[ɪslantski:]
Espanha (f)	**Španělsko** (s)	[ʃpanelsko]
espanhol (m)	**Španěl** (m)	[ʃpanel]
espanhola (f)	**Španělka** (ž)	[ʃpanelka]
espanhol (adj)	**španělský**	[ʃpanelski:]
Itália (f)	**Itálie** (ž)	[ɪta:lɪe]
italiano (m)	**Ital** (m)	[ɪtal]
italiana (f)	**Italka** (ž)	[ɪtalka]
italiano (adj)	**italský**	[ɪtalski:]
Chipre (m)	**Kypr** (m)	[kɪpr]
cipriota (m)	**Kypřan** (m)	[kɪprʃan]
cipriota (f)	**Kypřanka** (ž)	[kɪprʃaŋka]
cipriota (adj)	**kyperský**	[kɪpɛrski:]
Malta (f)	**Malta** (ž)	[malta]
maltês (m)	**Malťan** (m)	[maltʲan]
maltesa (f)	**Malťanka** (ž)	[maltʲaŋka]
maltês (adj)	**maltský**	[maltski:]
Noruega (f)	**Norsko** (s)	[norsko]
norueguês (m)	**Nor** (m)	[nor]
norueguesa (f)	**Norka** (ž)	[norka]
norueguês (adj)	**norský**	[norski:]
Portugal (m)	**Portugalsko** (s)	[portugalsko]
português (m)	**Portugalec** (m)	[portugalɛʦ]
portuguesa (f)	**Portugalka** (ž)	[portugalka]
português (adj)	**portugalský**	[portugalski:]
Finlândia (f)	**Finsko** (s)	[fɪnsko]
finlandês (m)	**Fin** (m)	[fɪn]
finlandesa (f)	**Finka** (ž)	[fɪŋka]
finlandês (adj)	**finský**	[fɪnski:]
França (f)	**Francie** (ž)	[franʦɪe]
francês (m)	**Francouz** (m)	[franʦous]
francesa (f)	**Francouzka** (ž)	[franʦouska]
francês (adj)	**francouzský**	[franʦouski:]
Suécia (f)	**Švédsko** (s)	[ʃvɛ:tsko]
sueco (m)	**Švéd** (m)	[ʃvɛ:t]
sueca (f)	**Švédka** (ž)	[ʃvɛ:tka]
sueco (adj)	**švédský**	[ʃvɛ:dski:]
Suíça (f)	**Švýcarsko** (s)	[ʃvi:ʦarsko]
suíço (m)	**Švýcar** (m)	[ʃvi:ʦar]
suíça (f)	**Švýcarka** (ž)	[ʃvi:ʦarka]

suíço (adj)	**švýcarský**	[ʃvi:tsarski:]
Escócia (f)	**Skotsko** (s)	[skotsko]
escocês (m)	**Skot** (m)	[skot]
escocesa (f)	**Skotka** (ž)	[skotka]
escocês (adj)	**skotský**	[skotski:]
Vaticano (m)	**Vatikán** (m)	[vatɪka:n]
Liechtenstein (m)	**Lichtenštejnsko** (s)	[lɪxtɛnʃtɛjnsko]
Luxemburgo (m)	**Lucembursko** (s)	[lutsɛmbursko]
Mônaco (m)	**Monako** (s)	[monako]

235. Europa Central e de Leste

Albânia (f)	**Albánie** (ž)	[alba:nɪe]
albanês (m)	**Albánec** (m)	[alba:nɛts]
albanesa (f)	**Albánka** (ž)	[alba:ŋka]
albanês (adj)	**albánský**	[alba:nski:]
Bulgária (f)	**Bulharsko** (s)	[bulharsko]
búlgaro (m)	**Bulhar** (m)	[bulhar]
búlgara (f)	**Bulharka** (ž)	[bulharka]
búlgaro (adj)	**bulharský**	[bulharski:]
Hungria (f)	**Maďarsko** (s)	[madʲarsko]
húngaro (m)	**Maďar** (m)	[madʲar]
húngara (f)	**Maďarka** (ž)	[madʲarka]
húngaro (adj)	**maďarský**	[madʲarski:]
Letônia (f)	**Lotyšsko** (s)	[lotɪʃsko]
letão (m)	**Lotyš** (m)	[lotɪʃ]
letã (f)	**Lotyška** (ž)	[lotɪʃka]
letão (adj)	**lotyšský**	[lotɪʃski:]
Lituânia (f)	**Litva** (ž)	[lɪtva]
lituano (m)	**Litevec** (m)	[lɪtɛvɛts]
lituana (f)	**Litevka** (ž)	[lɪtɛfka]
lituano (adj)	**litevský**	[lɪtɛvski:]
Polônia (f)	**Polsko** (s)	[polsko]
polonês (m)	**Polák** (m)	[pola:k]
polonesa (f)	**Polka** (ž)	[polka]
polonês (adj)	**polský**	[polski:]
Romênia (f)	**Rumunsko** (s)	[rumunsko]
romeno (m)	**Rumun** (m)	[rumun]
romena (f)	**Rumunka** (ž)	[rumuŋka]
romeno (adj)	**rumunský**	[rumunski:]
Sérvia (f)	**Srbsko** (s)	[srpsko]
sérvio (m)	**Srb** (m)	[srp]
sérvia (f)	**Srbka** (ž)	[srpka]
sérvio (adj)	**srbský**	[srpski:]
Eslováquia (f)	**Slovensko** (s)	[slovɛnsko]
eslovaco (m)	**Slovák** (m)	[slova:k]

eslovaca (f)	**Slovenka** (ž)	[slovɛŋka]
eslovaco (adj)	**slovenský**	[slovɛnski:]
Croácia (f)	**Chorvatsko** (s)	[xorvatsko]
croata (m)	**Chorvat** (m)	[xorvat]
croata (f)	**Chorvatka** (ž)	[xorvatka]
croata (adj)	**chorvatský**	[xorvatski:]
República (f) Checa	**Česko** (s)	[ʧɛsko]
checo (m)	**Čech** (m)	[ʧɛx]
checa (f)	**Češka** (ž)	[ʧɛʃka]
checo (adj)	**český**	[ʧɛski:]
Estônia (f)	**Estonsko** (s)	[ɛstonsko]
estônio (m)	**Estonec** (m)	[ɛstonɛʦ]
estônia (f)	**Estonka** (ž)	[ɛstoŋka]
estônio (adj)	**estonský**	[ɛstonski:]
Bósnia e Herzegovina (f)	**Bosna a Hercegovina** (ž)	[bosna a hɛrʦɛgovɪna]
Macedônia (f)	**Makedonie** (ž)	[makɛdonɪe]
Eslovênia (f)	**Slovinsko** (s)	[slovɪnsko]
Montenegro (m)	**Černá Hora** (ž)	[ʧɛrna: hora]

236. Países da ex-URSS

Azerbaijão (m)	**Ázerbájdžán** (m)	[a:zɛrba:jʤa:n]
azeri (m)	**Ázerbájdžánec** (m)	[a:zɛrba:jʤa:nɛʦ]
azeri (f)	**Ázerbájdžánka** (ž)	[a:zɛrba:jʤa:ŋka]
azeri, azerbaijano (adj)	**ázerbájdžánský**	[a:zɛrba:jʤa:nski:]
Armênia (f)	**Arménie** (ž)	[armɛ:nɪe]
armênio (m)	**Armén** (m)	[armɛ:n]
armênia (f)	**Arménka** (ž)	[armɛ:ŋka]
armênio (adj)	**arménský**	[armɛ:nski:]
Belarus	**Bělorusko** (s)	[belorusko]
bielorrusso (m)	**Bělorus** (m)	[belorus]
bielorrussa (f)	**Běloruska** (ž)	[beloruska]
bielorrusso (adj)	**běloruský**	[beloruski:]
Geórgia (f)	**Gruzie** (ž)	[gruzɪe]
georgiano (m)	**Gruzín** (m)	[gruzi:n]
georgiana (f)	**Gruzínka** (ž)	[gruzi:ŋka]
georgiano (adj)	**gruzínský**	[gruzi:nski:]
Cazaquistão (m)	**Kazachstán** (m)	[kazaxsta:n]
cazaque (m)	**Kazach** (m)	[kazax]
cazaque (f)	**Kazaška** (ž)	[kazaʃka]
cazaque (adj)	**kazašský**	[kazaʃski:]
Quirguistão (m)	**Kyrgyzstán** (m)	[kɪrgɪsta:n]
quirguiz (m)	**Kyrgyz** (m)	[kɪrgɪs]
quirguiz (f)	**Kyrgyzka** (ž)	[kɪrgɪska]
quirguiz (adj)	**kyrgyzský**	[kɪrgɪski:]

Moldávia (f)	**Moldavsko** (s)	[moldavsko]
moldavo (m)	**Moldavan** (m)	[moldavan]
moldava (f)	**Moldavanka** (ž)	[moldavaŋka]
moldavo (adj)	**moldavský**	[moldavski:]
Rússia (f)	**Rusko** (s)	[rusko]
russo (m)	**Rus** (m)	[rus]
russa (f)	**Ruska** (ž)	[ruska]
russo (adj)	**ruský**	[ruski:]
Tajiquistão (m)	**Tádžikistán** (m)	[ta:dʒɪkɪsta:n]
tajique (m)	**Tádžik** (m)	[ta:dʒɪk]
tajique (f)	**Tádžička** (ž)	[ta:dʒɪʧka]
tajique (adj)	**tádžický**	[ta:dʒɪʦki:]
Turquemenistão (m)	**Turkmenistán** (m)	[turkmɛnɪsta:n]
turcomeno (m)	**Turkmen** (m)	[turkmɛn]
turcomena (f)	**Turkmenka** (ž)	[turkmɛŋka]
turcomeno (adj)	**turkmenský**	[turkmɛnski:]
Uzbequistão (f)	**Uzbekistán** (m)	[uzbɛkɪsta:n]
uzbeque (m)	**Uzbek** (m)	[uzbɛk]
uzbeque (f)	**Uzbečka** (ž)	[uzbɛʧka]
uzbeque (adj)	**uzbecký**	[uzbɛʦki:]
Ucrânia (f)	**Ukrajina** (ž)	[ukrajɪna]
ucraniano (m)	**Ukrajinec** (m)	[ukrajɪnɛʦ]
ucraniana (f)	**Ukrajinka** (ž)	[ukrajɪŋka]
ucraniano (adj)	**ukrajinský**	[ukrajɪnski:]

237. Asia

Ásia (f)	**Asie** (ž)	[azɪe]
asiático (adj)	**asijský**	[azɪjski:]
Vietnã (m)	**Vietnam** (m)	[vjɛtnam]
vietnamita (m)	**Vietnamec** (m)	[vjɛtnamɛʦ]
vietnamita (f)	**Vietnamka** (ž)	[vjɛtnamka]
vietnamita (adj)	**vietnamský**	[vjɛtnamski:]
Índia (f)	**Indie** (ž)	[ɪndɪe]
indiano (m)	**Ind** (m)	[ɪnd]
indiana (f)	**Indka** (ž)	[ɪntka]
indiano (adj)	**indický**	[ɪndɪʦki:]
Israel (m)	**Izrael** (m)	[ɪzraɛl]
israelense (m)	**Izraelec** (m)	[ɪzraɛlɛʦ]
israelita (f)	**Izraelka** (ž)	[ɪzraɛlka]
israelense (adj)	**izraelský**	[ɪzraɛlski:]
judeu (m)	**Žid** (m)	[ʒɪt]
judia (f)	**Židovka** (ž)	[ʒɪdofka]
judeu (adj)	**židovský**	[ʒɪdovski:]
China (f)	**Čína** (ž)	[ʧi:na]

chinês (m)	**Číňan** (m)	[ʧi:nʲan]
chinesa (f)	**Číňanka** (ž)	[ʧi:nʲaŋka]
chinês (adj)	**čínský**	[ʧi:nski:]
coreano (m)	**Korejec** (m)	[korɛjɛʦ]
coreana (f)	**Korejka** (ž)	[korɛjka]
coreano (adj)	**korejský**	[korɛjski:]
Líbano (m)	**Libanon** (m)	[lɪbanon]
libanês (m)	**Libanonec** (m)	[lɪbanonɛʦ]
libanesa (f)	**Libanonka** (ž)	[lɪbanoŋka]
libanês (adj)	**libanonský**	[lɪbanonski:]
Mongólia (f)	**Mongolsko** (s)	[mongolsko]
mongol (m)	**Mongol** (m)	[mongol]
mongol (f)	**Mongolka** (ž)	[mongolka]
mongol (adj)	**mongolský**	[mongolski:]
Malásia (f)	**Malajsie** (ž)	[malajzɪe]
malaio (m)	**Malajec** (m)	[malajɛʦ]
malaia (f)	**Malajka** (ž)	[malajka]
malaio (adj)	**malajský**	[malajski:]
Paquistão (m)	**Pákistán** (m)	[pa:kɪsta:n]
paquistanês (m)	**Pákistánec** (m)	[pa:kɪsta:nɛʦ]
paquistanesa (f)	**Pákistánka** (ž)	[pa:kɪsta:ŋka]
paquistanês (adj)	**pákistánský**	[pa:kɪsta:nski:]
Arábia (f) Saudita	**Saúdská Arábie** (ž)	[sau:dska: ara:bɪo]
árabe (m)	**Arab** (m)	[arap]
árabe (f)	**Arabka** (ž)	[arapka]
árabe (adj)	**arabský**	[arapski:]
Tailândia (f)	**Thajsko** (s)	[tajsko]
tailandês (m)	**Thajec** (m)	[tajɛʦ]
tailandesa (f)	**Thajka** (ž)	[tajka]
tailandês (adj)	**thajský**	[tajski:]
Taiwan (m)	**Tchaj-wan** (m)	[tajvan]
taiwanês (m)	**Tchajwanec** (m)	[tajvanɛʦ]
taiwanesa (f)	**Tchajwanka** (ž)	[tajvaŋka]
taiwanês (adj)	**tchajwanský**	[tajvanski:]
Turquia (f)	**Turecko** (s)	[turɛʦko]
turco (m)	**Turek** (m)	[turɛk]
turca (f)	**Turkyně** (ž)	[turkɪne]
turco (adj)	**turecký**	[turɛʦki:]
Japão (m)	**Japonsko** (s)	[japonsko]
japonês (m)	**Japonec** (m)	[japonɛʦ]
japonesa (f)	**Japonka** (ž)	[japoŋka]
japonês (adj)	**japonský**	[japonski:]
Afeganistão (m)	**Afghánistán** (m)	[afga:nɪsta:n]
Bangladesh (m)	**Bangladéš** (m)	[banglad ɛ:ʃ]
Indonésia (f)	**Indonésie** (ž)	[ɪndonɛ:zɪe]

Jordânia (f)	**Jordánsko** (s)	[jorda:nsko]
Iraque (m)	**Irák** (m)	[ɪra:k]
Irã (m)	**Írán** (m)	[i:ra:n]
Camboja (f)	**Kambodža** (ž)	[kambodʒa]
Kuwait (m)	**Kuvajt** (m)	[kuvajt]
Laos (m)	**Laos** (m)	[laos]
Birmânia (f)	**Barma** (ž)	[barma]
Nepal (m)	**Nepál** (m)	[nɛpa:l]
Emirados Árabes Unidos	**Spojené arabské emiráty** (m mn)	[spojɛnɛ: arapskɛ: ɛmɪra:tɪ]
Síria (f)	**Sýrie** (ž)	[si:rɪe]
Palestina (f)	**Palestinská autonomie** (ž)	[palɛstɪnska: autonomɪe]
Coreia (f) do Sul	**Jižní Korea** (ž)	[jɪʒni: korɛa]
Coreia (f) do Norte	**Severní Korea** (ž)	[severni: korɛa]

238. América do Norte

Estados Unidos da América	**Spojené státy americké** (m mn)	[spojɛnɛ: sta:tɪ amɛrɪtskɛ:]
americano (m)	**Američan** (m)	[amɛrɪtʃan]
americana (f)	**Američanka** (ž)	[amɛrɪtʃaŋka]
americano (adj)	**americký**	[amɛrɪtski:]
Canadá (m)	**Kanada** (ž)	[kanada]
canadense (m)	**Kanaďan** (m)	[kanadʲan]
canadense (f)	**Kanaďanka** (ž)	[kanadʲaŋka]
canadense (adj)	**kanadský**	[kanadski:]
México (m)	**Mexiko** (s)	[mɛksɪko]
mexicano (m)	**Mexičan** (m)	[mɛksɪtʃan]
mexicana (f)	**Mexičanka** (ž)	[mɛksɪtʃaŋka]
mexicano (adj)	**mexický**	[mɛksɪtski:]

239. América Central do Sul

Argentina (f)	**Argentina** (ž)	[argɛntɪna]
argentino (m)	**Argentinec** (m)	[argɛntɪnɛts]
argentina (f)	**Argentinka** (ž)	[argɛntɪŋka]
argentino (adj)	**argentinský**	[argɛntɪnski:]
Brasil (m)	**Brazílie** (ž)	[brazi:lɪe]
brasileiro (m)	**Brazilec** (m)	[brazɪlɛts]
brasileira (f)	**Brazilka** (ž)	[brazɪlka]
brasileiro (adj)	**brazilský**	[brazɪlski:]
Colômbia (f)	**Kolumbie** (ž)	[kolumbɪe]
colombiano (m)	**Kolumbijec** (m)	[kolumbɪjɛts]
colombiana (f)	**Kolumbijka** (ž)	[kolumbɪjka]
colombiano (adj)	**kolumbijský**	[kolumbɪjski:]
Cuba (f)	**Kuba** (ž)	[kuba]

cubano (m)	**Kubánec** (m)	[kuba:nɛʦ]
cubana (f)	**Kubánka** (ž)	[kuba:ŋka]
cubano (adj)	**kubánský**	[kuba:nski:]
Chile (m)	**Chile** (s)	[ʧɪlɛ]
chileno (m)	**Chilan** (m)	[ʧɪlan]
chilena (f)	**Chilanka** (ž)	[ʧɪlaŋka]
chileno (adj)	**chilský**	[ʧɪlski:]
Bolívia (f)	**Bolívie** (ž)	[boli:vɪe]
Venezuela (f)	**Venezuela** (ž)	[vɛnɛzuɛla]
Paraguai (m)	**Paraguay** (ž)	[paragvaj]
Peru (m)	**Peru** (s)	[pɛru]
Suriname (m)	**Surinam** (m)	[surɪnam]
Uruguai (m)	**Uruguay** (ž)	[urugvaj]
Equador (m)	**Ekvádor** (m)	[ɛkva:dor]
Bahamas (f pl)	**Bahamy** (ž mn)	[bahamɪ]
Haiti (m)	**Haiti** (s)	[haɪtɪ]
República Dominicana	**Dominikánská republika** (ž)	[domɪnɪka:nska: rɛpublɪka]
Panamá (m)	**Panama** (ž)	[panama]
Jamaica (f)	**Jamajka** (ž)	[jamajka]

240. Africa

Egito (m)	**Egypt** (m)	[ɛgɪpt]
egípcio (m)	**Egypťan** (m)	[ɛgɪptʲan]
egípcia (f)	**Egypťanka** (ž)	[ɛgɪptʲaŋka]
egípcio (adj)	**egyptský**	[ɛgɪptski:]
Marrocos	**Maroko** (s)	[maroko]
marroquino (m)	**Maročan** (m)	[maroʧan]
marroquina (f)	**Maročanka** (ž)	[maroʧaŋka]
marroquino (adj)	**marocký**	[maroʦki:]
Tunísia (f)	**Tunisko** (s)	[tunɪsko]
tunisiano (m)	**Tunisan** (m)	[tunɪsan]
tunisiana (f)	**Tunisanka** (ž)	[tunɪsaŋka]
tunisiano (adj)	**tuniský**	[tunɪski:]
Gana (f)	**Ghana** (ž)	[gana]
Zanzibar (m)	**Zanzibar** (m)	[zanzɪbar]
Quênia (f)	**Keňa** (ž)	[kɛnʲa]
Líbia (f)	**Libye** (ž)	[lɪbɪe]
Madagascar (m)	**Madagaskar** (m)	[madagaskar]
Namíbia (f)	**Namibie** (ž)	[namɪbɪe]
Senegal (m)	**Senegal** (m)	[sɛnɛgal]
Tanzânia (f)	**Tanzanie** (ž)	[tanzanɪe]
África (f) do Sul	**Jihoafrická republika** (ž)	[jɪhoafrɪʦka: rɛpublɪka]
africano (m)	**Afričan** (m)	[afrɪʧan]
africana (f)	**Afričanka** (ž)	[afrɪʧaŋka]
africano (adj)	**africký**	[afrɪʦki:]

241. Austrália. Oceania

Austrália (f)	**Austrálie** (ž)	[austra:lɪe]
australiano (m)	**Australan** (m)	[australan]
australiana (f)	**Australanka** (ž)	[australaŋka]
australiano (adj)	**australský**	[australski:]
Nova Zelândia (f)	**Nový Zéland** (m)	[novi: zɛ:lant]
neozelandês (m)	**Novozéland'an** (m)	[novozɛ:landʲan]
neozelandesa (f)	**Novozéland'anka** (ž)	[novozɛ:landʲaŋka]
neozelandês (adj)	**novozélandský**	[novozɛ:landski:]
Tasmânia (f)	**Tasmánie** (ž)	[tasma:nɪe]
Polinésia (f) Francesa	**Francouzská Polynésie** (ž)	[frantsouska: polɪnɛ:zɪe]

242. Cidades

Amesterdã, Amsterdã	**Amsterodam** (m)	[amstɛrodam]
Ancara	**Ankara** (ž)	[aŋkara]
Atenas	**Atény** (ž mn)	[atɛ:nɪ]
Bagdade	**Bagdád** (m)	[bagda:t]
Bancoque	**Bangkok** (m)	[bangkok]
Barcelona	**Barcelona** (ž)	[barsɛlona]
Beirute	**Bejrút** (m)	[bɛjru:t]
Berlim	**Berlín** (m)	[bɛrli:n]
Bonn	**Bonn** (m)	[bonn]
Bordéus	**Bordeaux** (s)	[bordo:]
Bratislava	**Bratislava** (ž)	[bratɪslava]
Bruxelas	**Brusel** (m)	[brusɛl]
Bucareste	**Bukurešť** (ž)	[bukurɛʃtʲ]
Budapeste	**Budapešť** (ž)	[budapɛʃtʲ]
Cairo	**Káhira** (ž)	[ka:hɪra]
Calcutá	**Kalkata** (ž)	[kalkata]
Chicago	**Chicago** (s)	[ʧɪka:go]
Cidade do México	**Mexiko** (s)	[mɛksɪko]
Copenhague	**Kodaň** (ž)	[kodanʲ]
Dar es Salaam	**Dar es Salaam** (m)	[dar ɛs sala:m]
Deli	**Dillí** (s)	[dɪli:]
Dubai	**Dubaj** (m)	[dubaj]
Dublim	**Dublin** (m)	[dublɪn]
Düsseldorf	**Düsseldorf** (m)	[disldorf]
Estocolmo	**Stockholm** (m)	[stokholm]
Florença	**Florencie** (ž)	[florɛntsɪe]
Frankfurt	**Frankfurt** (m)	[fraŋkfurt]
Genebra	**Ženeva** (ž)	[ʒenɛva]
Haia	**Haag** (m)	[ha:g]
Hamburgo	**Hamburk** (m)	[hamburk]
Hanói	**Hanoj** (m)	[hanoj]

Havana	**Havana** (ž)	[havana]
Helsinque	**Helsinky** (ž mn)	[hɛlsɪŋkɪ]
Hiroshima	**Hirošima** (ž)	[hɪroʃɪma]
Hong Kong	**Hongkong** (m)	[hoŋkong]
Istambul	**Istanbul** (m)	[ɪstanbul]
Jerusalém	**Jeruzalém** (m)	[jɛruzalɛ:m]
Kiev, Quieve	**Kyjev** (m)	[kɪef]
Kuala Lumpur	**Kuala Lumpur** (m)	[kuala lumpur]
Lion	**Lyon** (m)	[lɪon]
Lisboa	**Lisabon** (m)	[lɪsabon]
Londres	**Londýn** (m)	[londi:n]
Los Angeles	**Los Angeles** (s)	[los ɛnʒɛlis]
Madrid	**Madrid** (m)	[madrɪt]
Marselha	**Marseille** (ž)	[marsɛj]
Miami	**Miami** (s)	[majamɪ]
Montreal	**Montreal** (m)	[monrɛal]
Moscou	**Moskva** (ž)	[moskva]
Mumbai	**Bombaj** (ž)	[bombaj]
Munique	**Mnichov** (m)	[mnɪxof]
Nairóbi	**Nairobi** (s)	[najrobɪ]
Nápoles	**Neapol** (m)	[nɛapol]
Nice	**Nizza** (ž)	[nɪʦa]
Nova York	**New York** (m)	[nju: jork]
Oslo	**Oslo** (s)	[oslo]
Ottawa	**Otava** (ž)	[otava]
Paris	**Paříž** (ž)	[parʒi:ʃ]
Pequim	**Peking** (m)	[pɛkɪŋk]
Praga	**Praha** (ž)	[praha]
Rio de Janeiro	**Rio de Janeiro** (s)	[rɪodɛʒanɛ:ro]
Roma	**Řím** (m)	[rʒi:m]
São Petersburgo	**Sankt-Petěrburg** (m)	[saŋkt-pɛterburg]
Seul	**Soul** (m)	[soul]
Singapura	**Singapur** (m)	[sɪngapur]
Sydney	**Sydney** (s)	[sɪdnɛj]
Taipé	**Tchaj-pej** (s)	[taj-pɛj]
Tóquio	**Tokio** (s)	[tokɪo]
Toronto	**Toronto** (s)	[toronto]
Varsóvia	**Varšava** (ž)	[varʃava]
Veneza	**Benátky** (ž mn)	[bɛna:tkɪ]
Viena	**Vídeň** (ž)	[vi:dɛnʲ]
Washington	**Washington** (m)	[voʃɪnkton]
Xangai	**Šanghaj** (ž)	[ʃangxaj]

243. Política. Governo. Parte 1

política (f)	**politika** (ž)	[polɪtɪka]
político (adj)	**politický**	[polɪtɪʦki:]

político (m)	**politik** (m)	[polɪtɪk]
estado (m)	**stát** (m)	[sta:t]
cidadão (m)	**občan** (m)	[obtʃan]
cidadania (f)	**státní příslušnost** (ž)	[sta:tni: prʃi:sluʃnost]
brasão (m) de armas	**státní znak** (m)	[sta:tni: znak]
hino (m) nacional	**státní hymna** (ž)	[sta:tni: hɪmna]
governo (m)	**vláda** (ž)	[vla:da]
Chefe (m) de Estado	**hlava** (m) **státu**	[hlava sta:tu]
parlamento (m)	**parlament** (m)	[parlamɛnt]
partido (m)	**strana** (ž)	[strana]
capitalismo (m)	**kapitalismus** (m)	[kapɪtalɪzmus]
capitalista (adj)	**kapitalistický**	[kapɪtalɪstɪtski:]
socialismo (m)	**socialismus** (m)	[sotsɪalɪzmus]
socialista (adj)	**socialistický**	[sotsɪalɪstɪtski:]
comunismo (m)	**komunismus** (m)	[komunɪzmus]
comunista (adj)	**komunistický**	[komunɪstɪtski:]
comunista (m)	**komunista** (m)	[komunɪsta]
democracia (f)	**demokracie** (ž)	[dɛmokratsɪe]
democrata (m)	**demokrat** (m)	[dɛmokrat]
democrático (adj)	**demokratický**	[dɛmokratɪtski:]
Partido (m) Democrático	**demokratická strana** (ž)	[dɛmokratɪtska: strana]
liberal (m)	**liberál** (m)	[lɪbɛra:l]
liberal (adj)	**liberální**	[lɪbɛra:lni:]
conservador (m)	**konzervativec** (m)	[konzɛrvatɪvɛts]
conservador (adj)	**konzervativní**	[konzɛrvatɪvni:]
república (f)	**republika** (ž)	[rɛpublɪka]
republicano (m)	**republikán** (m)	[rɛpublɪka:n]
Partido (m) Republicano	**republikánská strana** (ž)	[rɛpublɪka:nska: strana]
eleições (f pl)	**volby** (ž mn)	[volbɪ]
eleger (vt)	**volit**	[volɪt]
eleitor (m)	**volič** (m)	[volɪtʃ]
campanha (f) eleitoral	**volební kampaň** (ž)	[volɛbni: kampanʲ]
votação (f)	**hlasování** (s)	[hlasova:ni:]
votar (vi)	**hlasovat**	[hlasovat]
sufrágio (m)	**hlasovací právo** (s)	[hlasovatsi: pra:vo]
candidato (m)	**kandidát** (m)	[kandɪda:t]
candidatar-se (vi)	**kandidovat**	[kandɪdovat]
campanha (f)	**kampaň** (ž)	[kampanʲ]
da oposição	**opoziční**	[opozɪtʃni:]
oposição (f)	**opozice** (ž)	[opozɪtsɛ]
visita (f)	**návštěva** (ž)	[na:vʃteva]
visita (f) oficial	**oficiální návštěva** (ž)	[ofɪtsɪa:lni: na:fʃteva]

internacional (adj)	**mezinárodní**	[mɛzɪna:rodni:]
negociações (f pl)	**jednání** (s)	[jɛdna:ni:]
negociar (vi)	**jednat**	[jɛdnat]

244. Política. Governo. Parte 2

sociedade (f)	**společnost** (ž)	[spolɛtʃnost]
constituição (f)	**ústava** (ž)	[u:stava]
poder (ir para o ~)	**moc** (ž)	[mots]
corrupção (f)	**korupce** (ž)	[koruptsɛ]
lei (f)	**zákon** (m)	[za:kon]
legal (adj)	**zákonný**	[za:konni:]
justeza (f)	**spravedlivost** (ž)	[spravɛdlɪvost]
justo (adj)	**spravedlivý**	[spravɛdlɪvi:]
comitê (m)	**výbor** (m)	[vi:bor]
projeto-lei (m)	**návrh** (m) **zákona**	[na:vrx za:kona]
orçamento (m)	**rozpočet** (m)	[rozpotʃɛt]
política (f)	**politika** (ž)	[polɪtɪka]
reforma (f)	**reforma** (ž)	[rɛforma]
radical (adj)	**radikální**	[radɪka:lni:]
força (f)	**síla** (ž)	[si:la]
poderoso (adj)	**silný**	[sɪlni:]
partidário (m)	**stoupenec** (m)	[stoupɛnɛts]
influência (f)	**vliv** (m)	[vlɪf]
regime (m)	**režim** (m)	[rɛʒɪm]
conflito (m)	**konflikt** (m)	[konflɪkt]
conspiração (f)	**spiknutí** (s)	[spɪknuti:]
provocação (f)	**provokace** (ž)	[provokatsɛ]
derrubar (vt)	**svrhnout**	[svrhnout]
derrube (m), queda (f)	**svržení** (s)	[svrʒeni:]
revolução (f)	**revoluce** (ž)	[rɛvolutsɛ]
golpe (m) de Estado	**převrat** (m)	[prʃɛvrat]
golpe (m) militar	**vojenský převrat** (m)	[vojɛnski: prʃɛvrat]
crise (f)	**krize** (ž)	[krɪzɛ]
recessão (f) econômica	**hospodářský pokles** (m)	[hospoda:rʃski: poklɛs]
manifestante (m)	**demonstrant** (m)	[dɛmonstrant]
manifestação (f)	**demonstrace** (ž)	[dɛmonstratsɛ]
lei (f) marcial	**válečný stav** (m)	[va:lɛtʃni: staf]
base (f) militar	**základna** (ž)	[za:kladna]
estabilidade (f)	**stabilita** (ž)	[stabɪlɪta]
estável (adj)	**stabilní**	[stabɪlni:]
exploração (f)	**vykořisťování** (s)	[vɪkorʒɪstʲova:ni:]
explorar (vt)	**vykořisťovat**	[vɪkorʒɪstʲovat]
racismo (m)	**rasismus** (m)	[rasɪzmus]

racista (m)	**rasista** (m)	[rasɪsta]
fascismo (m)	**fašismus** (m)	[faʃɪzmus]
fascista (m)	**fašista** (m)	[faʃɪsta]

245. Países. Diversos

estrangeiro (m)	**cizinec** (m)	[ʦɪzɪnɛʦ]
estrangeiro (adj)	**cizí**	[ʦɪzi:]
no estrangeiro	**v zahraničí**	[v zahranɪʧi:]
emigrante (m)	**emigrant** (m)	[ɛmɪgrant]
emigração (f)	**emigrace** (ž)	[ɛmɪgraʦɛ]
emigrar (vi)	**emigrovat**	[ɛmɪgrovat]
Ocidente (m)	**Západ** (m)	[za:pat]
Oriente (m)	**Východ** (m)	[vi:xot]
Extremo Oriente (m)	**Dálný východ** (m)	[da:lni: vi:xot]
civilização (f)	**civilizace** (ž)	[ʦɪvɪlɪzaʦɛ]
humanidade (f)	**lidstvo** (s)	[lɪdstvo]
mundo (m)	**svět** (m)	[svet]
paz (f)	**mír** (m)	[mi:r]
mundial (adj)	**světový**	[svetovi:]
pátria (f)	**vlast** (ž)	[vlast]
povo (população)	**lid** (m)	[lɪt]
população (f)	**obyvatelstvo** (s)	[obɪvatɛlstvo]
gente (f)	**lidé** (m mn)	[lɪdɛ:]
nação (f)	**národ** (m)	[na:rot]
geração (f)	**generace** (ž)	[gɛnɛraʦɛ]
território (m)	**území** (s)	[u:zɛmi:]
região (f)	**region** (m)	[rɛgɪon]
estado (m)	**stát** (m)	[sta:t]
tradição (f)	**tradice** (ž)	[tradɪʦɛ]
costume (m)	**zvyk** (m)	[zvɪk]
ecologia (f)	**ekologie** (ž)	[ɛkologɪe]
índio (m)	**Indián** (m)	[ɪndɪa:n]
cigano (m)	**Rom** (m)	[rom]
cigana (f)	**Romka** (ž)	[romka]
cigano (adj)	**romský**	[romski:]
império (m)	**říše** (ž)	[rʒi:ʃɛ]
colônia (f)	**kolonie** (ž)	[kolonɪe]
escravidão (f)	**otroctví** (s)	[otroʦtvi:]
invasão (f)	**vpád** (m)	[vpa:t]
fome (f)	**hlad** (m)	[hlat]

246. Grupos religiosos mais importantes. Confissões

religião (f)	**náboženství** (s)	[na:boʒenstvi:]
religioso (adj)	**náboženský**	[na:boʒenski:]

crença (f)	**víra** (ž)	[vi:ra]
crer (vt)	**věřit**	[verʒɪt]
crente (m)	**věřící** (m)	[verʒi:tsi:]
ateísmo (m)	**ateizmus** (m)	[atɛɪzmus]
ateu (m)	**ateista** (m)	[atɛɪsta]
cristianismo (m)	**křesťanství** (s)	[krʃɛstʲanstvi:]
cristão (m)	**křesťan** (m)	[krʃɛstʲan]
cristão (adj)	**křesťanský**	[krʃɛstʲanski:]
catolicismo (m)	**katolicismus** (m)	[katolɪtsɪzmus]
católico (m)	**katolík** (m)	[katoli:k]
católico (adj)	**katolický**	[katolɪtski:]
protestantismo (m)	**protestantismus** (m)	[protɛstantɪzmus]
Igreja (f) Protestante	**protestantská církev** (ž)	[protɛstantska: tsi:rkɛf]
protestante (m)	**protestant** (m)	[protɛstant]
ortodoxia (f)	**pravoslaví** (s)	[pravoslavi:]
Igreja (f) Ortodoxa	**pravoslavná církev** (ž)	[pravoslavna: tsi:rkɛf]
ortodoxo (m)	**pravoslavný** (m)	[pravoslavni:]
presbiterianismo (m)	**presbyteriánství** (s)	[prɛzbɪtɛrɪa:nstvi:]
Igreja (f) Presbiteriana	**presbyteriánská církev** (ž)	[prɛzbɪtɛrɪa:nska: tsi:rkɛf]
presbiteriano (m)	**presbyterián** (m)	[prɛzbɪtɛrɪa:n]
luteranismo (m)	**luteránská církev** (ž)	[lutɛra:nska: tsi:rkɛf]
luterano (m)	**luterán** (m)	[lutɛra:n]
Igreja (f) Batista	**baptismus** (m)	[baptɪzmus]
batista (m)	**baptista** (m)	[baptɪsta]
Igreja (f) Anglicana	**anglikánská církev** (ž)	[anglɪka:nska: tsi:rkɛf]
anglicano (m)	**anglikán** (m)	[anglɪka:n]
mormonismo (m)	**Mormonism** (m)	[mormonɪzm]
mórmon (m)	**mormon** (m)	[mormon]
Judaísmo (m)	**judaismus** (m)	[judaɪzmus]
judeu (m)	**žid** (m)	[ʒɪt]
budismo (m)	**buddhismus** (m)	[budhɪzmus]
budista (m)	**buddhista** (m)	[budhɪsta]
hinduísmo (m)	**hinduismus** (m)	[hɪndujɪzmus]
hindu (m)	**Hinduista** (m)	[hɪnduɪsta]
Islã (m)	**islám** (m)	[ɪsla:m]
muçulmano (m)	**muslim** (m)	[muslɪm]
muçulmano (adj)	**muslimský**	[muslɪmski:]
xiismo (m)	**šíitský islám** (m)	[ʃi:ɪtski: ɪsla:m]
xiita (m)	**šíita** (ž)	[ʃi:ɪta]
sunismo (m)	**Sunnitský islám** (m)	[sunnɪtski: ɪsla:m]
sunita (m)	**Sunnita** (m)	[sunnɪta]

247. Religiões. Padres

padre (m)	**kněz** (m)	[knez]
Papa (m)	**Papež** (m)	[papɛʃ]
monge (m)	**mnich** (m)	[mnɪx]
freira (f)	**jeptiška** (ž)	[jɛptɪʃka]
pastor (m)	**pastor** (m)	[pastor]
abade (m)	**opat** (m)	[opat]
vigário (m)	**vikář** (m)	[vɪka:rʃ]
bispo (m)	**biskup** (m)	[bɪskup]
cardeal (m)	**kardinál** (m)	[kardɪna:l]
pregador (m)	**kazatel** (m)	[kazatɛl]
sermão (m)	**kázání** (s)	[ka:za:ni:]
paroquianos (pl)	**farnost** (ž)	[farnost]
crente (m)	**věřící** (m)	[verʒi:tsi:]
ateu (m)	**ateista** (m)	[atɛɪsta]

248. Fé. Cristianismo. Islão

Adão	**Adam** (m)	[adam]
Eva	**Eva** (ž)	[ɛva]
Deus (m)	**Bůh** (m)	[bu:x]
Senhor (m)	**Pán** (m)	[pa:n]
Todo Poderoso (m)	**Všemohoucí** (m)	[vʃɛmohoutsi:]
pecado (m)	**hřích** (m)	[hrʒi:x]
pecar (vi)	**hřešit**	[hrʒɛʃɪt]
pecador (m)	**hříšník** (m)	[hrʒiʃni:k]
pecadora (f)	**hříšnice** (ž)	[hrʒɪʃnɪtsɛ]
inferno (m)	**peklo** (s)	[pɛklo]
paraíso (m)	**ráj** (m)	[ra:j]
Jesus	**Ježíš** (m)	[jɛʒi:ʃ]
Jesus Cristo	**Ježíš Kristus** (m)	[jɛʒi:ʃ krɪstus]
Espírito (m) Santo	**Duch** (m) **Svatý**	[dux svati:]
Salvador (m)	**Spasitel** (m)	[spasɪtɛl]
Virgem Maria (f)	**Bohorodička** (ž)	[bohorodɪtʃka]
Diabo (m)	**ďábel** (m)	[dʲa:bɛl]
diabólico (adj)	**ďábelský**	[dʲa:bɛlski:]
Satanás (m)	**satan** (m)	[satan]
satânico (adj)	**satanský**	[satanski:]
anjo (m)	**anděl** (m)	[andel]
anjo (m) da guarda	**anděl** (m) **strážný**	[andel stra:ʒni:]
angelical	**andělský**	[andelski:]

apóstolo (m)	**apoštol** (m)	[apoʃtol]
arcanjo (m)	**archanděl** (m)	[arxandel]
anticristo (m)	**antikrist** (m)	[antɪkrɪst]
Igreja (f)	**Církev** (ž)	[ʦi:rkɛf]
Bíblia (f)	**Bible** (ž)	[bɪblɛ]
bíblico (adj)	**biblický**	[bɪblɪʦki:]
Velho Testamento (m)	**Starý zákon** (m)	[stari: za:kon]
Novo Testamento (m)	**Nový zákon** (m)	[novi: za:kon]
Evangelho (m)	**Evangelium** (s)	[ɛvangɛlɪum]
Sagradas Escrituras (f pl)	**Písmo** (s) **svaté**	[pi:smo svatɛ:]
Céu (sete céus)	**nebeské království** (s)	[nɛbɛskɛ: kra:lovstvi:]
mandamento (m)	**přikázání** (s)	[prʃɪka:za:ni:]
profeta (m)	**prorok** (m)	[prorok]
profecia (f)	**proroctví** (s)	[proroʦtvi:]
Alá (m)	**Alláh** (m)	[ala:x]
Maomé (m)	**Mohamed** (m)	[mohamɛt]
Alcorão (m)	**Korán** (m)	[kora:n]
mesquita (f)	**mešita** (ž)	[mɛʃɪta]
mulá (m)	**Mullah** (m)	[mulla]
oração (f)	**modlitba** (ž)	[modlɪtba]
rezar, orar (vi)	**modlit se**	[modlɪt sɛ]
peregrinação (f)	**pouť** (ž)	[poutʲ]
peregrino (m)	**poutník** (m)	[poutni:k]
Meca (f)	**Mekka** (ž)	[mɛka]
igreja (f)	**kostel** (m)	[kostɛl]
templo (m)	**chrám** (m)	[xra:m]
catedral (f)	**katedrála** (ž)	[katɛdra:la]
gótico (adj)	**gotický**	[gotɪʦki:]
sinagoga (f)	**synagóga** (ž)	[sinago:ga]
mesquita (f)	**mešita** (ž)	[mɛʃɪta]
capela (f)	**kaple** (ž)	[kaplɛ]
abadia (f)	**opatství** (s)	[opatstvi:]
convento (m)	**klášter** (m)	[kla:ʃtɛr]
monastério (m)	**klášter** (m)	[kla:ʃtɛr]
sino (m)	**zvon** (m)	[zvon]
campanário (m)	**zvonice** (ž)	[zvonɪʦɛ]
repicar (vi)	**zvonit**	[zvonɪt]
cruz (f)	**kříž** (m)	[krʃi:ʃ]
cúpula (f)	**kopule** (ž)	[kopulɛ]
ícone (m)	**ikona** (ž)	[ɪkona]
alma (f)	**duše** (ž)	[duʃɛ]
destino (m)	**osud** (m)	[osut]
mal (m)	**zlo** (s)	[zlo]
bem (m)	**dobro** (s)	[dobro]
vampiro (m)	**upír** (m)	[upi:r]

bruxa (f)	**čarodějnice** (ž)	[ʧarodejnɪʦɛ]
demônio (m)	**démon** (m)	[dɛ:mon]
espírito (m)	**duch** (m)	[dux]
redenção (f)	**vykoupení** (s)	[vɪkoupɛni:]
redimir (vt)	**vykoupit**	[vɪkoupɪt]
missa (f)	**bohoslužba** (ž)	[bohosluʒba]
celebrar a missa	**sloužit**	[slouʒɪt]
confissão (f)	**zpověď** (ž)	[spovetʲ]
confessar-se (vr)	**zpovídat se**	[spovi:dat sɛ]
santo (m)	**světec** (m)	[svetɛʦ]
sagrado (adj)	**posvátný**	[posva:tni:]
água (f) benta	**svěcená voda** (ž)	[sveʦɛna: voda]
ritual (m)	**ritus** (m)	[rɪtus]
ritual (adj)	**rituální**	[rɪtua:lni:]
sacrifício (m)	**oběť** (ž)	[obetʲ]
superstição (f)	**pověra** (ž)	[povera]
supersticioso (adj)	**pověrčivý**	[poverʧɪvi:]
vida (f) após a morte	**posmrtný život** (m)	[posmrtni: ʒɪvot]
vida (f) eterna	**věčný život** (m)	[veʧni: ʒɪvot]

TEMAS DIVERSOS

249. Várias palavras úteis

ajuda (f)	**pomoc** (ž)	[pomots]
barreira (f)	**zábrana** (ž)	[za:brana]
base (f)	**základna** (ž)	[za:kladna]
categoria (f)	**kategorie** (ž)	[katɛgorɪe]
causa (f)	**důvod** (m)	[du:vot]
coincidência (f)	**shoda** (ž)	[sxoda]
coisa (f)	**věc** (ž)	[vets]
começo, início (m)	**začátek** (m)	[zatʃa:tɛk]
cômodo (ex. poltrona ~a)	**pohodlný**	[pohodlni:]
comparação (f)	**srovnání** (s)	[srovna:ni:]
compensação (f)	**kompenzace** (ž)	[kompɛnzatsɛ]
crescimento (m)	**růst** (m)	[ru:st]
desenvolvimento (m)	**rozvoj** (m)	[rozvoj]
diferença (f)	**rozdíl** (m)	[rozdi:l]
efeito (m)	**efekt** (m)	[ɛfɛkt]
elemento (m)	**prvek** (m)	[prvɛk]
equilíbrio (m)	**rovnováha** (ž)	[rovnova:ha]
erro (m)	**chyba** (ž)	[xɪba]
esforço (m)	**úsilí** (s)	[u:sɪli:]
estilo (m)	**sloh** (m)	[slox]
exemplo (m)	**příklad** (m)	[prʃi:klat]
fato (m)	**fakt** (m)	[fakt]
fim (m)	**skončení** (s)	[skontʃɛni:]
forma (f)	**tvar** (m)	[tvar]
frequente (adj)	**častý**	[tʃasti:]
fundo (ex. ~ verde)	**pozadí** (s)	[pozadi:]
gênero (tipo)	**druh** (m)	[drux]
grau (m)	**stupeň** (m)	[stupɛnʲ]
ideal (m)	**ideál** (m)	[ɪdɛa:l]
labirinto (m)	**labyrint** (m)	[labɪrɪnt]
modo (m)	**způsob** (m)	[spu:sop]
momento (m)	**moment** (m)	[momɛnt]
objeto (m)	**předmět** (m)	[prʃɛdmnet]
obstáculo (m)	**překážka** (ž)	[prʃɛka:ʃka]
original (m)	**originál** (m)	[orɪgɪna:l]
padrão (adj)	**standardní**	[standardni:]
padrão (m)	**standard** (m)	[standart]
paragem (pausa)	**přestávka** (ž)	[prʃɛsta:fka]
parte (f)	**část** (ž)	[tʃa:st]

partícula (f)	**částice** (ž)	[ʧa:stɪʦɛ]
pausa (f)	**pauza** (ž)	[pauza]
posição (f)	**pozice** (ž)	[pozɪʦɛ]
princípio (m)	**princip** (m)	[prɪnʦɪp]
problema (m)	**problém** (m)	[problɛ:m]
processo (m)	**proces** (m)	[proʦɛs]
progresso (m)	**pokrok** (m)	[pokrok]
propriedade (qualidade)	**vlastnost** (ž)	[vlastnost]
reação (f)	**reakce** (ž)	[rɛakʦɛ]
risco (m)	**riziko** (s)	[rɪzɪko]
ritmo (m)	**tempo** (s)	[tɛmpo]
segredo (m)	**tajemství** (s)	[tajɛmstvi:]
série (f)	**řada** (ž)	[rʒada]
sistema (m)	**systém** (m)	[sɪstɛ:m]
situação (f)	**situace** (ž)	[sɪtuaʦɛ]
solução (f)	**řešení** (s)	[rʒɛʃɛni:]
tabela (f)	**tabulka** (ž)	[tabulka]
termo (ex. ~ técnico)	**termín** (m)	[tɛrmi:n]
tipo (m)	**typ** (m)	[tɪp]
urgente (adj)	**neodkladný**	[nɛotkladni:]
urgentemente	**neodkladně**	[nɛotkladne]
utilidade (f)	**užitek** (m)	[uʒɪtɛk]
variante (f)	**varianta** (ž)	[varɪanta]
variedade (f)	**volba** (ž)	[volba]
verdade (f)	**pravda** (ž)	[pravda]
vez (f)	**pořadí** (s)	[porʒadi:]
zona (f)	**pásmo** (s)	[pa:smo]

250. Modificadores. Adjetivos. Parte 1

aberto (adj)	**otevřený**	[otɛvrʒɛni:]
afetuoso (adj)	**něžný**	[neʒni:]
afiado (adj)	**ostrý**	[ostri:]
agradável (adj)	**příjemný**	[prʃi:jɛmni:]
agradecido (adj)	**vděčný**	[vdeʧni:]
alegre (adj)	**veselý**	[vɛsɛli:]
alto (ex. voz ~a)	**hlasitý**	[hlasɪti:]
amargo (adj)	**hořký**	[horʃki:]
amplo (adj)	**prostorný**	[prostorni:]
antigo (adj)	**starobylý**	[starobɪli:]
apropriado (adj)	**vhodný**	[vhodni:]
arriscado (adj)	**nebezpečný**	[nɛbɛzpɛʧni:]
artificial (adj)	**umělý**	[umneli:]
azedo (adj)	**kyselý**	[kɪsɛli:]
baixo (voz ~a)	**tichý**	[tɪxi:]
barato (adj)	**levný**	[lɛvni:]

belo (adj)	**překrásný**	[prʃɛkra:sni:]
bom (adj)	**dobrý**	[dobri:]
bondoso (adj)	**dobrý**	[dobri:]
bonito (adj)	**pěkný**	[pekni:]
bronzeado (adj)	**opálený**	[opa:lɛni:]
burro, estúpido (adj)	**hloupý**	[hloupi:]
calmo (adj)	**klidný**	[klɪdni:]
cansado (adj)	**unavený**	[unavɛni:]
cansativo (adj)	**únavný**	[u:navni:]
carinhoso (adj)	**starostlivý**	[starostlɪvi:]
caro (adj)	**drahý**	[drahi:]
cego (adj)	**slepý**	[slɛpi:]
central (adj)	**ústřední**	[u:strʃɛdni:]
cerrado (ex. nevoeiro ~)	**hustý**	[husti:]
cheio (xícara ~a)	**plný**	[plni:]
civil (adj)	**občanský**	[obʧanski:]
clandestino (adj)	**podzemní**	[podzɛmni:]
claro (explicação ~a)	**srozumitelný**	[srozumɪtɛlni:]
claro (pálido)	**světlý**	[svetli:]
compatível (adj)	**slučitelný**	[sluʧɪtɛlni:]
comum, normal (adj)	**obvyklý**	[obvɪkli:]
congelado (adj)	**zmražený**	[zmraʒeni:]
conjunto (adj)	**společný**	[spolɛʧni:]
considerável (adj)	**významný**	[vi:znamni:]
contente (adj)	**spokojený**	[spokojɛni:]
contínuo (adj)	**dlouhý**	[dlouhi:]
contrário (ex. o efeito ~)	**protilehlý**	[protɪlɛhli:]
correto (resposta ~a)	**správný**	[spra:vni:]
cru (não cozinhado)	**syrový**	[sɪrovi:]
curto (adj)	**krátký**	[kra:tki:]
de curta duração	**krátkodobý**	[kra:tkodobi:]
de sol, ensolarado	**sluneční**	[slunɛʧni:]
de trás	**zadní**	[zadni:]
denso (fumaça ~a)	**hustý**	[husti:]
desanuviado (adj)	**bezmračný**	[bɛzmraʧni:]
descuidado (adj)	**nedbalý**	[nɛdbali:]
diferente (adj)	**různý**	[ru:zni:]
difícil (decisão)	**těžký**	[teʃki:]
difícil, complexo (adj)	**složitý**	[sloʒɪti:]
direito (lado ~)	**pravý**	[pravi:]
distante (adj)	**daleký**	[dalɛki:]
diverso (adj)	**nejrůznější**	[nɛjru:znejʃi:]
doce (açucarado)	**sladký**	[slatki:]
doce (água)	**sladký**	[slatki:]
doente (adj)	**nemocný**	[nɛmoʦni:]
duro (material ~)	**tvrdý**	[tvrdi:]
educado (adj)	**zdvořilý**	[zdvorʒɪli:]

encantador (agradável)	**milý**	[mɪli:]
enigmático (adj)	**záhadný**	[za:hadni:]
enorme (adj)	**obrovský**	[obrovski:]
escuro (quarto ~)	**temný**	[tɛmni:]
especial (adj)	**speciální**	[spɛʦɪa:lni:]
esquerdo (lado ~)	**levý**	[lɛvi:]
estrangeiro (adj)	**cizí**	[ʦɪzi:]
estreito (adj)	**úzký**	[u:ski:]
exato (montante ~)	**přesný**	[prʃɛsni:]
excelente (adj)	**výborný**	[vi:borni:]
excessivo (adj)	**nadměrný**	[nadmnerni:]
externo (adj)	**vnější**	[vnejʃi:]
fácil (adj)	**snadný**	[snadni:]
faminto (adj)	**hladový**	[hladovi:]
fechado (adj)	**zavřený**	[zavrʒɛni:]
feliz (adj)	**šťastný**	[ʃtʲastni:]
fértil (terreno ~)	**úrodný**	[u:rodni:]
forte (pessoa ~)	**silný**	[sɪlni:]
fraco (luz ~a)	**mdlý**	[mdli:]
frágil (adj)	**křehký**	[krʃɛxki:]
fresco (pão ~)	**čerstvý**	[ʧɛrstvi:]
fresco (tempo ~)	**chladný**	[xladni:]
frio (adj)	**studený**	[studɛni:]
gordo (alimentos ~s)	**tučný**	[tuʧni:]
gostoso, saboroso (adj)	**chutný**	[xutni:]
grande (adj)	**velký**	[vɛlki:]
gratuito, grátis (adj)	**bezplatný**	[bɛzplatni:]
grosso (camada ~a)	**tlustý**	[tlusti:]
hostil (adj)	**nepřátelský**	[nɛprʃa:tɛlski:]

251. Modificadores. Adjetivos. Parte 2

igual (adj)	**stejný**	[stɛjni:]
imóvel (adj)	**nehybný**	[nɛhɪbni:]
importante (adj)	**důležitý**	[du:lɛʒɪti:]
impossível (adj)	**nemožný**	[nɛmoʒni:]
incompreensível (adj)	**nesrozumitelný**	[nɛsrozumɪtɛlni:]
indigente (muito pobre)	**chudobný**	[xudobni:]
indispensável (adj)	**nutný**	[nutni:]
inexperiente (adj)	**nezkušený**	[nɛskuʃɛni:]
infantil (adj)	**dětský**	[detski:]
ininterrupto (adj)	**nepřetržitý**	[nɛprʃɛtrʒɪti:]
insignificante (adj)	**bezvýznamný**	[bɛzvi:znamni:]
inteiro (completo)	**celý**	[ʦɛli:]
inteligente (adj)	**moudrý**	[moudri:]
interno (adj)	**vnitřní**	[vnɪtrʃni:]
jovem (adj)	**mladý**	[mladi:]

largo (caminho ~)	**široký**	[ʃɪroki:]
legal (adj)	**zákonný**	[za:konni:]
leve (adj)	**lehký**	[lɛhki:]
limitado (adj)	**omezený**	[omɛzɛni:]
limpo (adj)	**čistý**	[ʧɪsti:]
líquido (adj)	**tekutý**	[tɛkuti:]
liso (adj)	**hladký**	[hlatki:]
liso (superfície ~a)	**rovný**	[rovni:]
livre (adj)	**volný**	[volni:]
longo (ex. cabelo ~)	**dlouhý**	[dlouhi:]
maduro (ex. fruto ~)	**zralý**	[zrali:]
magro (adj)	**hubený**	[hubɛni:]
mais próximo (adj)	**nejbližší**	[nɛjblɪʒʃi:]
mais recente (adj)	**minulý**	[mɪnuli:]
mate (adj)	**matový**	[matovi:]
mau (adj)	**špatný**	[ʃpatni:]
meticuloso (adj)	**pečlivý**	[pɛʧlɪvi:]
míope (adj)	**krátkozraký**	[kra:tkozraki:]
mole (adj)	**měkký**	[mnɛki:]
molhado (adj)	**mokrý**	[mokri:]
moreno (adj)	**snědý**	[snɛdi:]
morto (adj)	**mrtvý**	[mrtvi:]
muito magro (adj)	**vychrtlý**	[vɪxrtli:]
não difícil (adj)	**snadný**	[snadni:]
não é clara (adj)	**nejasný**	[nɛjasni:]
não muito grande (adj)	**nevelký**	[nɛvɛlki:]
natal (país ~)	**rodný**	[rodni:]
necessário (adj)	**potřebný**	[potrʃɛbni:]
negativo (resposta ~a)	**záporný**	[za:porni:]
nervoso (adj)	**nervózní**	[nɛrvo:zni:]
normal (adj)	**normální**	[norma:lni:]
novo (adj)	**nový**	[novi:]
o mais importante (adj)	**nejdůležitější**	[nɛjdu:lɛʒɪtejʃi:]
obrigatório (adj)	**povinný**	[povɪnni:]
original (incomum)	**originální**	[orɪgɪna:lni:]
passado (adj)	**minulý**	[mɪnuli:]
pequeno (adj)	**malý**	[mali:]
perigoso (adj)	**nebezpečný**	[nɛbɛzpɛʧni:]
permanente (adj)	**trvalý**	[trvali:]
perto (adj)	**blízký**	[bli:ski:]
pesado (adj)	**těžký**	[teʃki:]
pessoal (adj)	**osobní**	[osobni:]
plano (ex. ecrã ~ a)	**plochý**	[ploxi:]
pobre (adj)	**chudý**	[xudi:]
pontual (adj)	**přesný**	[prʃɛsni:]
possível (adj)	**možný**	[moʒni:]
pouco fundo (adj)	**mělký**	[mnelki:]

presente (ex. momento ~)	**přítomný**	[prʃi:tomni:]
prévio (adj)	**předešlý**	[prʃɛdɛʃli:]
primeiro (principal)	**základní**	[za:kladni:]
principal (adj)	**hlavní**	[hlavni:]
privado (adj)	**soukromý**	[soukromi:]
provável (adj)	**pravděpodobný**	[pravdepodobni:]
próximo (adj)	**blízký**	[bli:ski:]
público (adj)	**veřejný**	[vɛrʒɛjni:]
quente (cálido)	**teplý**	[tɛpli:]
quente (morno)	**teplý**	[tɛpli:]
rápido (adj)	**rychlý**	[rɪxli:]
raro (adj)	**vzácný**	[vza:tsni:]
remoto, longínquo (adj)	**vzdálený**	[vzda:lɛni:]
reto (linha ~a)	**přímý**	[prʃi:mi:]
salgado (adj)	**slaný**	[slani:]
satisfeito (adj)	**spokojený**	[spokojɛni:]
seco (roupa ~a)	**suchý**	[suxi:]
seguinte (adj)	**příští**	[prʃi:ʃti:]
seguro (não perigoso)	**bezpečný**	[bɛzpɛʧni:]
similar (adj)	**podobný**	[podobni:]
simples (fácil)	**jednoduchý**	[jɛdnoduxi:]
soberbo, perfeito (adj)	**vynikající**	[vɪnɪkaji:tsi:]
sólido (parede ~a)	**pevný**	[pɛvni:]
sombrio (adj)	**pochmurný**	[poxmurni:]
sujo (adj)	**špinavý**	[ʃpɪnavi:]
superior (adj)	**nejvyšší**	[nɛjvɪʃi:]
suplementar (adj)	**dodatečný**	[dodatɛʧni:]
tranquilo (adj)	**tichý**	[tɪxi:]
transparente (adj)	**průhledný**	[pru:hlɛdni:]
triste (pessoa)	**smutný**	[smutni:]
triste (um ar ~)	**smutný**	[smutni:]
último (adj)	**poslední**	[poslɛdni:]
úmido (adj)	**vlhký**	[vlxki:]
único (adj)	**jedinečný**	[jɛdɪnɛʧni:]
usado (adj)	**použitý**	[pouʒɪti:]
vazio (meio ~)	**prázdný**	[pra:zdni:]
velho (adj)	**starý**	[stari:]
vizinho (adj)	**sousední**	[sousɛdni:]

500 VERBOS PRINCIPAIS

252. Verbos A-B

abraçar (vt)	**objímat**	[obji:mat]
abrir (vt)	**otvírat**	[otvi:rat]
acalmar (vt)	**uklidňovat**	[uklɪdnʲovat]
acariciar (vt)	**hladit**	[hladɪt]
acenar (com a mão)	**mávat**	[ma:vat]
acender (~ uma fogueira)	**zapálit**	[zapa:lɪt]
achar (vt)	**mít za to**	[mi:t za to]
acompanhar (vt)	**doprovázet**	[doprova:zɛt]
aconselhar (vt)	**radit**	[radɪt]
acordar, despertar (vt)	**budit**	[budɪt]
acrescentar (vt)	**dodávat**	[doda:vat]
acusar (vt)	**obviňovat**	[obvɪnʲovat]
adestrar (vt)	**cvičit**	[ʦvɪʧɪt]
adivinhar (vt)	**rozluštit**	[rozluʃtɪt]
admirar (vt)	**obdivovat**	[obdɪvovat]
adorar (~ fazer)	**mít rád**	[mi:t ra:t]
advertir (vt)	**upozorňovat**	[upozornʲovat]
afirmar (vt)	**tvrdit**	[tvrdɪt]
afogar-se (vr)	**topit se**	[topɪt sɛ]
afugentar (vt)	**vyhnat**	[vɪhnat]
agir (vi)	**jednat**	[jɛdnat]
agitar, sacudir (vt)	**třást**	[trʃa:st]
agradecer (vt)	**děkovat**	[dekovat]
ajudar (vt)	**pomáhat**	[poma:hat]
alcançar (objetivos)	**dosahovat**	[dosahovat]
alimentar (dar comida)	**krmit**	[krmɪt]
almoçar (vi)	**obědvat**	[obedvat]
alugar (~ o barco, etc.)	**najímat**	[naji:mat]
alugar (~ um apartamento)	**pronajímat si**	[pronaji:mat sɪ]
amar (pessoa)	**milovat**	[mɪlovat]
amarrar (vt)	**svazovat**	[svazovat]
ameaçar (vt)	**vyhrožovat**	[vɪhroʒovat]
amputar (vt)	**amputovat**	[amputovat]
anotar (escrever)	**poznamenat si**	[poznamenat sɪ]
anotar (escrever)	**zapisovat si**	[zapɪsovat sɪ]
anular, cancelar (vt)	**zrušit**	[zruʃɪt]
apagar (com apagador, etc.)	**setřít**	[sɛtrʃi:t]
apagar (um incêndio)	**hasit**	[hasɪt]

apaixonar-se ...	**zamilovat se**	[zamɪlovat sɛ]
aparecer (vi)	**objevovat se**	[objɛvovat sɛ]
aplaudir (vi)	**tleskat**	[tlɛskat]
apoiar (vt)	**podpořit**	[potporʒɪt]
apontar para ...	**mířit**	[mi:rʒɪt]
apresentar (alguém a alguém)	**seznamovat**	[sɛznamovat]
apresentar (Gostaria de ~)	**představovat**	[prʃɛtstavovat]
apressar (vt)	**popohánět**	[popoha:net]
apressar-se (vr)	**spěchat**	[spexat]
aproximar-se (vr)	**přistupovat**	[prʃɪstupovat]
aquecer (vt)	**zahřívat**	[zahrʒi:vat]
arrancar (vt)	**odtrhnout**	[odtrhnout]
arranhar (vt)	**škrábat**	[ʃkra:bat]
arrepender-se (vr)	**litovat**	[lɪtovat]
arriscar (vt)	**riskovat**	[rɪskovat]
arrumar, limpar (vt)	**uklízet**	[ukli:zɛt]
aspirar a ...	**toužit**	[touʒɪt]
assinar (vt)	**podepisovat**	[podɛpɪsovat]
assistir (vt)	**asistovat**	[asɪstovat]
atacar (vt)	**útočit**	[u:toʧɪt]
atar (vt)	**uvazovat**	[uvazovat]
atracar (vi)	**přistávat**	[prʃɪsta:vat]
aumentar (vi)	**zvětšovat se**	[zvetʃovat sɛ]
aumentar (vt)	**zvětšovat**	[zvetʃovat]
avançar (vi)	**postupovat**	[postupovat]
avistar (vt)	**uvidět**	[uvɪdet]
baixar (guindaste, etc.)	**spouštět**	[spouʃtet]
barbear-se (vr)	**holit se**	[holɪt sɛ]
basear-se (vr)	**zakládat se**	[zakla:dat sɛ]
bastar (vi)	**stačit**	[staʧɪt]
bater (à porta)	**klepat**	[klɛpat]
bater (espancar)	**bít**	[bi:t]
bater-se (vr)	**prát se**	[pra:t sɛ]
beber, tomar (vt)	**pít**	[pi:t]
brilhar (vi)	**zářit**	[za:rʒɪt]
brincar, jogar (vi, vt)	**hrát**	[hra:t]
buscar (vt)	**hledat**	[hlɛdat]

253. Verbos C-D

caçar (vi)	**lovit**	[lovɪt]
calar-se (parar de falar)	**zmlknout**	[zmlknout]
calcular (vt)	**počítat**	[poʧi:tat]
carregar (o caminhão, etc.)	**nakládat**	[nakla:dat]
carregar (uma arma)	**nabíjet**	[nabi:jɛt]

casar-se (vr)	**ženit se**	[ʒenɪt sɛ]
causar (vt)	**způsobovat**	[spu:sobovat]
cavar (vt)	**rýt**	[ri:t]
ceder (não resistir)	**ustupovat**	[ustupovat]
cegar, ofuscar (vt)	**oslepovat**	[oslɛpovat]
censurar (vt)	**vyčítat**	[vɪʧi:tat]
chamar (~ por socorro)	**volat**	[volat]
chamar (alguém para ...)	**zavolat**	[zavolat]
chegar (a algum lugar)	**dosahovat**	[dosahovat]
chegar (vi)	**přijíždět**	[prʃɪji:ʒdet]
cheirar (~ uma flor)	**čichat**	[ʧɪxat]
cheirar (tem o cheiro)	**vonět**	[vonet]
chorar (vi)	**plakat**	[plakat]
citar (vt)	**citovat**	[ʦɪtovat]
colher (flores)	**trhat**	[trhat]
colocar (vt)	**klást**	[kla:st]
combater (vi, vt)	**zápasit**	[za:pasɪt]
começar (vt)	**začínat**	[zaʧi:nat]
comer (vt)	**jíst**	[ji:st]
comparar (vt)	**porovnávat**	[porovna:vat]
compensar (vt)	**hradit**	[hradɪt]
competir (vi)	**konkurovat**	[koŋkurovat]
complicar (vt)	**zkomplikovat**	[skomplɪkovat]
compor (~ música)	**složit**	[sloʒɪt]
comportar-se (vr)	**chovat se**	[xovat sɛ]
comprar (vt)	**kupovat**	[kupovat]
comprometer (vt)	**kompromitovat se**	[kompromɪtovat sɛ]
concentrar-se (vr)	**soustřeďovat se**	[soustrʃɛdʲovat sɛ]
concordar (dizer "sim")	**souhlasit**	[souhlasɪt]
condecorar (dar medalha)	**vyznamenat**	[vɪznamɛnat]
confessar-se (vr)	**přiznávat se**	[prʃɪzna:vat sɛ]
confiar (vt)	**důvěřovat**	[du:verʒovat]
confundir (equivocar-se)	**plést**	[plɛ:st]
conhecer (vt)	**znát**	[zna:t]
conhecer-se (vr)	**seznamovat se**	[sɛznamovat sɛ]
consertar (vt)	**dávat do pořádku**	[da:vat do porʒa:tku]
consultar ...	**konzultovat s ...**	[konzultovat s]
contagiar-se com ...	**nakazit se**	[nakazɪt sɛ]
contar (vt)	**povídat**	[povi:dat]
contar com ...	**spoléhat na ...**	[spolɛ:hat na]
continuar (vt)	**pokračovat**	[pokraʧovat]
contratar (vt)	**zaměstnávat**	[zamnestna:vat]
controlar (vt)	**kontrolovat**	[kontrolovat]
convencer (vt)	**přesvědčovat**	[prʃɛsvedʧovat]
convidar (vt)	**zvát**	[zva:t]
cooperar (vi)	**spolupracovat**	[spolupraʦovat]

coordenar (vt)	**koordinovat**	[koordɪnovat]
corar (vi)	**červenat se**	[ʧɛrvɛnat sɛ]
correr (vi)	**běžet**	[beʒet]
corrigir (~ um erro)	**opravovat**	[opravovat]
cortar (com um machado)	**useknout**	[usɛknout]
cortar (com uma faca)	**odřezat**	[odrʒɛzat]
cozinhar (vt)	**vařit**	[varʒɪt]
crer (pensar)	**věřit**	[verʒɪt]
criar (vt)	**vytvořit**	[vɪtvorʒɪt]
cultivar (~ plantas)	**pěstovat**	[pestovat]
cuspir (vi)	**plivat**	[plɪvat]
custar (vt)	**stát**	[sta:t]
dar (vt)	**dávat**	[da:vat]
dar banho, lavar (vt)	**koupat**	[koupat]
datar (vi)	**datovat se**	[datovat sɛ]
decidir (vt)	**řešit**	[rʒɛʃɪt]
decorar (enfeitar)	**zdobit**	[zdobɪt]
dedicar (vt)	**věnovat**	[venovat]
defender (vt)	**bránit**	[bra:nɪt]
defender-se (vr)	**bránit se**	[bra:nɪt sɛ]
deixar (~ a mulher)	**opouštět**	[opouʃtet]
deixar (esquecer)	**zapomínat**	[zapomi:nat]
deixar (permitir)	**dovolovat**	[dovolovat]
deixar cair (vt)	**pouštět**	[pouʃtet]
denominar (vt)	**nazývat**	[nazi:vat]
denunciar (vt)	**donášet**	[dona:ʃɛt]
depender de ...	**záviset**	[za:vɪsɛt]
derramar (~ líquido)	**rozlévat**	[rozlɛ:vat]
desaparecer (vi)	**zmizet**	[zmɪzɛt]
desatar (vt)	**odvazovat**	[odvazovat]
desatracar (vi)	**vyplouvat**	[vɪplouvat]
descansar (um pouco)	**odpočívat**	[otpoʧi:vat]
descer (para baixo)	**jít dolů**	[ji:t dolu:]
descobrir (novas terras)	**objevovat**	[objɛvovat]
descolar (avião)	**vzlétat**	[vzlɛ:tat]
desculpar (vt)	**omlouvat**	[omlouvat]
desculpar-se (vr)	**omlouvat se**	[omlouvat sɛ]
desejar (vt)	**přát**	[prʃa:t]
desempenhar (papel)	**hrát**	[hra:t]
desligar (vt)	**zhasínat**	[zhasi:nat]
desprezar (vt)	**pohrdat**	[pohrdat]
destruir (documentos, etc.)	**ničit**	[nɪʧɪt]
dever (vi)	**musit**	[musɪt]
devolver (vt)	**odeslat zpět**	[odɛslat spet]
direcionar (vt)	**zaměřovat**	[zamnerʒovat]
dirigir (~ um carro)	**řídit**	[rʒi:dɪt]

dirigir (~ uma empresa)	**řídit**	[rʒi:dɪt]
dirigir-se (a um auditório, etc.)	**obracet se**	[obratsɛt sɛ]
discutir (notícias, etc.)	**projednávat**	[projɛdna:vat]
disparar, atirar (vi)	**střílet**	[strʃi:lɛt]
distribuir (folhetos, etc.)	**šířit**	[ʃi:rʒɪt]
distribuir (vt)	**rozdat**	[rozdat]
divertir (vt)	**bavit**	[bavɪt]
divertir-se (vr)	**bavit se**	[bavɪt sɛ]
dividir (mat.)	**dělit**	[delɪt]
dizer (vt)	**říci**	[rʒi:tsɪ]
dobrar (vt)	**zdvojnásobovat**	[zdvojna:sobovat]
duvidar (vt)	**pochybovat**	[poxɪbovat]

254. Verbos E-J

elaborar (uma lista)	**sestavovat**	[sɛstavovat]
elevar-se acima de ...	**vypínat se**	[vɪpi:nat sɛ]
eliminar (um obstáculo)	**odstraňovat**	[otstranʲovat]
embrulhar (com papel)	**zabalovat**	[zabalovat]
emergir (submarino)	**vyplouvat**	[vɪplouvat]
emitir (~ cheiro)	**šířit**	[ʃi:rʒɪt]
empreender (vt)	**podnikat**	[podnɪkat]
empurrar (vt)	**strkat**	[strkat]
encabeçar (vt)	**řídit**	[rʒi:dɪt]
encher (~ a garrafa, etc.)	**plnit**	[plnɪt]
encontrar (achar)	**nacházet**	[naxa:zɛt]
enganar (vt)	**podvádět**	[podva:det]
ensinar (vt)	**vyučovat**	[vɪuʧovat]
entediar-se (vr)	**nudit se**	[nudɪt sɛ]
entender (vt)	**rozumět**	[rozumnet]
entrar (na sala, etc.)	**vstoupit**	[vstoupɪt]
enviar (uma carta)	**odesílat**	[odɛsi:lat]
equipar (vt)	**zařizovat**	[zarʒɪzovat]
errar (enganar-se)	**mýlit se**	[mi:lɪt sɛ]
escolher (vt)	**vybírat**	[vɪbi:rat]
esconder (vt)	**schovávat**	[sxova:vat]
escrever (vt)	**psát**	[psa:t]
escutar (vt)	**poslouchat**	[poslouxat]
escutar atrás da porta	**doslechnout se**	[doslɛxnout sɛ]
esmagar (um inseto, etc.)	**rozšlápnout**	[rozʃla:pnout]
esperar (aguardar)	**čekat**	[ʧɛkat]
esperar (contar com)	**očekávat**	[oʧɛka:vat]
esperar (ter esperança)	**doufat**	[doufat]
espreitar (vi)	**nahlížet**	[nahli:ʒet]
esquecer (vt)	**zapomínat**	[zapomi:nat]

estar	**ležet**	[lɛʒet]
estar convencido	**přesvědčovat se**	[prʃɛsvedʧovat sɛ]
estar deitado	**ležet**	[lɛʒet]
estar perplexo	**být v rozpacích**	[bi:t v rozpaʦi:x]
estar preocupado	**znepokojovat se**	[znɛpokojovat sɛ]
estar sentado	**sedět**	[sɛdet]
estremecer (vi)	**zachvívat se**	[zaxvi:vat sɛ]
estudar (vt)	**studovat**	[studovat]
evitar (~ o perigo)	**stranit se**	[stranɪt sɛ]
examinar (~ uma proposta)	**projednat**	[projɛdnat]
exigir (vt)	**žádat**	[ʒa:dat]
existir (vi)	**existovat**	[ɛgzɪstovat]
explicar (vt)	**vysvětlovat**	[vɪsvetlovat]
expressar (vt)	**vyslovit**	[vɪslovɪt]
expulsar (~ da escola, etc.)	**vylučovat**	[vɪluʧovat]
facilitar (vt)	**usnadnit**	[usnadnɪt]
falar com ...	**mluvit s ...**	[mluvɪt s]
faltar (a la escuela, etc.)	**zameškávat**	[zameʃka:vat]
fascinar (vt)	**okouzlovat**	[okouzlovat]
fatigar (vt)	**unavovat**	[unavovat]
fazer (vt)	**dělat**	[delat]
fazer lembrar	**připomínat**	[prʃɪpomi:nat]
fazer piadas	**žertovat**	[ʒertovat]
fazer publicidade	**dělat reklamu**	[delat rɛklamu]
fazer uma tentativa	**pokusit se**	[pokusɪt sɛ]
fechar (vt)	**zavírat**	[zavi:rat]
felicitar (vt)	**blahopřát**	[blahoprʃa:t]
ficar cansado	**unavovat se**	[unavovat sɛ]
ficar em silêncio	**mlčet**	[mlʧɛt]
ficar pensativo	**zamyslit se**	[zamɪslɪt sɛ]
forçar (vt)	**nutit**	[nutɪt]
formar (vt)	**tvořit**	[tvorʒɪt]
gabar-se (vr)	**vychloubat se**	[vɪxloubat sɛ]
garantir (vt)	**zaručovat**	[zaruʧovat]
gostar (apreciar)	**líbit se**	[li:bɪt sɛ]
gritar (vi)	**křičet**	[krʃɪʧɛt]
guardar (fotos, etc.)	**uchovávat**	[uxova:vat]
guardar (no armário, etc.)	**skladovat**	[skladovat]
guerrear (vt)	**válčit**	[va:lʧɪt]
herdar (vt)	**dědit**	[dedɪt]
iluminar (vt)	**osvětlovat**	[osvetlovat]
imaginar (vt)	**představovat si**	[prʃɛtstavovat sɪ]
imitar (vt)	**napodobovat**	[napodobovat]
implorar (vt)	**snažně prosit**	[snaʒne prosɪt]
importar (vt)	**dovážet**	[dova:ʒet]
indicar (~ o caminho)	**ukázat**	[uka:zat]

indignar-se (vr)	**rozhořčovat se**	[rozhorʃʧovat sɛ]
infetar, contagiar (vt)	**infikovat**	[ɪnfɪkovat]
influenciar (vt)	**působit**	[pu:sobɪt]
informar (~ a policia)	**sdělovat**	[zdelovat]
informar (vt)	**informovat**	[ɪnformovat]
informar-se (~ sobre)	**informovat se**	[ɪnformovat sɛ]
inscrever (na lista)	**vpisovat**	[vpɪsovat]
inserir (vt)	**zasazovat**	[zasazovat]
insinuar (vt)	**narážet**	[nara:ʒet]
insistir (vi)	**trvat**	[trvat]
inspirar (vt)	**podněcovat**	[podneʦovat]
instruir (ensinar)	**instruovat**	[ɪnstruovat]
insultar (vt)	**urážet**	[ura:ʒet]
interessar (vt)	**zajímat**	[zaji:mat]
interessar-se (vr)	**zajímat se**	[zaji:mat sɛ]
intervir (vi)	**vměšovat se**	[vmneʃovat sɛ]
invejar (vt)	**závidět**	[za:vɪdet]
inventar (vt)	**vynalézat**	[vɪnalɛ:zat]
ir (a pé)	**jít**	[ji:t]
ir (de carro, etc.)	**jet**	[jɛt]
ir nadar	**koupat se**	[koupat sɛ]
ir para a cama	**jít spát**	[ji:t spa:t]
irritar (vt)	**rozčilovat**	[rozʧɪlovat]
irritar-se (vr)	**rozčilovat se**	[rozʧɪlovat sɛ]
isolar (vt)	**izolovat**	[ɪzolovat]
jantar (vi)	**večeřet**	[vɛʧɛrʒɛt]
jogar, atirar (vt)	**házet**	[ha:zɛt]
juntar, unir (vt)	**sjednocovat**	[sjɛdnoʦovat]
juntar-se a ...	**připojovat se**	[prʃɪpojovat sɛ]

255. Verbos L-P

lançar (novo projeto, etc.)	**spouštět**	[spouʃtet]
lavar (vt)	**mýt**	[mi:t]
lavar a roupa	**prát**	[pra:t]
lavar-se (vr)	**mýt se**	[mi:t sɛ]
lembrar (vt)	**pamatovat**	[pamatovat]
ler (vt)	**číst**	[ʧi:st]
levantar-se (vr)	**vstávat**	[vsta:vat]
levar (ex. leva isso daqui)	**odnášet**	[odna:ʃɛt]
libertar (cidade, etc.)	**osvobozovat**	[osvobozovat]
ligar (~ o radio, etc.)	**zapínat**	[zapi:nat]
limitar (vt)	**omezovat**	[omɛzovat]
limpar (eliminar sujeira)	**čistit**	[ʧɪstɪt]
limpar (tirar o calcário, etc.)	**očišťovat**	[oʧɪʃtʲovat]
lisonjear (vt)	**lichotit**	[lɪxotɪt]

livrar-se de ...	**zbavovat se**	[zbavovat sɛ]
lutar (combater)	**bojovat**	[bojovat]
lutar (esporte)	**zápasit**	[za:pasɪt]
marcar (com lápis, etc.)	**označit**	[oznaʧɪt]
matar (vt)	**zabíjet**	[zabi:jɛt]
memorizar (vt)	**zapamatovat si**	[zapamatovat sɪ]
mencionar (vt)	**zmiňovat se**	[zmɪnʲovat sɛ]
mentir (vi)	**lhát**	[lha:t]
merecer (vt)	**zasluhovat**	[zasluhovat]
mergulhar (vi)	**potápět se**	[pota:pet sɛ]
misturar (vt)	**směšovat**	[smneʃovat]
morar (vt)	**bydlet**	[bɪdlɛt]
mostrar (vt)	**ukazovat**	[ukazovat]
mover (vt)	**přemisťovat**	[prʃɛmɪstʲovat]
mudar (modificar)	**změnit**	[zmnenɪt]
multiplicar (mat.)	**násobit**	[na:sobɪt]
nadar (vi)	**plavat**	[plavat]
negar (vt)	**popírat**	[popi:rat]
negociar (vi)	**jednat**	[jɛdnat]
nomear (função)	**jmenovat**	[jmɛnovat]
obedecer (vt)	**podřizovat se**	[podrʒɪzovat sɛ]
objetar (vt)	**namítat**	[nami:tat]
observar (vt)	**pozorovat**	[pozorovat]
ofender (vt)	**urážet**	[ura:ʒet]
olhar (vt)	**dívat se**	[di:vat sɛ]
omitir (vt)	**vynechávat**	[vɪnɛxa:vat]
ordenar (mil.)	**rozkazovat**	[roskazovat]
organizar (evento, etc.)	**pořádat**	[porʒa:dat]
ousar (vt)	**troufat si**	[troufat sɪ]
ouvir (vt)	**slyšet**	[slɪʃɛt]
pagar (vt)	**platit**	[platɪt]
parar (para descansar)	**zastavovat se**	[zastavovat sɛ]
parar, cessar (vt)	**zastavovat**	[zastavovat]
parecer-se (vr)	**být podobný**	[bi:t podobni:]
participar (vi)	**zúčastnit se**	[zu:ʧastnɪt sɛ]
partir (~ para o estrangeiro)	**odjíždět**	[odji:ʒdet]
passar (vt)	**míjet**	[mi:jɛt]
passar a ferro	**žehlit**	[ʒehlɪt]
pecar (vi)	**hřešit**	[hrʒɛʃɪt]
pedir (comida)	**objednávat**	[objɛdna:vat]
pedir (um favor, etc.)	**prosit**	[prosɪt]
pegar (tomar com a mão)	**chytat**	[xɪtat]
pegar (tomar)	**brát**	[bra:t]
pendurar (cortinas, etc.)	**věšet**	[veʃɛt]
penetrar (vt)	**pronikat**	[pronɪkat]
pensar (vi, vt)	**myslit**	[mɪslɪt]

pentear-se (vr)	**česat se**	[ʧɛsat sɛ]
perceber (ver)	**všímat si**	[vʃi:mat sɪ]
perder (o guarda-chuva, etc.)	**ztrácet**	[stra:ʦɛt]
perdoar (vt)	**odpouštět**	[otpouʃtet]
permitir (vt)	**dovolovat**	[dovolovat]
pertencer a ...	**patřit**	[patrʃɪt]
perturbar (vt)	**rušit**	[ruʃɪt]
pesar (ter o peso)	**vážit**	[va:ʒɪt]
pescar (vt)	**lovit ryby**	[lovɪt rɪbɪ]
planejar (vt)	**plánovat**	[pla:novat]
poder (~ fazer algo)	**moci**	[moʦɪ]
pôr (posicionar)	**rozmisťovat**	[rozmɪstʲovat]
possuir (uma casa, etc.)	**vlastnit**	[vlastnɪt]
predominar (vi, vt)	**převládat**	[prʃɛvla:dat]
preferir (vt)	**dávat přednost**	[da:vat prʃɛdnost]
preocupar (vt)	**znepokojovat**	[znɛpokojovat]
preocupar-se (vr)	**znepokojovat se**	[znɛpokojovat sɛ]
preparar (vt)	**připravit**	[prʃɪpravɪt]
preservar (ex. ~ a paz)	**zachovávat**	[zaxova:vat]
prever (vt)	**předvídat**	[prʃɛdvi:dat]
privar (vt)	**zbavovat**	[zbavovat]
proibir (vt)	**zakazovat**	[zakazovat]
projetar, criar (vt)	**projektovat**	[projɛktovat]
prometer (vt)	**slibovat**	[slɪbovat]
pronunciar (vt)	**vyslovovat**	[vɪslovovat]
propor (vt)	**nabízet**	[nabi:zɛt]
proteger (a natureza)	**chránit**	[xra:nɪt]
protestar (vi)	**protestovat**	[protɛstovat]
provar (~ a teoria, etc.)	**dokazovat**	[dokazovat]
provocar (vt)	**provokovat**	[provokovat]
punir, castigar (vt)	**trestat**	[trɛstat]
puxar (vt)	**táhnout**	[ta:hnout]

256. Verbos Q-Z

quebrar (vt)	**lámat**	[la:mat]
queimar (vt)	**pálit**	[pa:lɪt]
queixar-se (vr)	**stěžovat si**	[steʒovat sɪ]
querer (desejar)	**chtít**	[xti:t]
rachar-se (vr)	**praskat**	[praskat]
ralhar, repreender (vt)	**nadávat**	[nada:vat]
realizar (vt)	**uskutečňovat**	[uskutɛʧnʲovat]
recomendar (vt)	**doporučovat**	[doporuʧovat]
reconhecer (identificar)	**poznávat**	[pozna:vat]
reconhecer (o erro)	**přiznávat**	[prʃɪzna:vat]

recordar, lembrar (vt)	**vzpomínat**	[vspomi:nat]
recuperar-se (vr)	**uzdravovat se**	[uzdravovat sɛ]
recusar (~ alguém)	**odmítat**	[odmi:tat]
reduzir (vt)	**zmenšovat**	[zmɛnʃovat]
refazer (vt)	**předělávat**	[prʃɛdela:vat]
reforçar (vt)	**upevňovat**	[upɛvnʲovat]
refrear (vt)	**zabraňovat**	[zabranʲovat]
regar (plantas)	**zalévat**	[zalɛ:vat]
remover (~ uma mancha)	**odstraňovat**	[otstranʲovat]
reparar (vt)	**opravovat**	[opravovat]
repetir (dizer outra vez)	**opakovat**	[opakovat]
reportar (vt)	**podávat zprávu**	[poda:vat spra:vu]
reservar (~ um quarto)	**rezervovat**	[rɛzɛrvovat]
resolver (o conflito)	**urovnávat**	[urovna:vat]
resolver (um problema)	**vyřešit**	[vɪrʒɛʃɪt]
respirar (vi)	**dýchat**	[di:xat]
responder (vt)	**odpovídat**	[otpovi:dat]
rezar, orar (vi)	**modlit se**	[modlɪt sɛ]
rir (vi)	**smát se**	[sma:t sɛ]
romper-se (corda, etc.)	**roztrhat se**	[roztrhat sɛ]
roubar (vt)	**krást**	[kra:st]
saber (vt)	**vědět**	[vedet]
sair (~ de casa)	**vyjít**	[vɪji:t]
sair (ser publicado)	**vyjít**	[vɪji:t]
salvar (resgatar)	**zachraňovat**	[zaxranʲovat]
satisfazer (vt)	**uspokojovat**	[uspokojovat]
saudar (vt)	**zdravit**	[zdravɪt]
secar (vt)	**sušit**	[suʃɪt]
seguir (~ alguém)	**následovat**	[na:slɛdovat]
selecionar (vt)	**vyhledat si**	[vɪhlɛdat sɪ]
semear (vt)	**sít**	[si:t]
sentar-se (vr)	**sednout si**	[sɛdnout sɪ]
sentenciar (vt)	**odsuzovat**	[otsuzovat]
sentir (vt)	**cítit**	[t͡si:tɪt]
ser diferente	**lišit se**	[lɪʃɪt sɛ]
ser indispensável	**být potřebný**	[bi:t potrʃɛbni:]
ser necessário	**být potřebný**	[bi:t potrʃɛbni:]
ser preservado	**zachovat se**	[zaxovat sɛ]
ser, estar	**být**	[bi:t]
servir (restaurant, etc.)	**obsluhovat**	[opsluhovat]
servir (roupa, caber)	**hodit se**	[hodɪt sɛ]
significar (palavra, etc.)	**znamenat**	[znamɛnat]
significar (vt)	**znamenat**	[znamɛnat]
simplificar (vt)	**zjednodušovat**	[zjɛdnoduʃovat]
sofrer (vt)	**trápit se**	[tra:pɪt sɛ]
sonhar (~ com)	**snít**	[sni:t]

sonhar (ver sonhos)	**snít**	[sni:t]
soprar (vi)	**foukat**	[foukat]
sorrir (vi)	**usmívat se**	[usmi:vat sɛ]
subestimar (vt)	**podceňovat**	[podʦɛnʲovat]
sublinhar (vt)	**podtrhnout**	[podtrhnout]
sujar-se (vr)	**ušpinit se**	[uʃpɪnɪt sɛ]
superestimar (vt)	**přeceňovat**	[prʃɛʦɛnʲovat]
supor (vt)	**předpokládat**	[prʃɛtpokla:dat]
suportar (as dores)	**trpět**	[trpet]
surpreender (vt)	**udivovat**	[udɪvovat]
surpreender-se (vr)	**divit se**	[dɪvɪt sɛ]
suspeitar (vt)	**podezírat**	[podɛzi:rat]
suspirar (vi)	**vzdechnout**	[vzdɛxnout]
tentar (~ fazer)	**pokoušet se**	[pokouʃɛt sɛ]
ter (vt)	**mít**	[mi:t]
ter medo	**bát se**	[ba:t sɛ]
terminar (vt)	**končit**	[konʧɪt]
tirar (vt)	**sundávat**	[sunda:vat]
tirar cópias	**rozmnožit**	[rozmnoʒɪt]
tirar fotos, fotografar	**fotografovat**	[fotografovat]
tirar uma conclusão	**dělat závěr**	[delat za:ver]
tocar (com as mãos)	**dotýkat se**	[doti:kat sɛ]
tomar café da manhã	**snídat**	[sni:dat]
tomar emprestado	**půjčovat si**	[pu:jʧovat sɪ]
tornar-se (ex. ~ conhecido)	**stávat se**	[sta:vat sɛ]
trabalhar (vi)	**pracovat**	[praʦovat]
traduzir (vt)	**překládat**	[prʃɛkla:dat]
transformar (vt)	**transformovat**	[transformovat]
tratar (a doença)	**léčit**	[lɛ:ʧɪt]
trazer (vt)	**přivážet**	[prʃɪva:ʒet]
treinar (vt)	**trénovat**	[trɛ:novat]
treinar-se (vr)	**trénovat**	[trɛ:novat]
tremer (de frio)	**chvět se**	[xvet sɛ]
trocar (vt)	**vyměňovat si**	[vɪmnenʲovat sɪ]
trocar, mudar (vt)	**měnit**	[mnenɪt]
usar (uma palavra, etc.)	**použít**	[pouʒi:t]
utilizar (vt)	**používat**	[pouʒi:vat]
vacinar (vt)	**dělat očkování**	[delat oʧkova:ni:]
vender (vt)	**prodávat**	[proda:vat]
verter (encher)	**nalévat**	[nalɛ:vat]
vingar (vt)	**mstít se**	[msti:t sɛ]
virar (~ para a direita)	**zatáčet**	[zata:ʧɛt]
virar (pedra, etc.)	**převrátit**	[prʃɛvra:tɪt]
virar as costas	**odvracet se**	[odvraʦɛt sɛ]
viver (vi)	**žít**	[ʒi:t]
voar (vi)	**létat**	[lɛ:tat]

voltar (vi)	**vracet se**	[vratsɛtsɛ]
votar (vi)	**hlasovat**	[hlasovat]
zangar (vt)	**zlobit**	[zlobɪt]
zangar-se com ...	**zlobit se**	[zlobɪt sɛ]
zombar (vt)	**vysmívat se**	[vɪsmi:vat sɛ]

www.ingramcontent.com/pod-product-compliance
Lightning Source LLC
Chambersburg PA
CBHW062054080426
42734CB00012B/2648

* 9 7 8 1 7 8 7 6 7 3 0 6 9 *